U0439029

从穷小子
到钢铁大王

安德鲁·卡内基自传

〔美〕安德鲁·卡内基——著

田素雷——译

人民文学出版社

图书在版编目(CIP)数据

从穷小子到钢铁大王:安德鲁·卡内基自传/(美)安德鲁·卡内基著;田素雷译. — 北京:人民文学出版社,2018
ISBN 978-7-02-014134-0

Ⅰ.①从… Ⅱ.①安…②田… Ⅲ.①卡内基(Carnegie,Andrew 1835—1919)—自传 Ⅳ.①K837.125.38

中国版本图书馆CIP数据核字(2018)第079879号

责任编辑　张海香
装帧设计　崔欣晔
责任印制　苏文强

出版发行　人民文学出版社
社　　址　北京市朝内大街166号
邮政编码　100705
网　　址　http://www.rw-cn.com

印　　刷　三河市鑫金马印装有限公司
经　　销　全国新华书店等

字　　数　231千字
开　　本　680毫米×960毫米　1/16
印　　张　18.25　插页15
印　　数　1—6000
版　　次　2014年1月北京第1版
印　　次　2019年7月第1次印刷

书　　号　978-7-02-014134-0
定　　价　43.00元

如有印装质量问题,请与本社图书销售中心调换。电话:010-65233595

译者序

许多人都讲过，读一本好书就好像聆听一位智者讲述他对人生、世界的看法。这样的书会让你豁然开朗，让你更加热爱生活，更加明晰自己未来的发展方向，并拥有更多向上的动力。无疑，《安德鲁·卡内基自传》就属于这一类的书。

作为一流的企业家和世界著名的慈善家，安德鲁·卡内基一生经历丰富，并富传奇色彩。无论是正在为事业奋斗的年轻人，还是已经卓有成就的企业界精英，人们都可以从卡内基的生平中得到宝贵的启示。

那些仍然在为事业打拼的人不应该放弃希望，只要心中有梦，并持续为之付出努力，成功绝非遥不可及。描述早期的艰苦生活时，卡内基说："在生活的竞争中，力求上进的年轻人不要惧怕富人的子弟、他们的侄子、侄女或者表兄妹。人们会从那些打扫办公室的孩子中发现'黑马'。"卡内基及其同伴早期拥有的条件比我们今天许多人要差得多，然而这些曾一起打扫办公室的人后来都成为了美国企业界的翘楚。

十三岁时，卡内基随父母从苏格兰移民到了美国，并从此结束了正规的受教育经历。然而，他想方设法提升自己多方面的能力，并果断抓住事业发展的机会，最终成为一名杰出的企业家。关于如何提升自己，卡内基在自传中讲述了自己的一些经验。他和4个要好的朋友一起加入了"韦伯斯特文学社"。为了准备每次的辩论，卡内基和同伴们需要阅读许多书籍。这样的活动不仅丰富了他们的知识，而且锻炼了他们的公开演讲能力。卡内基推荐年轻人参加这样的活动。他写道:"我不知道有什么学习模式比加入这样的俱乐部对年轻人更有好处。"同样值得年轻人深思的还有下面这段叙述——"我给自己定下一条规矩:如果我听到什么我不知道的东西,我要立即开始学习。我每天都很高兴,因为感觉每天都在学习新的东西。"关于如何适应新的环境,不断提升自己各方面的能力,卡内基先生在这部自传中还提到很多方法,相信大家阅读时能够体会到其神奇之处。

那些事业上有所成就的人需要戒骄戒躁,特别是在对待普通人的态度上。"对平凡的人稍加注意或者对他们言辞和蔼,都会收到意想不到的好处。善有善报。直到今天,我还会偶然遇到我已经忘记的一些人,他们会回忆起我对他们那一点一滴的关注。"卡内基写道。他认为,关照的人地位越低,得到的回报就越多。帮助一个贫穷的劳动者比帮助一个百万富翁要有价值得多。

作为一名出色的企业家,卡内基在经营企业方面有深刻的见解,其中一些观点值得当代的企业家们深思。卡内基经营的公司一直坚持只使用最好的材料,而且用量足,这让他们的产品迅速赢得客户信赖,在同行竞争中脱颖而出。"这一原则是我们获得成功的真正秘诀。在工作得到认可之前,你需要艰苦奋斗几年,但是此后会一帆风顺。"他还认为,所有的制造企业都不应该拒绝,而是应该热情欢迎质量监督。监督有助于企业达到卓越水平,并且提醒员工要追求卓越。"即使在竞争激烈的今天,当一切似乎都与价格有关时,要在经营上取得巨大成功,最重要的因素还是质量。让每个人都注重质量,从公司总裁到最基层员工,这样做的效果会大大超出你的想象。"此外,他认为,干净、漂亮的车间和工具及收拾整洁的院子和周围环境所起的作用也远比人们通常想象的要大得多。

对于那些在事业成功之后,有意回报社会的人,卡内基先生提出了非常好的建议:"如果要花钱来帮助那些心地善良而且愿意继续保持良好品质的男孩和女孩,没有什么比在社区建立一所旨在完善其品质的公共图书馆更有效果的了。"这是因为少年时代的卡内基从安德森上校开放的图书馆中受益良多。谈及这段经历的时候,他写道:"每天的辛苦工作,甚至是漫长的夜班都因为我能抽时间读书而变得不那么痛苦。因为想到每周六都可以得到一本新书,未来也变得光明许多。"卡内基先生后来还大力推动图书馆建设,在美国和世界其他地方捐资建设了 2500 多座公共图书馆。

关于卡内基,广为人知的是他的"美国钢铁大王"称号以及著名慈善家的美誉。在此,有必要向读者朋友们介绍一下卡内基先生的慈善观点。"在财富中死去的人是可耻的。"这是卡内基提出的影响了世界上众多慈善家的一句话。1901 年,卡内基主动从日常经营活动中退出,开始了大规模地向社会分配财富的行动。1911 年 11 月,卡内基在纽约设立了初始金额为 1.35 亿美元的卡内基慈善基金会,旨在促进知识传播和人与人之间的相互理解。这是当时数额最大的独立慈善基金。1919 年,卡内基辞世时,他已经直接捐出了 3.5 亿美元的财富,用于建立图书馆、学校和非营利公益机构,促进国际和平事业,以及向教堂和社区捐赠乐器等。

除了成功之道、经营之道和慈善之道外,卡内基先生还在这部自传中真诚袒露了自己的一些情感历程,一些章节读下来令人动容。这些情感力量也许正是卡内基先生不断追求卓越,并致力于世界美好、和平的真实动力。

90 多年前,约翰·C.范·戴克教授应邀对这本自传的英文版进行编辑时说:"也许我们现在离这段历史还太近,尚不能了解其真正价值。而随着时光的流逝,人们会更深入地理解这段历史,更加关注这段历史。后人也许会比我们更多地感受到它的神奇。"我想,现在应该是我们充分感受其神奇之处的时候了。如果有更多的人受到卡内基先生的启迪,相信我们共同生活的这个世界会变得更加美好。

田素雷
2013 年 4 月 16 日于北京

目　　录

卡内基夫人序 …………………………………………… 1
编者按 …………………………………………………… 1

第一章　我的父母，我的童年 ………………………… 1
第二章　从故乡邓弗姆林到美国 ……………………… 15
第三章　我的第一份工作 ……………………………… 25
第四章　安德森上校和他的书籍 ……………………… 35
第五章　在电报局的工作 ……………………………… 42
第六章　加入铁路公司 ………………………………… 50
第七章　宾夕法尼亚铁路公司的总监 ………………… 64
第八章　内战期间 ……………………………………… 76
第九章　桥梁生产 ……………………………………… 87
第十章　炼铁厂 ………………………………………… 98
第十一章　在纽约设立总部 …………………………… 112
第十二章　商业谈判 …………………………………… 124
第十三章　钢材时代 …………………………………… 134
第十四章　伙伴、书籍和旅行 ………………………… 146
第十五章　乘车旅行和婚姻 …………………………… 155
第十六章　工厂和工人 ………………………………… 162
第十七章　霍姆斯特德大罢工 ………………………… 168

第十八章　劳工问题……177
第十九章　财富之道……189
第二十章　教育基金和退休基金……200
第二十一章　和平宫殿和皮藤克利夫幽谷……210
第二十二章　马修·阿诺德和其他人……222
第二十三章　英国的政治领导人……232
第二十四章　格莱斯顿和莫利……239
第二十五章　赫伯特·斯宾塞和他的追随者……250
第二十六章　布莱恩和哈里森……256
第二十七章　美国外交……263
第二十八章　国务卿约翰·海和总统麦金莱……269
第二十九章　会见德国皇帝……276

卡内基夫人序

退出日常的经营活动之后,我丈夫接受了美国以及英国朋友们真诚的建议,开始时不时记录下自己早期生活的回忆。然而,他很快发现自己无法如愿享受清闲,生活中的事务反而比以前更多了,撰写回忆录的工作也被安排在苏格兰休假期间进行。每年夏天,我们都会抽几周时间到我们位于奥尔特纳加郊外的小屋去度假,享受一下简单的生活。在那里,卡内基先生完成了这部传记的大部分写作工作。他喜欢回忆早期的生活,而写作传记的过程让他重温了过去的一切。因此,1914年的战争风云开始聚集时,他正专注于此。而当我们听到8月4日发生的重大事件①时,我们很快离开了山中小屋,返回斯奇伯,以便更多地了解正在发生的一切。

回忆录的写作也因此中断。此后,他再也无法专注于私人事务。他曾多次试图继续写作,但都归于徒然。在那之前,他曾是一个刚步入中年的男子,他的中年生活在每天打高尔夫、钓鱼、游泳中度过,偶尔也会在一天里三件事一起来。尽管他以前一直是一个乐观主义者,甚至在希望破灭时都试图保持乐观,然而这次世界性的灾难对他的打击还是太大了。他伤心欲绝。而且雪上加霜的是,他又染上了严重的流感,接着两度患上肺炎,这些都加速了他的衰老。

在评论先于卡内基先生几个月去世的一个人时,有人这样说:

---

① 可能指第一次世界大战中,德国入侵比利时,英国随即向德国宣战一事。

"他承受不了衰老的重负。"在那些有幸很好地了解卡内基的人们眼里,可能卡内基先生最能鼓舞人的地方就是他对老龄的态度。他一直那么有耐心,体谅他人,心情愉悦,对任何愉快的事情和别人的帮助都心怀感激。他从不考虑自己,而是一直期盼时局好转。随着年龄变老,他的精神却越来越乐观,直到"生命结束,上帝把他带走"。

他在回忆录文稿的扉页上亲手写道:"可以从这些回忆材料中选取一部分,出版一部篇幅较小的传记,这样普通读者可能会愿意读。此外,可以整理一部篇幅较长的非发表作品,满足我的亲人和朋友们的愿望。我认为,自己断断续续写下的很多东西都可以删掉。不论是谁整理这些记录,请记住不要给读者太多负担。要选择一个心地善良而且有头脑的人做这件事情。"

有谁能比我们的朋友约翰·C.范·戴克教授更适合呢?当我们把书稿拿给他看时,在没有看到卡内基先生的留言时,他就说:"我很乐意安排出版这部传记。"就这样,他们相互选择了对方,而教授编辑这本书的方式证明这种选择是正确的——这是出于珍贵美好的友谊而做出的选择。

路易丝·怀特菲尔德·卡内基
1920 年 4 月 16 日于纽约

编 者 按

编辑在编辑一个人的传记时,特别是故事由当事者本人讲述时,应避免过多干预。应该允许当事人以自己的方式讲述,其间表现出来的热情洋溢乃至用词华丽都应该作为当事人故事的一部分被保留下来。透过纵横恣肆的讲述风格,以及一些明显夸大的成分,我们可以了解到讲述者本人的个性。因此,在整理这些文字以备出版之时,本人主要按时间和事件的先后顺序对材料进行了整理,以便让整个故事从头至尾比较连贯;除此之外,鲜有改动。文中添加了一些说明性的脚注和有益观感的插图,但叙述内容乃重中之重。

现在不是评价或者颂扬这段"奇特而又精彩的历史"缔造者的时候,而且本书也不适合作这些评价,但是或许有必要指出这段历史的确很精彩,很奇特。历经考验和曲折,这个从苏格兰移民到美国的穷小子一步一步成长为钢铁大王,建立起庞大的产业,积累起巨大的财富,然后又主动地、有条不紊地把所有的财富奉献给社会,用于启蒙人类和改善人类的生存状况,这样的生平与《一千零一夜》中的故事相比也毫不逊色。而他的影响还不只这些。他创立的财富观不容忽视,也不容遗忘,他树立了财富分配的榜样,让后来的百万富翁们纷纷效仿。在其一生中,他是一位国家建设者、思想引导者、作家、演讲家、劳动人民的朋友、学者、政治家、下层人士和上层人士共同的伙伴。但是相对于他巨大的鼓舞人心之处——散布财富、推动世界和平、热爱人类,这些只不过是他生命中一些有意思的小事情。

也许我们现在离这段历史还太近,尚不能了解其真正价值。而随着时光的流逝,人们会更深入地理解这段历史,更加关注这段历史。后人也许会比我们更多地感受到它的神奇。令人欣喜的是,这段历史保留了下来,而且是卡内基先生以他轻快的风格亲自讲述给我们听。这是一段难忘的历史,而且今后也许不会再有与之比肩的情况出现。

约翰·C.范·戴克
1920年8月于纽约

第一章 我的父母，我的童年

如果如一些贤达所说，任何人的生平如若照实讲述的话都是有意思的，那么这本书应该不会让怂恿我写一下自己的亲人和挚友们过于失望。我可以宽慰自己的是，这个故事一定会吸引认识我的一些人，而这样的想法鼓励我开始写作。

我在匹兹堡的朋友梅隆法官数年前写过一本同样性质的书。这本书带给我很多快乐，并让我倾向于同意上面提到的贤达人士的观点。毫无疑问，法官讲述的故事给朋友们带来无限乐趣，而且一定会继续教导他的后人们好好生活。不仅如此，他最紧密的生活圈子之外的一些人也视这本书为他们最喜爱的书之一。这本书的一个重要价值是，它让我们认识了一个人。写作这本书的目的不是为了吸引公众关注，只是为了家人而写。我亦打算以这种方式讲述我的故事，即不是作为一个公众人物，而是作为一个与亲人和挚友朝夕相处的人。我对他们可以无话不谈，即使那些琐碎的事情亦有可能让他们产生兴趣。

故事是这样开始的，我于1835年11月25日出生在苏格兰邓弗姆林市①的一所小平房的阁楼里，房子位于穆迪街和小修道院街的拐角处。就像人们常说的那样，我的"父母贫穷但诚实，亲戚都是好

---

① 邓弗姆林（Dunfermline），苏格兰法夫郡城市，靠近福斯湾。

人"。邓弗姆林很久以来就是苏格兰有名的锦缎贸易中心。① 我父亲威廉·卡内基是一个织布工,是安德鲁·卡内基的儿子。我与祖父同名。

我祖父卡内基在当地被公认为是一个智慧、幽默的人,性格和蔼,热情洋溢。他是当时活跃分子的领头人,是他们快乐的俱乐部——帕提摩尔学院的首领。当我在时隔14年后再次回到邓弗姆林时,一个老人在得知我是"教授"(我祖父的朋友们给他的称号)的孙子后,专门过来看我。这是一位走路颤巍巍的老人。

  他的鼻子和下巴让人害怕。

他颤巍巍地从房间的一侧走向我,把颤抖的手放在我脑袋上说:"那么你就是安德鲁·卡内基的孙子喽!天哪,我又想到了你祖父和我大吼一声把人吓破胆的那些日子。"

邓弗姆林的其他几位老人也向我讲述了我祖父的故事。下面是其中之一:

一个除夕夜②,村里的一位老妇人注意到一张乔装打扮的面孔突然从窗户探进来,她抬头看了一会儿,大叫道:"啊,肯定是那个傻小子安德鲁·卡内基。"没错,是我那七十五岁的祖父装扮成一个嬉戏的年轻人,打算吓唬一下他的老朋友。

我认为自己乐观的性格,那种可以忘却烦恼、笑对人生的能力,还有朋友们所说的视一切为财富的心态,一定是从这个讨人喜欢的、会伪装起来吓唬人的老人那里继承的,而且我还很骄傲地继承了他的名字。性格开朗胜过家财万贯。年轻人应该知道,开朗的性格是可以培养的,思想可以像身体一样从背阴处走到阳光下。那么我们就这么做吧。尽可能笑对烦恼,而且如果不是因为自己做错事而自

---

① 18世纪的卡内基家族住在帕提摩尔一处风景如画的小村落里,位于邓弗姆林南2公里处。随着亚麻产业在邓弗姆林的重要性日益凸显,卡内基家族移居邓弗姆林。
② 12月31日。

责的话,稍有点头脑的人都可以做到。自责感是永远存在,没办法消除的。我们内心的良知就像最高法庭的法官一样,永远没办法欺骗。因此,彭斯提出了一项了不起的人生准则:

> 只有你的自责才是真正需要畏惧的。

我年轻时候就遵从这一格言,它对我的影响超过我听到的所有布道词。但是我要承认,成年后的我和老朋友贝利·沃克有相似之处。在医生询问他的睡眠状况时,他回答说并不如意,他睡不着,然后他眨了下眼睛说:"但是我在教堂里还不时能打个盹儿。"

外祖父托马斯·莫里森更为了不起,因为他是威廉·科贝特的朋友,并且为他的《记录报》写稿,两人经常有书信来往。甚至在我写作这本书的时候,邓弗姆林那些知道我外祖父的老人们还称他为最优秀的演说家和最能干的人。外祖父是《先驱报》的出版商,而《先驱报》可以说是《记录报》的袖珍版,被视为苏格兰的第一份激进报纸。我读过他的一些作品,从今天人们重视技术教育的观点看,其中最特殊的是他70多年前出版的《智力开发与手工技能》这本小册子。它强调手工技能的重要性,其认识高度与当今世界最强烈鼓吹技术教育的人无异。它最后的几句话是:"感谢上帝,我在年轻时候就学会了制鞋和修鞋。"1833年,科贝特在《记录报》中刊登了这本小册子的内容,并在编者按中指出:"关于这一话题,这是《记录报》刊登过的最重要的文章之一,出自我们尊敬的朋友、苏格兰的通讯员托马斯·莫里森。"看来我的写作能力得益于外祖父和祖父两方面的遗传,因为卡内基家族的人也是读者和思想者。

外祖父莫里森是一位天生的演说家,热心的政治家。他担任所在地区激进党的领导人。这个位置后来由他儿子,也就是我舅舅贝利·莫里森继任。在美国,不少有名气的苏格兰人来拜访我,为的就是与"托马斯·莫里森的外孙"握握手。克利夫兰和匹兹堡铁路公司总裁法默曾对我说:"我所有的学问和修养都受到你外祖父的影响。"写作邓弗姆林非凡历史的埃比尼泽·亨德森先生说,他生活中的进步主要得益于在他还是一个男孩的时候,有幸在我外祖父手下工作。

迄今为止,我并非没有得到过称赞,但是我认为任何称赞都比不上格拉斯哥一家报社记者对我的评价。他听了我在圣安德鲁大礼堂做的关于美国地方自治的演讲。他写道,当下在苏格兰,关于安德鲁·卡内基及其家人的谈论很多,特别是关于我外祖父托马斯·莫里森。他接着说:"当我发现站在讲台上的托马斯·莫里森的外孙与从前的托马斯·莫里森本人在举止、手势和外表上完全相同时,你可以想见我的惊讶。"

我与外祖父惊人的相似不容置疑,即便我并不记得曾经见到过他,但我清楚地记得,在我二十七岁第一次回到邓弗姆林时,我与贝利·莫里森舅舅一块儿坐在沙发上,他黑色的大眼睛里满含眼泪。他说不出话来,悲痛地跑出房间。过了一会儿,他才回到房间,并向我解释说我身上的某种时隐时现的东西让他不时看到自己的父亲。他所指的是某种姿势,但是具体什么姿势他也说不清。我母亲也不时在我身上发现外祖父的一些特点。关于姿势特点能够遗传的学说,每天、每小时都在得到印证。这一遗传法则是多么微妙啊,因为它超越了实实在在的身体。我对此印象深刻。

外公莫里森与爱丁堡的霍奇小姐成婚,这是一位受过教育、举止优雅并且有一定社会地位的女子。她去世时,孩子们还很小。当时外公在邓弗姆林经营制革业,境况不错。然而,滑铁卢之战后的和平局面让他和数以千计的人遭遇了灾难。因此,作为长子的贝利舅舅可以说是在优裕的环境中长大的,他甚至有一匹小马可以骑,而家里小一些的孩子则经历了较为艰苦的生活。

二女儿玛格丽特是我的母亲,关于她我不能说太多。她从她母亲那里继承了有修养的女士具有的高贵和优雅气质。也许某一天我能够告诉世人关于这位杰出女性的一些事情,但是我不能确定是否能做到。我感觉她对于我是神圣的，不该让别人知道。没有人真正懂她，只有我能。我父亲英年早逝后，她全部属于我。在我第一本书的献词中，我说明了这一点。这句话是："献给我最爱的女英雄，我的母亲。"

感谢我的祖先，他们让我出生在一个了不起的地方。一个人的出生地是非常重要的，因为不同的环境和传统吸引和刺激儿童不同的潜在倾向。拉斯金说得不错，在爱丁堡，每一个聪明的男孩都受到了视线之中城堡的影响。同样，邓弗姆林的儿童也受到了当地高贵的大修道院的影响，这是苏格兰的威斯敏斯特。在11世纪早期（1070年），马尔科姆·坎莫尔和苏格兰的守护神——他的玛格丽特王后创建了这所修道院。这一伟大的寺庙和国王出生时所在的宫殿废墟今天依然矗立在那里，陪伴它们的是环抱着女王玛格丽特的神龛和国王马尔科姆之塔的皮藤克利夫峡谷，而国王马尔科姆之塔是古老的民谣《帕特里克·思朋斯爵士》开始时提到的地方：

国王坐在邓弗姆林塔中，

喝着血红的红酒。

布鲁斯①的墓地位于修道院的中心，距圣玛格丽特的墓地不远，周围是许多"皇室成员"永远安息的地方。的确，在这个浪漫的小镇出生的人是幸运的。这个地方位于福斯河入海口以北3英里的一个高地，俯瞰大海，往南可以看到爱丁堡，往北可以清楚地看到欧其尔斯山峰。这一切让人联想到邓弗姆林昔日作为苏格兰首都和宗教中心的辉煌。

有幸在这样的环境中成长的儿童吸收的不仅是空气，还有诗歌和浪漫，以及目之所及处的历史和传统。这一切构成了他童年时候的真实世界——理想的世界就是永恒的现实世界。当他以后步入充

---

① 罗伯特·布鲁斯（Robert the Bruce）是苏格兰历史中重要的国王，他曾经领导苏格兰人打败英格兰人，取得民族独立。

满严峻现实的平凡世界时,真实的生活才开始到来。即使在那时候,直至其生命终结,早期的印象会依然存在,有时可能会偶尔消失,但只是表面上被赶走了或者压制了。它们会不时显现出来施加影响,提升他的思想,装点他的生活。没有哪一个生长在邓弗姆林的聪明孩子可以逃避修道院、宫殿和峡谷带给他们的影响。它们碰触这个孩子,并且点燃他潜在的火花,让他成为一个不同凡响的人,让他超越出生环境不理想的不利因素,达到更高的境界。我父母也出生在这样给人启迪的环境里,而且我毫不怀疑他们身上洋溢着的强烈的浪漫和诗意气质皆得益于此。

父亲的织造业务获得成功后,我们从穆迪街搬到了里德公园里一座更为宽敞的房子里。父亲的四五台织机占据了下面一层,我们居住在上面一层。我们通过设在房子外面的楼梯进到上面的房间里去,苏格兰的老房子都是这样子。我最早的记忆正是在这里开始的,而且很奇怪的是,我首先忆起的是我看到一幅美国小地图时的情形。它放在滚轴上方,两平方英尺大小,当时,父亲、母亲、威廉舅舅和艾特肯姨妈在这地图上寻找匹兹堡,并指出了伊利湖和尼亚加拉河。不久,我舅舅和艾特肯姨妈就乘船驶往这块充满希望的土地。

我记得在这个时候,堂兄乔治·劳德("多德")和我深知悬在我们头上的巨大危险,因为在阁楼上秘密地收藏着一面违法的旗帜。这面旗帜已经涂好颜色,准备在抗议《谷物法》游行时打出来,而且我相信扛旗帜的人应该是我父亲,或者我叔叔,或者家里某个比较激进的好人。在城里已经发生过骚乱,有一支骑兵部队正驻扎在市政厅。我祖父和外祖父,我叔叔、舅舅还有我父亲,一直积极在各种会议上讲演,整个家庭的人都情绪激昂。

让我记忆犹新的是,一天晚上,我被后窗传来的轻轻敲击声唤醒,原来是有人来通知我父亲,我舅舅贝利·莫里森已被投入监狱,因为他胆敢违法召集一次会议。在士兵的帮助下,法官在一个离城几英里远的地方逮捕了他,并连夜把他带进城里,他身后跟着一大群人。

有人担心会出现大麻烦,因为老百姓扬言要去营救他。后来我们得知,在市长的劝说下,他走到俯瞰主街道的窗户前,请求大家离开那里。他对大家说:"那些真诚希望解决这件事情的朋友们,请你们两臂交叉放在胸前。"人们照他的话做了。稍停了一会儿,他又说:"现在请大家安静地离开。"像我们家庭的所有成员一样,我舅舅是一个重视道德力量的人,十分遵守法律,但同时又是一个十分激进的人,一个强烈崇拜美利坚合众国的人。

大家可以想象,当社会处于这么一种状况时,人们私下里会对这样的社会怀有什么样的怨恨。我是在那些令人激动的话题中长大的——谴责君主、专制政府以及各类特权,颂扬共和制度的壮丽、美国的优越性、一块归属我们种族的土地、一个人人平等的自由人的家园。虽然还是一个孩子,但如果有机会我也会杀死国王、公爵或者贵族,并且认为处死他们是对国家有益的一件事情,因此是一种勇敢的行为。

这就是早期的成长环境给童年时候的我带来的影响,直到过了如此长的时间,我才能克制住自己,在谈论没有通过正当渠道赢得公众尊敬的特权阶级或者特权人物时不表现出厌恶。对于那些只是出身高贵,而自身没有出息的人,我依然抱有嘲讽的态度。"他什么也不是,什么也没做过,只是因为偶然的因素他才拥有现在的地位,这是一个没有真本领只会招摇撞骗的人;关于他的记叙里只有他的出生;他们家族最有功绩的成员已经和土豆一起躺在泥土里了。"我怀疑有头脑的人是否能容忍有人一出生就享有特权。为了恰如其分地表达我的愤怒,我永远会不厌其烦地引用下面的句子:

> 从前罗马有一个勃鲁托斯,
> 不愿让他的国家被一个君主所统治,
> 正像他不愿让它被永劫的恶魔统治一样。①

---

① 出自莎士比亚戏剧《裘力斯·凯撒》第一幕第二场。

但那时国王就是国王,不只是虚无缥缈的影子。一切都理所应当地世袭。我只是说说我在家乡听到的情况。

长期以来,邓弗姆林可能被认为是英王国中最激进的城市,当然我知道佩斯利也比较激进。这愈加说明了激进主义有多么兴盛。在我提到的那个时期,邓弗姆林的人口主要由小制造业者构成,每个家庭都拥有一部或多部织机。他们不受固定的工作时间约束,因为工作都是按件计算的。他们从大的制造商手里接来织网的业务,在家里完成工作。

这是一段政治气氛浓厚的时期。每天午饭后的短暂时间,小城各处都可以看到一群群系着围裙的人聚在一起讨论国家大事。休姆、科布登和布赖特是大家谈话中常提到的名字。虽然年龄还小,我也经常被他们的谈话吸引,成为一名忠实的听众。大家的观点完全都是一边倒。普遍的认识是,一定要进行一场变革。当地居民组成了各种俱乐部,还订阅了伦敦出版的报纸。每天晚上都有人向大家阅读报纸上的主要评论文章,而且十分有意思的是,他们是站在教堂的讲坛上给大家读这些东西的。我舅舅贝利·莫里森经常承担读报的工作,在读完这些文章之后,他和大家开始发表看法。会议的气氛很热烈。

这样的政治集会经常有。可以想见,我和家里其他人一样对此兴趣浓厚,并参加了许多集会。在集会上,我经常会听到我的某个叔叔、舅舅或者我父亲的演讲。我记得一天晚上,父亲在澎斯①一次大型户外集会上讲话。当时,我从观众的大腿边挤进去,忍不住放声高呼,声音盖过所有的人。我抬头对我上面的人说,正在演讲的是我爸爸。他把我举到肩膀上,让我一直坐在那里。

还有一次,父亲带我去听约翰·布赖特在一次集会上的演讲,内容是支持 J. B. 史密斯成为斯特林自治市的自由党候选人。回到家

---

① 澎斯(the Pends),音译,是苏格兰圣安德鲁斯大教堂中一座修道院的入口处。

中,我对他的演讲提出批评,认为他的发音不准确,错将"maan"说成"men"。他没像我们苏格兰人常说的那样,发出大[a]的声音。毋庸置疑,在那样的环境中长大的我成为一个支持共和制度的激进的年轻人。我们的座右铭是"废除特权",虽然在那个时候我并不知道特权是什么,但是我父亲知道。

劳德姨夫经历的一件事情也恰好与这位 J. B. 史密斯有关。J. B. 史密斯是约翰·布赖特的朋友,后者正在邓弗姆林竞选议会议员。我姨夫是他的竞选委员会成员。开始,一切进行得都很顺利,直到有一天,有人声称史密斯先生是一位唯一神论者。于是有人打出标语质询:你会投票给一个"唯一神论者"吗?事情变得很严重。据说凯尔尼希尔村的史密斯竞选委员会主席,一个铁匠,已经声明他不会。我姨夫开车去他那里,向他表达不满。他们在村里的小酒馆见面,边饮边谈:

"先生,我不能投票给一位唯一神论者。"这位主席说。

"但是,"我姨夫说,"梅特兰(对方候选人)是一位三位一体论的信徒。"

"妈的,那真是矛盾。"这位主席回答。

这位铁匠做出了正确的选择。史密斯以微弱优势获胜。

手工织机到蒸汽织机的革命给我们家带来了灾难。我的父亲没有意识到即将发生的革命,还在用旧的方法勉强支撑。他的织机贬值了很多。危难之时,轮到由我母亲出面力挽狂澜了。每次她都能成功带领家庭走出危机。她在穆迪大街开了一家小商店,所得收入用于贴补家用。如此一来,虽然家庭整体收入并不多,但在当时还足以让我们维持舒适和体面的生活。

我记得此后不久,我开始品尝到贫穷的滋味。当父亲把最后一批织成品交给大制造商后,可怕的时刻到来了。我看到母亲焦虑不安地等待父亲回来,急于了解是有新订单,还是我们在此后的一段时间里会无事可做。我清楚地记得,虽然父亲既不"可怜、卑鄙,也不

可耻",就像彭斯所说的那样,但他还是不得不

  祈求一位同胞

  给他一点事情做。

  就是在那个时候,我下定决心,长大后要改变这一切。不过,和我们的许多邻居们相比,我们的生活并没有沦落到贫困的境地。我不知道为了让两个孩子可以穿着体面、整齐,还有什么困苦是母亲不愿意承受的。

  父母曾经在某一时刻,草率地承诺说,如果我不提出来的话,他们就永远不会送我去学校。我后来了解到,这一承诺让他们十分为难。因为随着我渐渐长大,我一直没有表露出打算上学的倾向。他们于是请求学校校长罗伯特·马丁先生帮忙,让他特别关注一下我。一天,他把我和已经上学的伙伴们带出去一块儿游玩。此后不久,我父母就放下心来,因为终于有一天,我提出要去马丁先生的学校上学。不用说,我这一要求立刻得到满足。我那时已经八岁了。此后我了解到,这一年龄开始上学也还算是比较早的。

  学校给我带来了很多快乐。如果有什么事情妨碍了我去上学,我会很不高兴。这种情况不时发生,因为我早上要承担从穆迪大街街头的井中取水的任务,井水少而且不是每天都有。有时候,直到上午才允许取水,而这时已有大约20位老妇人围坐在井边。她们在夜间用不值钱的罐子排成一队,占好了位置。可以想象,这样的做法引起很多争执,而我是不会向这些令人尊敬的老妇人让步的。我因此被送了一个绰号,叫"可怕的小伙子"。也许就是在这些争执中,我获得了辩论能力,或者可能还有斗争精神。这些永久地成为了我性格中的一部分。

  因为要完成这些工作,我经常上学迟到,但是了解到其中的原因后,校长原谅了我。此外值得一提的是,放学后,我还经常承担去商店购物的任务。回顾那段生活,我感觉很自豪,因为我早在十岁时就

能帮父母做事了。不久,去商店购物的人们委托我来为他们记账。这样一来,我在儿时就对经营事务有了初步的了解。

不过,上学期间也有不幸的经历。一些男孩们给我起了个绰号叫"马丁先生的宠物",偶尔我走在大街上时也这样叫我。我不能完全明白这个称呼的含义,但是我视它为一种莫大的侮辱。后来我意识到,它让我不能随心回应恩师的关爱。马丁先生是我求学时唯一的校长,我对他深怀感激,很遗憾我没有在他去世前为他做更多的事情。

在这里,我还想讲讲另外一个对我产生了深刻影响的人,那就是我的劳德姨夫,也就是乔治·劳德的父亲。我的父亲长时间在织房工作,每天很少有时间和我待在一起。而我姨夫在镇里的主街上经营一家店铺,并不像我父亲那样忙碌。请注意店铺的地点,那里是高档店铺集中的地方,邓弗姆林的一些贵族也在那里开店。在我刚开始上学时,西顿姨妈去世了,这对劳德姨夫的打击很大。他从自己的独子乔治,还有我那里得到很大安慰。他很善于哄孩子们玩儿,教会了我们许多东西。比如,我记得他在讲述英国历史时,会假设不同的国王位于房间墙壁的不同地方,做着他们最为人所知的动作。因此,直到今天,在我印象中,约翰国王还是那个坐在壁炉台上方,在《大宪章》上签字的人,而维多利亚女王则是坐在门后、儿女绕膝的那个女人。

因此多年之后,我能够理所当然地发现威斯敏斯特教堂中的牧师会礼堂中缺少一位君主的位置,因为劳德姨夫给我们讲述的君主名单是比较完整的。在威斯敏斯特的一处小教堂中有一块石板,石板上的文字说奥利弗·克伦威尔的遗体从那儿被迁走了。当年,我坐在姨夫膝盖上,听他介绍各位君主的情况。在我印象中,这位伟大的共和政体的护国公正在给罗马教皇写信,告诉教皇陛下:"如果他继续迫害新教徒,他将在梵蒂冈听到大英帝国的隆隆炮声。"因此,我们对克伦威尔的评价是,这是一个和人民站在一起的人。

我所知晓的苏格兰早期历史都是姨夫告诉我的,比如关于华莱士、布鲁斯和彭斯的故事,关于盲人哈利、司各特、拉姆齐、坦尼希尔、霍格以及弗格森的故事。借用彭斯的话来说,我可以毫不夸张地讲,就在那个时候,我血管中融入了苏格兰人的偏见(或者说是爱国主义精神),这种感觉将伴我终生。毋庸置疑,华莱士是我们的英雄,所有的英雄行为都在他身上集中体现出来。当学校里一个恶毒的男孩对我说英格兰的面积远远超过苏格兰时,我伤心极了。我去找姨夫,他这样开导我:

"完全不是那样,内基。如果苏格兰也像英格兰那样铺平的话,苏格兰的面积将超过英格兰,但是你愿意让苏格兰高地展开来吗?"

哦,永远不会的!基列的香膏能抚慰受伤的爱国青年。后来,当有人拿英格兰更多数量的人口向我挑衅时,我再次请教姨夫。

"是的,内基,是 7∶1,但是在班诺克本,我们打败了比这更多的英国人。"我再一次感到快乐,因为英格兰人口多只会让我们更荣光。

有人评论说,一场战争孕育另一场战争,每一次战斗都为未来的战斗埋下了种子,不同国家因此成为宿敌。美国男孩和苏格兰男孩的经历是一样的。美国孩子是读着福吉谷和华盛顿的故事长大的,并从书中了解到英国人雇佣德国黑森人杀害美国人,于是一提到英国人就恨之入骨。这是我从我的美国侄子那里了解到的。苏格兰是正义的,但是曾经和苏格兰打仗的英格兰是个很坏的搭档。成年后,苏格兰人才消除了这种偏见,但可能并未连根拔起。

劳德姨夫曾经对我说,他后来常常告诉来客,他有办法让"多德"(乔治·劳德)和我大哭或大笑,或者握紧我们的小拳头准备战斗——简单来说,就是通过诗歌和歌曲影响我们的情绪。华莱士被出卖是姨夫屡试不爽的王牌,每当他讲到这段故事,我们都忍不住啜泣,最后放声大哭。虽然这个故事他经常会讲,但是每次我们都听得入神。当然,每次讲述都会增加新的内容。像司各特的故事一样,我姨夫的故事中从不缺少帽子和手杖。英雄人物对孩子们的影响是多么神奇啊！

我和劳德姨夫、"多德"一起在他们主街边的家里度过了很多日日夜夜，我也因此与"多德"结下了一生的兄弟情谊。我们在家里的名字一直是"多德"和"内基"。小时候，我不能发出"乔治"的音，而他也只能发出"内基"的音，于是我们之间一直以"多德"和"内基"相称。其他的名字都没有意义。

从主街边的姨夫家到位于市区边缘穆迪大街的我家有两条路可以走，一条是沿恐怖的大修道院的墓地，穿过众多死者前行，那是一条没有灯光的道路；另一条则是沿着明亮的街道，穿过五月大门。在我准备回去的时候，我姨夫会恶作剧似的问我走哪条路。想到华莱士在这种情况下会怎么做后，我总是回答要走大修道院那条路。想到自己从来没有一次选择走那条有灯光的街道，我内心获得很大满足。穿过墓地和大修道院那黑色的拱门时，我经常紧张得心都提到嗓子眼了。我试着吹口哨给自己打气，并且在黑暗中拖着步子缓慢向前。一旦遇到情况，我就会想如果华莱士遇到敌人会怎么办，不论是真实的还是超自然的敌人。

在我们小时候，罗伯特一世从来没有得到堂兄和我公正的对待。我们仇恨他的理由很简单：他是国王，而华莱士是代表人民的人。约翰·格雷厄姆爵士是我们仇恨的第二个人。一个苏格兰男孩如果内心有强烈的爱国热情，就像我一样，那么他一生中就拥有了无穷的动力。如果对我的勇气来源做一次研究，我肯定最后的结论是它与华莱士这位苏格兰英雄有密切联系。如果男孩心目中有一个英雄，这个英雄就会成为男孩的力量之塔。

到达美国后，当我发现其他国家也自称有一些事情让他们引以为豪时，我感到很痛苦。一个没有华莱士、布鲁斯和彭斯这样人物的国家成什么样子？我发现，未出过远门的苏格兰人现在依然有这样的想法。随着我们逐渐成熟和见识更广，我们才发现每个民族都有自己的英雄、传奇、传统以及成就。在长大成人后，真正的苏格兰人会发现他没有任何理由降低对自己国家的评价，以及它在世界列强中的位置。与此同时，他还发现有充分的理由让他提高对其他国家的评价，因为它们都有许多值得骄傲的事物，足以激励后人奋发向上，不辱没他们出生的那块土地。

多年之后，我才意识到这块新的土地不过是一个临时居所，我的心还在苏格兰。我就像皮特森校长的那个小儿子一样，他在加拿大回答别人提问时说，他"很喜欢到加拿大旅行，但是永远不可能定居在一个远离布鲁斯和华莱士长眠之地的地方"。

第二章　从故乡邓弗姆林到美国

我的好姨夫劳德认为背诵在教育中极为重要,而我和多德也因此得到了好多便士。我们经常身着小披风或衬衫,卷起袖口,头戴纸头盔,脸上涂黑,手拿木板条宝剑,向同学或长辈们背诵诺瓦尔和格雷纳温①的台词,或者是罗德里克·杜与詹姆斯·菲茨-詹姆斯②的诗句。

我清楚地记得,在背诵诺瓦尔和格雷纳温之间一段著名的对话时,我们在重复"该死的虚伪"这一短语时非常紧张。起初,当我们念到这一令人不快的"该死"时,总是轻轻地咳嗽一声,引得旁观者大笑。后来,姨夫告诉我们,我们不必咬牙切齿地说这个词,这让我们感到如释重负。我想我们过去做了很多这样的练习,我通常扮演格雷纳温的角色,不断重复这个拗口的词。对我来说,这个词有禁果一样奇妙的吸引力。我充分理解玛乔丽·弗莱明的故事。一天早上,她很生气,所以在沃尔特·司各特拜访她并问候她时,她回答:

"今天早上我非常生气,司各特先生。我只想说'该死',但我不会。"

此后,我很注意这个词的用法。牧师可以在布道坛上说"该死"

---

① 诺瓦尔(Norval)和格雷纳温(Glenalvon)是苏格兰剧作家约翰·霍姆(John Home)的无韵诗体悲剧《道格拉斯》(Douglas)中的人物。
② 罗德里克·杜(Roderick Dhu)和詹姆斯·菲茨-詹姆斯(James Fitz-James)是英国小说家沃尔特·司各特(Walter Scott)的长诗《湖上夫人》(The Lady of the Lake)中的人物。

而不会有罪恶感,那我们在背诵中当然也可以很坦然地这样表达。我对下面这个场景也印象深刻:诺瓦尔和格雷纳温发生争斗时,诺瓦尔说:"如果我们再斗,必将分出你死我活。"我在1897年为《北美评论》撰写的一篇文章中用到这句话。我姨夫看到后,立即坐下来从邓弗姆林给我写信,说他知道这些话的出处。他是在世者中唯一知道的人。

我姨夫的教学方法无疑让我的记忆能力大大提高。在教育年轻人方面,我认为没有比鼓励他们记忆并经常背诵喜爱的文章更重要的方法了。任何事情只要我喜欢,我都可以很快学会,这让一些不太熟的朋友感到惊奇。无论是我喜欢的东西还是不喜欢的,我都可以记下来,但是如果我对它们的印象不是很深刻,过几小时就会忘掉。

儿时,我在邓弗姆林的学校里面临的考验之一就是每天记住并且背诵几段赞美诗。我的方法是,直到开始往学校走时才看原文。如果慢走的话,我到学校只需要五六分钟,但是在此期间我却可以很轻松地就把赞美诗背会了。由于第一堂就是赞美诗课,我可以现学现卖,就很顺利地渡过了这一难关。假如30分钟后再让我背一次,我恐怕结果会很惨。

我从家庭以外的人那里挣到或收到的第一枚便士来自我的老师马丁先生,这是因为我在全校师生面前背诵了彭斯的诗《让人类哀痛的事情》。写到这里,我想起后来和约翰·莫利在伦敦一起吃饭的情形。当时我们谈华兹华斯的生活时,莫利先生说他一直在彭斯诗集中寻找《致老龄》这首诗。他非常欣赏这首诗,但是他却找不到原文。我很高兴地为他背诵了这首诗的一部分。他当即给了我人生中的第二枚便士。啊,尽管莫利先生很了不起,但他算不上我认识的第一个大人物,我的马丁老师才是。他对于我来说真的很伟大。但是"诚实的约翰·莫利"的确是个英雄。

在宗教事务方面,我们不太受限。当学校里的孩子们被要求学习《简单教理问答》时,多德和我却可以例外。这一安排的具体细节我永远没能清楚了解。我们家的所有亲戚，包括莫里森和劳德家，在神学和政治方面的观点都很进步，并且对教理问答持反对态度，这一点我十分肯定。我们的家庭圈子中没有一个人是正统的长老派教徒。我父亲、舅舅和艾特肯姨妈、劳德姨夫和卡内基叔叔都已经放弃了加尔文教派的教义。他们中的大多数后来曾一度追随斯维登堡的教义。我母亲从来不谈论宗教事务。她从不向我提这些事情，也从不去教堂，因为早些时候没有仆人，她必须自己承担所有家务，包括给我们做周日的晚饭。《一神论者钱宁》这本读物一直是她那个时候最喜欢的东西。她真是不可思议！

在我的儿童时期，神学和政治事务正经历剧烈的动荡。我听过大家对当时最激进的政治思想的一些争论，如废除特权、公民平等以及共和主义，还听过许多对神学话题的辩论。这些辩论对易受影响的孩子的影响是大人们想不到的。我很清楚地记得加尔文派严厉的教义对我来说有如噩梦，但是感谢我前面提到的那些影响，这样的恐惧感很快就消失了。长大后，回顾过去时，我很感谢父亲有一天做出的重要举动。在牧师宣讲人生来有罪的教义时，我父亲愤然站起来，离开了基督教长老会。此事发生在我出生后不久。

父亲不能忍受这样的说教，他说："如果你的宗教和上帝就是那样认为的，我要寻找一个更好的宗教和更高尚的上帝。"他从此离开了基督教长老会，再也没有回去。不过，他并没有停止参加其他形式的教会。我看到他每天早上都进入小储物间祷告，这让我印象深刻。他是一位真正的圣徒，永远虔诚。在他看来，所有的教派都是善行的代理人。他已经发觉，宗教信仰理论很多，但是宗教只有一个。父亲对宗教的理解强过那位牧师，这让我很满足。那位牧师向我们勾画的不是天父，而是《旧约》中残酷的复仇者形象。安德鲁·D.怀特在自传中称其为"一个永远的施虐者"。很幸运，这样的认识大体上已经成为过去。

我童年时候的主要乐趣之一是养鸽子和兔子。每当我想起父亲不嫌麻烦,为这些宠物搭建起温暖的小窝时,我就非常感动。我家成了我和小伙伴们的大本营。我母亲一直认为,良好的家庭影响是让她的两个孩子健康成长的最佳保证。她经常说,为了实现这一目标,第一步就是创造一个温馨的家庭氛围。为了让我们哥儿俩和周围的孩子们感到快乐,她和我父亲愿意做任何事情。

我的第一次商业运作就是雇我的小伙伴们照看我的那些兔子,为期一季,我答应给他们的回报是,当小兔子出生时,我会用他们的名字给这些小兔子命名。每到周六,我们的大部分时间都用在为这些兔子找寻食物上。今天回想这些事情时,想到我和他们做的这笔吝啬的交易,我感到良心不安。当时,很多人很乐意和我一起为小兔子搜集蒲公英和苜蓿,只为了这样一个特别的回报——一个对劳动给予的最低报偿。唉,我那时还能给他们别的回报么?我什么都没有。

我很珍视这次商业规划,认为它显示了我早期的组织能力,这是我在物质方面获得成功的基础。这种成功不应该归因于我个人知道多少或者做过多少事情,而应归因于我能够了解并且选择那些比我知道的更多的人。对于任何人来说,这都是宝贵的知识。我不了解蒸汽机,但是我试着了解比它更复杂的机制,那就是人。1898年,当我们乘车经过苏格兰高地的一处小旅馆时,一位绅士走过来做自我介绍。他是麦金托什先生,苏格兰一位伟大的家具制造商。我后来了解到,他是一位非常优秀的人。他说他敢于自我介绍,是因为他是曾经为我收集而且有时运送兔子食物的一个男孩,并且有一只兔子是以他的名字命名的。你可以想象我见到他后是多么高兴,他是我在长大后遇到的唯一一个曾和我一起养兔子的男孩。我希望与他终生保持友谊,并且经常见面。(今天,也就是1913年12月1日,我在阅读这部传记的手稿时,我手里有他寄来的非常珍贵的一封信,信中回忆了我们小时候在一起的情形。他今天应该已经收到了我的回信,一封让他感到温暖的信,就像他的来信带给我的感受一样。)

随着蒸汽机械的发明和改良,邓弗姆林小企业的生意越来越难做了。最后,我母亲给在匹兹堡的两个妹妹写了一封信,说我们正认真考虑去她们那里。这样做的原因,我记得我父母说过,不是为了他们自己,而是为了让他们的两个小儿子生活得好一点儿。姨妈们的回答令人满意。接下来,我们开始着手拍卖织布机和家具。在这段时间里,我经常听到父亲用浑厚的嗓音对着母亲、弟弟和我唱这么一首歌:

> 去西部,去西部,去那自由的国度,
> 那里有密苏里河滚滚入海,
> 那里劳动的人们即便流血流汗,但有尊严,
> 那里穷人也能享受劳动的果实。

拍卖所得很微薄,织布机几乎卖不了什么钱。拍卖结束后,我们发现还需要20英镑美国之旅才能够成行。在这里,我要讲一讲我母亲一生的好朋友亨德森夫人的善举。顺便说一下,我母亲有许多可靠的朋友,因为她自己也是这样的人。在我们家中,我们一直以亨德森夫人婚前的名字埃拉·弗格森来称呼她。她很干脆地同意为我们垫付那20英镑,由劳德姨夫和莫里森舅舅为我们担保。劳德姨夫也提供了帮助和建议,并为我们安排好所有具体事务。1848年5月17日,我们离开了邓弗姆林。那时我父亲四十三岁,母亲三十三岁,我十三岁,弟弟汤姆五岁。我弟弟那时候是一个漂亮的、眼睛炯炯有神的白头发小男孩,不论走到哪里都吸引人的注意。

我自此永远离开了正规的学校教育。此后,我只是在美国上过一冬天的夜校,并接受过一位夜间授课的法语老师的短期辅导。说来奇怪,这位教师很善于演讲,就是从他那里我学到了演讲的技能。我已经学会读、写以及如何使用密码,还开始学习代数和拉丁文。在这次旅途中,我给劳德姨夫写过一封信,后来他把这封信退还给我。从这封信中可以看出,我当时的写作水平比现在要好。我在英语语

法方面遇到很多困难,搞不清楚一些语法规则,就像小孩子通常遇到的问题一样。除了华莱士、布鲁斯和彭斯等人的作品,我读过的书很少。不过,我能够背诵很多人们耳熟能详的诗歌。此外,我还知道很多童话故事,特别是《一千零一夜》,它把我带到了一个崭新的世界。在阅读这些故事时,我仿佛来到了一个梦幻世界。

一天早晨,我们乘公共汽车离开了心爱的邓弗姆林,沿着运煤铁路,前往查尔斯顿。我记得自己眼睛里满含泪水,看着窗外邓弗姆林一点点在我眼前消失,直到那座古老、宏伟而神圣的大修道院也逃离视线。在我离开邓弗姆林的前14年里,我几乎每天都会像离开的早晨那样想:"我何时才能再回到你的怀抱?"几乎每一天,我都会想起刻在大修道院塔楼上的那些辟邪字符"罗伯特·布鲁斯国王"。我童年时候的所有记忆,我所知道的所有仙境故事,都与那座古老的大修道院和它的晚钟紧紧联系在一起。每天晚上8点敲响的晚钟是我上床睡觉的信号,我会在晚钟停止前跑上床。我在《在英国的四个美国人》一书中提到了那座大钟,并描述了我们从大修道院旁边经过的情景。我想在下面引述一下这段文字:

> 我们驱车沿澎斯行驶。我和修道院院长沃尔思一同站在马车的前排。忽然,我听到大修道院的大钟敲响了,这是为了欢迎母亲和我而敲响的。我双膝变软,眼泪不由地流下来。我转过身对院长说,我无法再控制自己了,甚至有那么一刻我觉得自己快要晕倒了。幸运的是,我看到前面还没有出现人群,我还有时间恢复平静。我紧咬嘴唇,把它们都咬出了血。我小声对自己说:"没事的,保持平静,你必须继续向前。"还从没有任何其他声音能像那钟声一样如此深入我灵魂,那钟声萦绕在我周围,并用它那美妙、神圣和可以融化一切的力量将我征服。
>
> 在那宵禁的钟声里,我被抱到我的小床上,准备进入童真的睡眠。每晚,在钟声里,父亲或者母亲深情地弯下腰,告诉我大钟在说什么。那口大钟仿佛借助他们的语言对我说了很多好听

的话。在我入睡前,我所知道的天国和上帝会耐心地告诉我白天做过哪些不好的事情,这些话简单明了,让我感觉到钟声背后的那个神秘力量无所不晓,但是它并没有生我的气。它从不生气,从不,但是为我感到非常遗憾。即使今天听到那钟声时,我仍能感觉到它在说话,它仍有许多话要对我说。而现在,它正在欢迎远行归来的母亲和儿子重回它温暖的怀抱。

当大修道院的大钟为欢迎我们敲响时,我们感觉受到了无上的礼遇。这是整个世界都无法创造,更不用说赐予我们的礼遇。不过我当时想,要是我弟弟汤姆也在这里该有多好。在我们远离家乡之前,他也开始体会到那口大钟的神奇之处了。

卢梭希望在美妙的音乐声中辞世。如果让我来选择,我会希望在大修道院的钟声中静静离开,让它在我耳边讲述我小时候参加过的赛跑,并且最后一次召唤我快去睡觉,就像从前召唤那个白头发小孩一样。

我收到的许多读者来信中都提到了书中这一部分的内容。一些读者甚至说这一部分让他们感动得流泪。这部分内容发自我内心,也许这就是它能够抵达其他人内心的原因。

我们乘小船驶向位于福斯湾爱丁堡市的一艘汽船。在我即将要离开小船登上汽船时,我跑向劳德姨夫,紧搂着他的脖子大声哭喊:"我不要离开你!我不要离开你!"一位好心的水手把我从姨夫身上拉开,并把我扛到轮船的甲板上。在我重回邓弗姆林时,这位可爱的老水手告诉我,那是他见过的最令人心碎的别离。

我们乘坐排水量800吨的"维斯卡赛特"号帆船从格拉斯哥的布鲁米劳大街启程。在7天的航程中,我和水手们相处融洽,从他们那里了解到不同绳索的名称,并且能够引导旅客响应水手长的号令。船上水手不足,因此,水手们特别需要旅客的帮助。作为回报,每到周日,水手们还邀请我去水手食堂参加他们的大会餐——品尝葡萄干布丁。因此,离开大船时我感到非常难过。

到达纽约后,眼前的一切让我眼花缭乱。此前,曾经有人带我去爱丁堡见过女王,那是我移居美国之前去过的最远的地方。我们在乘船启程前,甚至都没有时间看一看格拉斯哥。纽约是我融入的第一座大城市,这里的人类工业进行得如火如荼,繁忙景象让我兴奋不已。到达纽约后的一天,我在城堡公园的草地滚木球场散步,忽然"维斯卡赛特"号船上的水手罗伯特·巴里曼从后面一把抱住我。巴里曼身着蓝色夹克和白色裤子,正在岸上休假。这件事让我印象深刻。水手罗伯特·巴里曼是我见过的最英俊的男人。

　　巴里曼把我带到一家小吃店,为我买了一杯沙士汽水。我接过汽水喝下去,感觉它像诸神的琼浆玉液一般美味绝伦。直到今天,我依然念念不忘那个华丽的、装着美味冒泡液体的铜罐子,我所见的任何同类容器都无法与之媲美。当我再次经过那个地方时,我看到那位老妇人的沙士汽水摊位,会猜测那位可爱的老水手如今怎么样了。我曾试图寻找他,但是没有找到。我希望当我找到他时,他正在安享晚年,让我能够尽自己的力量为他的晚年生活增添一些乐趣。他是我心中汤姆·鲍林①的化身,而且每当我唱起那首美妙的老歌时,我总认为那个"美男子形象"就是我亲爱的老朋友巴里曼。可惜他已上了天堂。不过,在这次旅途中,他的善良之举征服了一个小男孩,让这个男孩成为他忠实的朋友和崇拜者。

　　在纽约,我们只认识斯隆夫妇,也就是著名的约翰、威利和亨利·斯隆的父母。斯隆夫人(尤菲米娅·道格拉斯)是我母亲童年时候在邓弗姆林的伙伴,斯隆先生和我父亲是织造业的同行。我们去拜访他们时,受到了他们的热情款待。1900年,他们的儿子威利为两个已婚女儿从我手中购买了我们纽约居所对面的一块地,这样我们两家的第三代人就能像我们的母亲们儿时在苏格兰一样成为玩

---

① 汤姆·鲍林(Tom Bowling)出自航海歌曲《汤姆·鲍林》("Tom Bowling"),歌曲中的"他"是一个美男子。

伴了。这件事让我从心底感到高兴。

在纽约移民中介的劝说下，父亲带我们乘船沿伊利运河而上，经过布法罗和伊利湖到了克利夫兰，并继续沿运河前行到比弗。这段旅程耗时3个星期，但是今天乘火车只需要10个小时。当时纽约到匹兹堡之间没有铁路，而且实际上到西部的任何地方都没有铁路到达。伊利铁路当时正在建设中，我们经过时看到工地上有成群的工人在工作。年轻人经历的一切都是财富。当我回顾这3个星期在运河轮船上的经历时，我的喜悦感从未减弱。不愉快的事情早已经被淡忘了，除了那天晚上我们被迫待在比弗码头的一艘船上，等待轮船把我们从俄亥俄带到匹兹堡的情形。那天晚上，我们第一次见识到蚊子的凶猛。母亲被咬得很厉害，以致到早晨眼睛都看不清东西了。我们也都被咬得很惨，不过我不记得蚊子影响了我的睡眠。我在什么情况下都能入睡，从未体会过"让孩子无法入睡的恐怖夜晚"。

我们在匹兹堡的朋友们一直在急切地等待我们的消息。见面后，他们温暖而亲切的问候让我们瞬间忘却了所有的不快。我们在他们居住的阿勒格尼市安顿了下来。霍根姨夫的兄弟在丽贝卡大街一个僻静的角落有一处纺织车间，车间的二楼有两个房间，我父母就在这里（免费使用，因为它们归我的艾特肯姨妈所有）安家了。不久，霍根姨夫放弃了纺织业务，这块地方就由父亲接管了。父亲在这里开始了织桌布的业务，而且他不只是负责生产，还要到各地去销售。因为找不到可以大量接受桌布的经销商，他必须要自己做推销，挨家挨户地去推销。我们的收入却十分微薄。

像以前一样，母亲也来帮忙了。没有什么事情能让母亲屈服。年轻时候，她曾在她父亲那里学过制鞋，为的是挣点零花钱，没想到那时学会的手艺如今派上了用场，可以改善家庭状况。菲普斯先生，也就是我的朋友兼合伙人亨利·菲普斯先生的父亲，也像我外祖父一样是位出色的制鞋匠。我们在阿勒格尼市生活时，老菲普斯先生是我们的邻居。母亲的工作就是他给的。就这样，除了照料家务

（因为我们当时显然雇不起用人），这位杰出的女性——我的母亲，每星期靠制鞋挣得4美元。为此，她经常工作到半夜。在空闲时间，母亲有时会让我弟弟坐在她膝盖上，让他帮助穿针并且打蜡。母亲这时会向弟弟讲述苏格兰的一些经典传说，或者一些有深刻寓意的故事，就像她以前对我那样。

这就是清贫家庭的孩子优于富家子弟的地方。母亲一个人承担了护士、厨娘、家庭教师、正规教师和圣徒的角色，而父亲则是我们的表率、导师、顾问和朋友。我和弟弟就是在这样的关爱下长大的。与我们这样的成长环境相比，那些百万富翁或者贵族家的孩子有什么可以夸耀的呢？

母亲很忙，但这并不能阻止她很快获得邻居们的认可。大家认为她是一个智慧、友善的女人，一个在遇到困难时可以寻求建议和帮助的人。她们很多人都说起过我母亲帮助她们的事情。以后的日子也是如此，不论我们住在哪里，富人和穷人都会来找她，向她叙述自己遇到的难题，并从母亲那里得到很好的建议。不论在哪里，她都是当地出类拔萃的人物。

第三章　我的第一份工作

现在面临的一个大问题就是,我做什么。虽然刚刚十三岁,但是我已经十分想去工作了,我希望为全家在这块新土地上立足做点事情。贫穷对我来说是一场可怕的噩梦。我当时最强烈的想法是,我们每年要挣够300美元,也就是每月25美元,这样我们才可以不必依赖他人。那时的生活必需品都很便宜。

霍根姨夫的兄弟经常问我父母,他们准备让我做什么。有一天,我目睹了让我永生难忘的、特别悲伤的一幕。霍根姨夫的兄弟怀着最善良的意图,对我母亲说,我看上去很能干,而且学东西快。他认为如果给我一个装有小物件的篮子,到码头那里去叫卖,肯定能挣到不少钱。此前,我从未见到过一个女人勃然大怒是什么样子。这回我算见识了。母亲当时正在缝制衣物,听到这话,她忽地一下站了起来,两手张开,在对方眼前挥舞。

"什么?让我的孩子去做一个小商贩,去和码头的那些粗人混在一起!我宁可把他扔到阿勒格尼河里淹死。你给我走开!"她大声喊道,手指向房门。霍根先生赶忙离开了。

我母亲站在那里,像一位受伤的女王。然后她崩溃了,不过只是抽泣了一小会儿。她把两个孩子揽入怀中,让我们不要在意她刚才愚蠢的举动。她说这个世界上有很多事情我们可以做,我们可以成为有用的人,体面而且受尊重的人,只要我们永远做正确的事情。母亲刚才的表现就像海伦·麦格雷戈回答奥斯鲍尔迪斯通①的问题时一样，海伦威胁要把她的因犯"剁成碎肉馅，就像花格图案中数不清的方格"。不过，母亲是因为另外的原因而发怒。发怒并非是别人建议的工作太清闲，毕竟父母告诉过我们游手好闲是丢人的行为，而是因为这样的工作有点居无定所，在母亲看来不够体面，她宁可让我死也不让我去做。没错，母亲宁愿带着她的两个孩子从这个世界上消失，也不愿意让他们小小年纪就与不体面的人为伍。

在回顾早期这段奋斗经历时，我想说这样几句话：在这个世界上，没有人比我的家人更有傲骨，因为强烈的荣誉感、独立和自尊意识已经渗透进每个家庭成员的性格之中。沃尔特·司各特对彭斯的评价是，他拥有世界上最不寻常的眼睛。我也可以这样评价我的母亲，就像彭斯说的那样：

　　她的眼睛甚至可以让周围的空气激动起来，
　　展现热切的荣光。

在这位勇敢的母亲身上，人们找不到任何低俗、吝啬、欺骗、诡诈、粗野、奸诈或者饶舌的成分。我父亲也是一位品德高尚的人，一位受大家爱戴的人，一位圣徒。有这样的母亲和父亲，汤姆和我都很自然地成长为体面的人。

这件事过去后不久，父亲认为应该放弃手工织布的生意，转而进入布莱克斯托克先生的棉花厂工作。布莱克斯托克先生跟我们同住在阿勒格尼市，是一位苏格兰老人。在这家工厂，父亲还为我谋得了一份绕线圈的工作，我从此开始了我的第一份工作，每周薪水为1美元20美分。生活很艰难。冬天，父亲和我天不亮就起床，然后匆匆吃完早饭，在天亮前就赶到工厂。除了短暂的午餐时间外，我们从早晨一直工作到天黑。我感觉工作时间漫长，而且我从工作中得不到

---

① 海伦·麦格雷戈(Helen Macgregor)和奥斯鲍尔迪斯通(Osbaldistone)是沃尔特·司各特的历史小说《罗布·罗伊》(*Rob Roy*)中的人物。

乐趣。但值得高兴的是，它让我感觉到我正在为我的世界——我们的家庭做一些事情。从那时候开始到现在，我已经挣了几百万美元，但是这些不像我第一周的工资那样让我如此高兴。我现在已经能够帮助家里人了，已经可以养家糊口了，已经不单纯是父母的负担了。我经常听到父亲哼唱那首动听的《赛船手之歌》，我特别想实现最后几句歌词的内容：

> 当阿莱克、乔克和珍妮特都长大成家后，
> 他们能帮助我们划船，
> 减轻我们的负担。

我要让我们的小船像飞一样快。需要说明的是，阿莱克、乔克和珍妮特首先要接受教育。苏格兰是第一个要求所有父母对孩子进行教育的国家，不论他们地位高低，并且因此建立了教区公共学校。

此后不久，约翰·海先生，一位在阿勒格尼市从事锭子生产的苏格兰老乡，需要雇佣一个男孩。他问我愿不愿意去他那里工作。我答应了，我的工资涨到了每周2美元。不过，刚开始工作时，这里的工作环境比上一家更糟糕。我要负责看管一台蒸汽机，因此需要待在锭子工厂的地下室里烧炉子。这样的工作让我很难忍受。我每夜都紧盯着蒸汽表，生怕蒸汽压力过低，在上面的工人埋怨动力不够，又怕压力过高引起炉子爆炸。

但是我决定向父母隐瞒这一切，并且为这样做感到骄傲。他们自己也有不愉快的事情要承担，我必须像男子汉一样勇敢承担自己的苦难。我志向高远，每天都期待着生活能够发生某种改变。我不知道会有什么样的改变，但是我确信如果我一直努力，一定会有改变发生的。此外，在那个时候，我还经常会问自己，在这样的环境下华莱士会怎么做，苏格兰人会怎么做。有一点我是确信的，他一定不会放弃。

有一天，机会来了。海先生需要制作一些账单，但是他没有管账

的伙计,而他自己又不懂这些事情。他问我字写得怎么样,并让我写几个字给他看。我的表现让他很满意,于是他就安排我负责记账。我的算术也不错。他不久后发现让我身兼几个不那么讨厌的工作对他也很有帮助。此外,我想这位可爱的老人这样做是因为对我这个白头发的小男孩抱有善意,因为他也是一个善良的苏格兰人,愿意帮助我摆脱蒸汽机。不过,我新的工作状况有下面这样一个不如人意之处。

我的工作还包括把刚刚生产出来的线轴放入油桶中浸泡。幸运的是,我是独自在专门的一间屋子做这项工作。但是,不管我怎样努力克制,我的肚子里还是感到很不舒服,闻到油的味道我就恶心。这一点我一直不能克服,甚至华莱士和布鲁斯在这里都失去了作用。不过,如果我没有胃口吃早饭或者午饭,到晚饭时我的胃口还是很好的。就这样,我还是能够完成自己的工作。真正的华莱士或者布鲁斯的门徒不能放弃努力,除非他死了。

我在海先生那边的工作要明显好于在棉花厂的工作,而且在这里我还结识了一位对我非常好的老板。海先生的账目采用简式记账的形式,这对我来说没有问题。但是当我得知所有的大公司都采用复式记账时,我与同事约翰·菲普斯、托马斯·N.米勒和威廉·考利商量了一下,决定大家一起报名上冬季的夜校,学习这种复杂的系统。于是我们四个人一起去了匹兹堡的一家威廉姆斯先生的学校,学习复式记账体系。

1850年初的一个晚上,我下班回家后,得知电报局的经理大卫·布鲁克斯先生问霍根姨夫是否有合适的男孩可以做信差。布鲁克斯和我姨夫都是跳棋爱好者,这个重要的问题是在他们下跳棋时提出来的。类似这样的小事情可能会产生重要的影响,一句话、一个眼神、一种方言都可能改变一个人的命运,甚至是国家的命运。那些把任何事情都视为小事的人真是太大胆了。曾经有一个人,在别人劝他不要在意一些小事的时候这样说道:如果有人可以告诉我什么是小事，我可以不在意。年轻人应该记住，运气经常是由一些小事情决定的。

我姨夫提到了我的名字，并且说他会问我是否愿意做这项工作。我清楚地记得为此事专门召开了家庭会议。听到做信差这个消息我非常兴奋。没有人像我这样渴望自由，即使笼中的小鸟也比不上。母亲同意我去，但是父亲倾向于让我别去。父亲说，这份工作对我来说太难，我年龄小，而且个头也小。从每周2美元50美分的薪酬来看，这应该是大孩子做的工作。他们可能会要求我晚上跑到乡下去送电报，路上可能会遇到危险。总的来看，父亲说，我最好留在原来的地方。不过他后来又收回了反对意见，说可以让我先试一试。我想，他应该是和海先生谈了这件事，并咨询了他的意见。海先生认为这件事对我有好处。虽然这会给他本人带来不便，但他还是建议我试一试。他很宽宏大量地说，如果我发现自己不适合做信差，他还会欢迎我回来。

事情就这么决定了。电报局通知我过河去匹兹堡，拜访布鲁克斯先生。父亲希望和我一道去，于是大家决定让他陪我一直到位于第四大街和伍德大街拐角的电报局。我动身的那天早晨，天气晴朗，这真是个好兆头。父亲和我步行从阿勒格尼前往匹兹堡，路程大概有2英里。到了电报局门口，我央求父亲在外面等。我坚持要独自前往二楼的营业大厅，单独会见那位伟大的人物，面对自己的命运。我之所以这样考虑，可能是因为那时候我已经开始把自己看做一个美国人。过去，一些男孩子起初经常叫我"苏格兰人！苏格兰人！"而我回答："是的，我是苏格兰人，我为此感到自豪。"但是，在讲话时我那明显的苏格兰腔已经极大减弱，而我认为如果独自前往，而不是在我的苏格兰老父亲的陪同下去见布鲁克斯先生，我的表现会更出色。如果父亲在场，他可能会笑话我的神态。

我穿着一件白色亚麻布衬衫，那是一件通常只在安息日才穿的衣服，还有蓝色紧身短外套，以及我最好的西服套装。在那时，而且在进入电报局之后的几周里，我只有那一套亚麻夏装。每周六晚上，即使是我接近半夜下班回来时，母亲也会连夜把那些衣服洗干净、熨好。这样一来，安息日早晨，我起床后就能穿上干干净净的衣服。为了让我们家在西方世界立足，这位女英雄愿意做任何事情。父亲在工厂工作的时间很长，这消耗了他的体力，但是他也像英雄一样战斗，并且一直不断鼓励我上进。

面试很成功。我很认真地说明虽然我不了解匹兹堡，而且或许我并不适合这份工作，我并不够强壮，但是我只想要一次尝试的机会。他问我何时可以开始工作，我回答说如果需要，我现在就可以留下来。回顾这件事情的时候，我想我的这个回答值得年轻人好好思考。眼前有机会而不去抓住是巨大的错误。现在，有人提供这份工作给我。如果当时我不那么做，也许会发生其他的事情，也许有其他的孩子参加面试。既然我来了，我打算尽可能留下来。布鲁克斯先生很和善地吩咐另外一个男孩（因为我面试的是一个新增的信使岗位）带我四处看一看，并且带我学习这项业务。我抽空跑到街角，告诉父亲一切顺利，让他回家告诉母亲我得到了这份工作。

就这样，在1850年，我的生活真正起步。相对于在黑暗的地下室照看蒸汽机，每周领取2美元的薪水，全身被煤灰弄得脏兮兮的，缺少可以帮助提升自己的环境，如今的我仿佛一下子升到了天堂。是的，天堂，在我看起来是这样。我的周围有报纸、墨水笔、铅笔和阳光。我几乎每一分钟都能学到点什么，或者发现值得学习的东西有那么多，而自己知道的那么少。我感觉自己踏上了向上的阶梯，我一定会不断向上攀登。

我只有一个担心，那就是我不能迅速掌握需要投递信件的各个商行地址。我于是开始努力记下街道两边商行的标记。晚上，我逐一背诵各个商行的名称，以加强自己的记忆。不久，我就可以闭上眼睛，从商业街的起点开始，依次背诵街道一边所有商行的名称，然后从街道终点逐一背诵街道另外一边所有商行的名称。

下一步是认识在商行中工作的人,因为这能给送信带来很多方便。如果认识商行的员工,信差就可以少跑一些路,因为他可能会在路上遇到正在去办公室的商行员工。对我们这些送信的男孩子来说,能够在路上把信交到商行员工手里是一件值得炫耀的事情。此外,这个送信的男孩子还会因此得到额外的满足,因为当一个大人物(对于信差来说,大多数客户都是大人物)在大街上被信差拦住的时候,他大多数情况下会注意到这个男孩,并且夸奖他几句。

1850年的匹兹堡与现在大不一样。1845年4月10日发生在商业区的大火重创了这座城市,5年后的她还没有恢复元气。那时的房子基本是木头做的,只有极少数是砖砌的,没有一处住宅可以防火。匹兹堡城里及周边的全部人口加起来不超过4万。那时的商业区还没有延伸到第五大道,当时的第五大道是一条安静的街道,只有一座剧院还有点名气。阿勒格尼市的联邦街上有一些零星的商铺,彼此距离很远。我还记得自己曾在现在的第五区正中心的池塘上溜冰。我们联合钢铁厂的位置在那时,甚至在后来的很多年里,不过是块卷心菜菜地。

我曾经给罗宾逊将军送过很多电报,他是出生在俄亥俄河以西地区的第一个白人小孩。我目睹了人们架设从东部进入这座城市的第一条电报线路,以及用于俄亥俄至宾夕法尼亚铁路的第一个火车头通过运河从费城运过来,并在阿勒格尼市从一艘平底船上被卸下来。那时到东部没有直通铁路,人们要坐船经运河到阿勒格尼山脚下,从那里坐30英里的火车到霍利迪斯堡,接着沿运河到达哥伦比亚,再坐81英里的火车到费城,整个行程要花3天时间。

在当时的匹兹堡,每天的大事就是来往于匹兹堡和辛辛那提的蒸汽邮轮的到达和离开,因为当时日常通讯系统已经建立起来。作为阿勒格尼河和运河之间的一个大的转运站,这个城市的主要经营项目就是把货物转运到各地。当地的一家轧钢厂已经开始运营,但是它生产的生炼金属还不到一吨。即便多年之后,它的钢产量也没有达到一吨。当地的生铁生产在最初是彻底失败的,原因是缺少适合的燃料,尽管距离几英里远就是世界上最大的焦炭矿。人们当时还想不到用焦炭来炼铁,就像这个城市的人们还想不到利用在地下储存了很长时间的天然气一样。

那个时候,这个城市里乘坐四轮马车的人还不到五六个,多年之后才开始兴起穿制服,包括马车夫制服。大概在1861年,匹兹堡地方志中记载的最轰动的金融大事是法内斯托克先生从所在公司退休,退休金高达17.4万美元,这笔款项源自他所持股份所获利息,由他的合作伙伴支付。这在当时是一个不得了的数字,而现在看起来却是那么微不足道!

做信差后不久,我认识了这个城市里为数不多的几个领头人物。匹兹堡的律师业很有名气,为首的是威尔金斯法官。他和麦坎德利斯法官、麦克卢尔法官、查尔斯·谢勒和他的合伙人埃德温·M.斯坦顿,我都非常熟悉。尤其是斯坦顿,就是后来了不起的作战部部长("林肯的得力助手"),他在我当小信差的时候就注意到我了。在商界,在那些现今依然健在的人士中,霍莫斯·M.豪、詹姆斯·帕克、C. G. 赫西、本杰明·F.琼斯、威廉·索、约翰·查尔方特和赫伦上校都是被我们这些小信差奉为偶像的大人物。他们是我们的好榜样,因为他们的生活状态证明了一切。(可惜,在我于1906年修改这一段文字时,他们都故去了。生命的进程无可阻挡。)

从各方面来看,我做信差的日子很快乐。在这期间,我结识了我最亲密的几个朋友。因为一个高级信差获得升职,电报局需要招募一个新人。新来的男孩名叫大卫·麦卡戈,也就是后来著名的阿勒格尼河谷铁路总监。他和我搭档,负责投递从东线来的电报,而另外两个男孩负责来自西线的电报。虽然同在一所大楼里办公,但当时的东部电报局和西部电报局是分开的。戴维[①]和我一见如故,很重要的原因是他也

---

① 戴维(Davy)是大卫(David)的昵称。

是苏格兰人。虽然戴维出生在美国,但是他父亲和我父亲一样都是地地道道的苏格兰人,讲话的口音也一样。

戴维被录用后不久,电报局提出还要再招收一个孩子,问我有没有合适的人选。这难不倒我,我立即想到了我的好朋友罗伯特·皮特凯恩,他后来接替我成为宾夕法尼亚铁路在匹兹堡的主管和总代理。和我一样,罗伯特不仅是苏格兰人,而且是在苏格兰出生的。就这样,戴维、鲍勃和安迪①这3个苏格兰男孩负责东部电报线路在匹兹堡所有电报的传递,每周可以拿到2美元50美分,这在当时可是高薪。孩子们每天早晨要打扫办公室,这件事大家轮流来做。很显然,我们都是从最底层开始做起来的。尊敬的H.W.奥利弗先生,后来大型制造公司奥利弗兄弟公司的大老板,以及后来成为律师的W.C.莫兰,后来也加入了我们的团队,也像我们一样从底层开始奋斗。在生活的竞争中,力求上进的年轻人不要惧怕富人的子弟、他们的侄子、侄女或者表兄妹。人们会从那些打扫办公室的孩子中发现"黑马"。

那时候,送电报的男孩子们有很多快乐。在水果批发店,信差男孩有时会因为及时送电报,被店主奖励一口袋苹果。在面包店和糖果店,信差男孩有时会得到免费的小甜饼。他们会遇到好心人,那些他们十分尊敬的人;这些人会因为送电报及时而夸奖送电报的人,而且可能会让他回去时再带走一封电报。我不知道还有什么工作能让小男孩得到这么多关注,而这种关注是真正聪明的孩子提升自己最需要的。聪明的大人喜欢聪明的孩子。

在做信差的日子里,还有一件令人兴奋的事情,那就是如果我们取电报的路程超过一定距离,我们可以收取10美分的附加费。可以想见,这样的"肥差"被我们所有人盯得紧紧的,甚至会因为应该由谁去发生争吵。有时,有的孩子在没有轮到他的时候就抢先接了这

---

① 鲍勃(Bob)是罗伯特(Robert)的昵称,安迪(Andy)是安德鲁(Andrew)的昵称。

样的工作,这成为我们出现大麻烦的唯一原因。为了解决这类纠纷,我建议大家把此类收入集合在一起,到了每个周末大家平分。大家同意了我的建议,而我被任命为管账的人。这之后,我们再也没有争吵过,大家相处得其乐融融。这种把额外收入放到一起,且不会产生不必要损失的做法实际上是一种合作。这是我在金融管理方面完成的第一次尝试。

男孩子们认为,他们完全有权享受红利,于是大多数人在附近的糖果店里开设了往来账户。一些账户有时候会严重透支,这时负责理财的男孩便会以适当的方式通知店主,这样他就不用对那些过于嘴馋和贪婪的男孩子们欠下的债务负责了。罗伯特·皮特凯恩是透支最严重的男孩子,很显然他太喜欢吃甜食了。有一天在我责备他时,他私下里对我说,他肚子里有些虫子不断地啃咬他的五脏六腑,只有喂它们甜食时才会安静下来。

第四章　安德森上校和他的书籍

尽管这些男孩们都很快乐,但是他们的工作也非常辛苦。每隔一晚,他们要等电报局关门才能下班。在这些晚上,我很少在11点前回到家。即使在其他晚上,我们也要到六点钟才能到家。在这样的条件下,我们很少有自我提高的时间,而且所挣到的钱全部贴补家用,剩不下什么钱买书。然而,好像是上苍眷顾我似的,文学的宝库通过一种特殊的方式向我敞开了。

詹姆斯·安德森上校——在我写到他的名字时,我颂赞了他的美名——宣布他将向男孩子们开放他有400册藏书的图书馆。任何年轻人都可以在周六下午从图书馆里带走一本书,到下个周六时再换另外一本。我的朋友托马斯·N.米勒先生最近提醒我,当时安德森上校的书籍是首次向"劳动的男孩们"开放。这就出现了一个问题,那些送电报的男孩、公司职员还有其他不从事体力劳动的人是否有权利借阅这些书。于是,我就向媒体写了一封短信,寄到《匹兹堡快报》,请求把我们这些人也纳入其中。我在信中说,虽然我们现在不从事体力劳动,但是我们中的一些人过去这样工作过,我们真的是劳动的男孩子。于是,亲爱的安德森上校立即扩大了读者范围。我第一次作为小作者的公开亮相大获成功。

我的好友汤姆·米勒,我们小圈子的一位成员,住在安德森上校家附近。他把我介绍给了安德森上校。就这样,我那封闭、地牢般的生活中忽然有扇窗户打开,知识的光辉从外面透了进来。每天的辛苦工作，甚至是漫长的夜班都因为我能抽时间读书而变得不那么痛苦。因为想到每周六都可以得到一本新书，未来也变得光明许多。就这样，我阅读了麦考利①的散文以及他的历史著作，还有班克罗夫特②的《美国史》，这本书我读得尤为认真。我还特别喜欢兰姆的随笔。不过，除了在学校课本上的几篇文章外，当时我对文学大师莎士比亚还知之甚少。不久后，在匹兹堡的老剧院观看的一场演出让我开始喜欢上莎翁。

我们小圈子的成员约翰·菲普斯、詹姆斯·R.威尔逊、托马斯·N.米勒、威廉·考利和我一样拥有使用安德森上校图书馆的宝贵特权。我平时不可能从其他地方获得的书籍，上校总是想办法帮我拿到。由于他的缘故，我喜欢上了文学。即使别人给我数百万美元，我也不会放弃这种爱好。没有文学的日子，生活会很艰难。没有任何东西像安德森上校的书籍一样，让我和伙伴们能够远离恶友和恶习。此后，当我有了一定的财力时，我首先着手做的事情之一就是为我的这位恩人树立一座纪念碑。这座碑矗立在我捐建给阿勒格尼的钻石广场内，在展览馆和图书馆前，碑文如下：

> 献给西宾夕法尼亚开放图书馆的创始人——詹姆斯·安德森上校。他向劳动的男孩们开放了自己的图书馆，并且在周六下午亲自担任图书管理员。就这样，他不仅为这项崇高的事业贡献了自己的书籍，还贡献了他自己。此纪念碑由一个"劳动的男孩子"安德鲁·卡内基出资设立，旨在纪念并感谢他带来的恩惠。因为他的慷慨，这位男孩得以进入宝贵的知识和想象力的殿堂，他的人生境界也因此得以提升。

这些话只能略表我的崇敬和感激之情，感谢他对于我和伙伴们

---

① 麦考利全名为托马斯·巴宾顿·麦考利（Thomas Babington Macaulay），是英国诗人、历史学家、辉格党政治家，经常发表散文、评论及历史类文章。
② 班克罗夫特全名为乔治·班克罗夫特（George Bancroft），是美国历史学家和外交家，出版著作包括十卷本的《美国史》。

的眷顾。早期的这一经历让我认识到，如果要花钱来帮助那些心地善良而且愿意继续保持良好品质的男孩和女孩，没有什么比在社区建立一所旨在完善其品质的公共图书馆更有效果的了。我确信在未来，我有幸投资建设的图书馆会证明我的观点是正确的。如果通过这些图书馆，一个男孩子可以获得我从安德森上校那400本已磨损殆尽的图书中获得收益的一半，我就可以认为这些图书馆没有白建。

谚语说，"弯曲的树苗长成弯曲的大树"，即儿童时期的教育对人性格、品质的形成至关重要。所幸，书籍中的珍奇世界适时向我敞开了大门。图书馆最大的特点是，只有愿意读书的人才能有收获，年轻人必须自己去获取知识。除此之外，别无捷径。多年之后，当我发现父亲是邓弗姆林第一家流通图书馆的5个创始人之一时，我感到非常自豪。

那所图书馆的历史很有意思。在它的发展过程中，它先后迁址不下7次。第一次迁移是由这5位创始人完成的，他们用围裙和煤斗把它们从手工织机作坊搬到另外一个地方。我父亲是家乡第一家图书馆的创始人之一，而我有幸成为最新一家图书馆的创始人，这件事的确让我感到非常有意思。在公共演讲中，我经常说我是一个曾经创立过图书馆的织造商的后代，这一点让我感到自豪，我不羡慕任何其他家族。在并不知悉的情况下，我追随了父亲建立图书馆的足迹，我想说这是天意，对这一点我感到十分满意。我父亲这样的人是值得追随的导师，他拥有我所知道的最温柔、最纯洁和最友善的品性。

我曾经说过，我对莎士比亚的喜爱源自我看过的一场戏剧。在我做信差的那段时间，在福斯特先生的管理下，匹兹堡剧院拥有着一段非常辉煌的时光。他享受免费收发电报的特权，而电报员也可以免费观看演出。这种待遇有时也惠及我们这些信差，因为有的信差把下午收到的给福斯特先生的电报拖到晚上才去送，这样就可以直接把电报送到剧院门口。接下来，信差会用怯生生的语气问是否可以到二楼去看戏,而这种要求总能得到批准。我们这些男孩于是轮流享受这样的好机会。

就这样,我与绿色幕布后的世界熟识起来。总的来说,这些演出场面壮观,但是文学性较差,不过其精心设计足以让一个十五岁的孩子眼花缭乱。我以前从没有见过这样壮丽的场面,也没有机会经历类似的场面。我没有去过剧院,没有去过音乐厅,没有看过任何形式的公共娱乐活动。其他几个孩子也是如此。在剧院,舞台脚灯的辉煌让我们着迷,大家都非常珍惜每次去剧院看演出的机会。

之后,当最著名的悲剧演员之一"强风"亚当斯来匹兹堡出演莎士比亚的一系列戏剧时,我的趣味从此发生了改变。自那时起,我的眼中只有莎士比亚,我几乎可以毫不费力地记住亚当斯的台词。在此之前,我还从没意识到语言竟有如此的魅力。那样的节奏和旋律能够进入我内心深处,形成一个坚固的存在让我不时还会想起。剧院戏剧是一种全新的语言,我之所以能够喜欢它,当然是因为它让人印象深刻的舞台表现方式。我还没观看《麦克白》时,我对莎士比亚可没有什么兴趣,也没有读过他的剧本。

过了一段时间,我还通过《罗恩格林》①的演出了解到瓦格纳。《罗恩格林》序曲带给我新的启示,它让我激动不已。此前,我在纽约的音乐学院几乎没有听过他的作品。这是一位天才,真正的天才,和以往所有的天才不同,他给我提供了向上攀登的新阶梯——就像莎士比亚一样,他是我的新朋友。

我还想再讲一件同时期发生的事情。阿勒格尼市的一些人,可能总共不到 100 人,组成了一个斯维登堡信徒公谊会,我家在美国的亲戚在其中担任重要职位。在离开长老会后,我父亲加入了这个教会。当然,他也带我去参加他们的活动。不过,我母亲对斯维登堡信徒公谊会没有兴趣。虽然她一直教导我们要尊重各种形式的宗教,

---

① 《罗恩格林》(*Lohengrin*)是德国作曲家瓦格纳创作的一部三幕浪漫歌剧。

不要介入神学上的争论,但是她自己一直保持独立。也许可以用广为人知的孔夫子箴言来说明她的立场:做好今世的事情,不要忧虑来世会怎么样,这才是智慧之道。

她鼓励自己的孩子去教堂做礼拜,去主日学校接受基督教教育,但是很显然她认为斯维登堡的著作以及《旧约》和《新约》中的许多内容并非神授,不值得作为生活中的权威指南。我对斯维登堡的神秘主义学说兴趣渐浓,甚至能够阐释他的"精神意义",这让我得到了虔诚的艾特肯姨妈的夸奖。这位可爱的老妇人甚至热切地期望我将来成为新耶路撒冷的杰出人物,偶尔她也想象我成长为她所谓的"福音的传播者"。

随着我渐渐疏远了人造神学,我姨妈的这些美好愿望落空了,但是她对她第一个外甥的关爱一如既往。当我们一起住在苏格兰时,她经常把我抱到她膝盖上哄我玩儿。后来,她还希望通过斯维登堡的启示改造我的堂兄利安得·莫里斯,但是后者竟然加入了浸礼会并且受洗,这件事让这位热心的福音传道者很是失望。不过,她应该记得她的父亲在爱丁堡有过同样的经历,那时他也经常参加浸礼会的布道活动。

加入浸礼会后,利安得看望我姨妈时受到了冷遇。大家有意让他认识到,他的行为让家庭蒙羞,因为由斯维登堡派和其最好的门徒,他的姨妈,向他展示的新耶路撒冷竟然不能感化他。利安得对此不以为然,他回答:

"你为什么对我这么严厉呢,姨妈?你看看安迪,他没有参加任何教会,但是你却不责备他。参加浸礼会当然好过什么教会都不参加。"

姨妈马上回答说:

"安迪!哦,安迪。他是'赤身裸体',你却穿的是'破衣烂衫'。"

他从此失去了亲爱的艾特肯姨妈的宠爱。我还是可以改造的,因为我还没有入教,而利安得已经加入了一个教派,一个不属于新耶路撒冷的教派。

与斯维登堡信徒公谊会的接触让我开始喜欢音乐。除了朗读赞美诗外,公谊会的活动中还有清唱剧的内容。我本能地喜欢上了清唱剧,虽然我的嗓音并不好。但由于大家认为我表情"到位",我经常能够参加他们的合唱练习。在排练中,虽然我有时会发出不和谐的声音,但总能得到担任领唱的凯森先生的原谅,我认为是我的热情感染了他。后来,当我全部掌握了清唱剧的内容后,我欣喜地发现,音乐圈里所称的亨德尔最有名的曲子中有几首竟是我这个无知男孩之前就已选定的至爱。因此,可以说匹兹堡斯维登堡信徒公谊会的小合唱团对我进行了音乐启蒙。

然而,我不会忘记,对父亲哼唱的绝美家乡民谣的热爱为我打下了音乐欣赏的好基础。我几乎熟悉所有的苏格兰老歌,不论是歌词还是曲调。这可能为欣赏贝多芬和瓦格纳这样大师级的作品打下了最好的基础。我父亲是我听过的最温柔、最感伤的歌手之一,也许我也从他那里继承了对音乐和歌曲的热爱,尽管我没有他那样的好嗓音。我经常想到孔夫子的话:音乐,来自神的声音!听到您的召唤,我立即就来了。

当时还发生过一件事情,足以说明我父母在一些事务上的开明态度。身为信差,我节假日不能休息,只有在夏天才有两周的自由支配时间。其间,我会到俄亥俄州东利物浦的姨夫家,与堂兄妹们泛舟河上。我非常喜欢滑冰,而我们家对面的潺潺小河冬天会结冰,并且冰面很厚,于是周六晚回家很迟的我会考虑,我是否可以第二天早起,赶在去教堂之前滑冰去呢?这是普通苏格兰家庭的家长遇到的最棘手的问题。但我母亲的态度很明确,那就是只要我愿意,我可以先去滑冰。父亲说,他认为我可以到河里去滑冰,但是希望我能及时回来,和他一起去教堂。

我想在今天,百分之九十九的美国家庭会做出同样的决定,大多数的英格兰家庭也会做出同样的决定,但是在苏格兰不会。今天,很多人认为安息日是为人设立的,他们会同意在这个日子向公众开放画廊和博物馆,让大家在这一天尽情欢乐,而不是逼他们为很可能假想的罪恶自责,而我明智的父母40年前就有了这样的想法。他们超越了那个时代的传统做法,即在安息日散步或阅读非宗教书籍是不能容忍的,至少对苏格兰人来说是这样。

第五章 在电报局的工作

在我担任信差大约一年后,楼下办公室的外联经理约翰·P.格拉斯上校会不时让我在他不在办公室时临时照看他的办公室。格拉斯先生是一位广受大家欢迎的人,并且他本人也有政治抱负,因此他离开的时间越来越长,次数越来越多,而我也很快熟悉了他所负责的工作。在收到来自各地的电报后,我会妥善安排信差把那些电报操作室的电报及时送出去。

对一个孩子来说,这件工作还是颇具挑战性的,况且那时其他男孩子也不大喜欢我,因为他们憎恨我有时会脱离原来的工作。另外,他们还抱怨我花钱太吝啬,太小气。我的确没有乱花多挣来的钱,但是他们不知道原因,那就是我积攒下来的每一分钱都是家里急需的。我父母是很明智的人,家里的事情从不对我隐瞒。我知道父亲、母亲和我这3个工作的人每周的收入有多少,我还知道我们的支出有多少。每增加一件家具和衣服,我们都要反复讨论,每增加一件新的小东西,我们都感到欢欣鼓舞。没有哪一个家庭比我们家更团结。

日复一日,母亲会把积攒下来的一个个半美元银币小心放入一只袜子藏好。终于有一天,钱的总数到了200美元。父母让我带一张汇票去亨德森夫人那里,偿还她好心借给我们的20英镑。那天,我们举行了一次庆祝仪式,庆祝卡内基一家人终于偿还了所有债务。啊,那天我们是多么快乐!的确,债务已经还清了,但是人情永远还不完。亨德森夫人现在还在世,我去邓弗姆林时,曾多次带着崇敬的心情去看望她。不论发生什么事,我们永远不会忘记她。(在我阅读多年前写下的这段文字时,我悲伤地说:"去世了,和其他人一样去世了!"愿我母亲的这位可爱、善良、高尚的朋友永享安宁。)

一个周六的晚上,我经历了信差生涯中让我欣喜若狂的一件事情。当时,格拉斯上校向男孩子们支付当月的薪水。我们并排坐在柜台前,等待格拉斯先生挨个给我们发钱。我坐在最前面,因此当我看到格拉斯先生拿出 11 美元 25 美分时,我伸出手准备去接。让我感觉奇怪的是,他把钱交给了坐在我旁边的男孩。我认为格拉斯先生犯了个错误,因为此前他都是首先支付我的薪水。但是,他接着依次向其他男孩子发薪,这让我心头一沉。我感觉耻辱向我袭来。我做错了什么?或者什么事情没有做好?他要解雇我了,我要让家人蒙羞了,这是最令人心痛的事情。当其他孩子都拿到薪水离开后,格拉斯先生把我拉到柜台后面对我说,我比其他孩子更有价值,他已经决定每月付给我 13 美元 50 美分。

我有些飘飘然了,不确定自己是否听清了他的话。他把钱数出来交给我,而我不知道是否向他表示了感谢,好像我没有。我接过钱,直奔向房门,几乎马不停蹄地跑回家里。我清楚地记得,我是一路跑过阿勒格尼河上那座大桥的,甚至可以说是一下子跳过去的。我是在行车道上跑过去的,因为人行道太窄。那是一个周六的晚上,我把 11 美元 25 美分交给母亲,因为她是我们家的财务员,但是没有提到我口袋里剩下的 2 美元 25 美分。这些钱比我以后获得的所有财富都更有价值。

汤姆当时只是一个九岁的小男孩,我们俩一起睡在阁楼上。当我们上床且无人打扰之后,我悄悄地向我亲爱的小弟弟讲了我的秘密。虽然年龄还小,他已经知道这意味着什么。我们于是一起畅想未来,我第一次向他描述了我们如何一起开创自己的事业,并且说"卡内基兄弟公司"应该会很棒,还说到父母应该拥有属于他们自己的马车。在当时,这是我们所理解的财富的全部含义以及值得去奋斗的大部分目标。一位苏格兰老妇人的女儿嫁给了伦敦的一位商人,当她的女婿邀请她去伦敦和他们住在一起时,他的许诺就是她可以"有自己的马车"。这位老妇人回答:

"如果斯特拉斯博吉的乡亲们看不到,我坐马车又有什么意义呢?"父亲和母亲将不只是在匹兹堡让人看到坐马车,而且还应该风风光光地坐马车回到他们的老家邓弗姆林去看一看。

星期天的早晨,当父亲、母亲和弟弟汤姆都坐下来吃早餐时,我拿出了那额外的2美元25美分。他们看起来非常吃惊,过了好久才明白这是怎么回事。然后我看到父亲自豪的眼神以及妈妈眼中的泪水,我立刻明白了他们的感受。这是儿子取得的第一项成就,这证明他们的儿子是可塑之材。后来,我获得了很多成就和认同,但是它们都没有像这次的加薪让我如此激动,我想以后也不会再有。这就是人间天堂。我的整个世界都激动得流泪了。

早晨,在打扫完电报操作室之后,男孩子们有机会在电报操作员到来之前练习使用电报设备。这是一个新的机遇。过了不久,我就开始练习使用按键,与其他电报局有同样想法的男孩子们联络。一旦某个人学会了某种技能,他不久就会遇到应用这种技能的机会。

一天早晨,我听到电报机传来强烈的呼号。我猜测某个人着急要说什么,于是鼓起勇气响应了呼号,让电报纸往下走。原来,这是费城方面要立即向匹兹堡传送一份"死亡信息"。对方问我是否可以接收,我回答说如果他们传得慢一点儿,我可以试一试。我成功地接收了这条信息,然后飞跑出去送信。我急切地等待布鲁克斯先生到来,告诉他我斗胆完成的事情。让我高兴的是,他很欣赏我的工作并且夸奖了我几句,而不是责备我太鲁莽;也没有开除我,并且告诫我要非常仔细,不要犯错误。过了不久,在电报员想要离开时,我不时被安排照看电报设备,我就这样逐步掌握了电报操作技术。

幸运的是,当时的电报员比较懒惰,巴不得让我替他工作。当时接收电报的方式是,来电信息会连续打在一张电报纸上,由电报员读给抄写员。不过，我们听说在西部已经有人可以凭声音读取来电信息。于是，我开始练习这种新的方法。我所在电报局的电报员麦克莱恩先生已经掌握了这种方法，他的成功让我信心倍增。我非常轻松地掌握了这种新的语言，这让我自己都非常吃惊。一天，当我准备在电报员离开时接收一条信息时，担任记录的一位老先生不满我这个信差男孩的自以为是，拒绝合作。我于是停止走纸，拿起一支铅笔和一张纸，开始凭声音记录信息。我永远忘不了老先生脸上流露出的吃惊表情。他命令我把铅笔和记录本还给他，开始了自己的工作。从那以后，我和这位可爱的考特尼·休斯老先生之间再也没有出现过麻烦。他成为我忠实的朋友和记录员。

过了不长时间，距离匹兹堡30英里的格林斯堡的电报员约瑟夫·泰勒需要请假两周，他问布鲁克斯先生是否可以派人接替他的工作。布鲁克斯先生问我是否能够胜任这项工作。我当即回答说没问题。

"那好，"他说，"我们会送你过去试一试。"

我乘坐邮车前往格林斯堡，一路上我心情非常愉快。大卫·布鲁斯先生是著名的苏格兰裔律师，他和妹妹碰巧和我同坐一辆车。这是我来到美国后的首次远行，也是我第一次看到美国乡村的景色。我在格林斯堡的旅馆吃了一顿饭，这是我第一次在旅馆就餐，我觉得那顿饭美味极了。

那是在1852年，在格林斯堡附近有很多为修建宾夕法尼亚铁路挖的深沟和垒砌的路堤。我经常在清晨走出去看施工进展，一点儿也想不到我不久会进入这家大公司工作。这是我在电报局得到的第一份需个人承担责任的工作，因此我尽心尽力，生怕有所闪失。一天深夜，外面风雨大作，但是我还是坚持值守在电报机旁，以保证通信畅通。我坐的位置距离按键太近了，突然而来的一道闪电把我击倒，我从凳子上摔了下来。那道闪电差点就让我结束了电报员的生涯。事后，领导提醒我雷雨天气工作时应注意安全。我在格林斯堡的工作很出色，我的上司非常满意。当我返回匹兹堡时，我身上已经多了一道光环，至少在其他男孩子们看来是这样。不久，我获得升迁。电报局需要招募一位新的电报员，于是布鲁克斯先生拍电报给我后来的亲密朋友詹姆斯·D.里德，即这条线路的总监，也是一位杰出的苏格兰人，亲自推荐我担任助理电报员。从路易斯维尔发回的电报说，里德先生完全同意提升安迪，只要布鲁克斯先生认为他称职就可以。我从此走上了电报员的岗位，每月薪水高达25美元，在我眼里这是一笔巨额收入。感谢布鲁克斯先生和里德先生，他们把我从信差的岗位调到了电报室。那时我十七岁，已经结束了学徒期。我不再做一个孩子的工作，而是已经开始从事一个成年人的工作。我每个工作日都能挣到1美元。

对年轻人来说，电报局的电报业务室是一所很好的学校。他在这里要用到铅笔和纸，写作以及创新。在这里，我对英国和欧洲事务的那点知识很快派上了用场。掌握的知识肯定会以某种方式派上用场，会显现出来。在当时，报社通过电讯接收加拿大开普雷斯新闻，其中我们最主要的任务是接收"轮船快讯"。因为我最喜欢这方面的工作，于是大家很默契地把这份工作让给了我。

那时候的电报线路不是很通畅，遇到暴风雨时，许多电报信息需要猜测。在别人看来，我的猜测能力不同寻常，而我也喜欢猜测模糊声音补充信息，我不愿意因为一两个丢掉的词让发报人耽误好几分钟。在接收外国新闻方面，这样做没有什么风险，因为即使猜测有误，错误的性质也不至于引来大麻烦。我对国外事务的了解逐步加深，特别是关于英国的事务，而且如果我听对了头一两个字母，我的猜测都是相当准确的。

在当时，匹兹堡的所有报社都会专门派一名记者到电报局来抄录新闻电讯。后来，他们共同委派一位记者为所有的报纸提供抄录服务。这位记者提议，我可以将收到的新闻多抄录几份，于是我们达成一项协议是，我将收到的所有新闻抄录5份，他会为这额外的工作每周付给我1美元。这是我为报社做的第一份工作,回报非常一般,但是这让我每月可以挣到30美元,而每1美元在当时都是非常重要的。我们家正逐渐在美国站稳脚跟,我们仿佛已经看到了富裕的前景。

另外一件对我有决定性影响的事情是,我们5个要好的朋友一起加入了"韦伯斯特文学社"。我们一块儿组成了一个小圈子,这对我们大家都有好处。在此之前,我们还成立了一个小型辩论俱乐部,地点位于菲普斯父亲的房间,那是白天工人制鞋的地方。汤姆·米勒最近称,我曾经就"法官是否应该民选"的话题发表了近一个半小时的演讲,但是我们不应该太相信他的记忆力。在那时,"韦伯斯特文学社"是这所城市最出色的俱乐部,被允许加入这个俱乐部让我们感到非常光荣。我们此前不过是在一所制鞋作坊里做了些准备。

我不知道有什么学习模式比加入这样的俱乐部对年轻人更有好处。我阅读的许多书籍都是与即将到来的辩论相关的,它们让我思路清晰、观点明确。我后来在观众面前表现镇定,这完全可以归功于我在"韦伯斯特文学社"的锻炼。我当时(现在也如此)演讲遵循的两条原则是:在观众面前要完全放松,和他们谈话,而不是对他们说教;不要试图模仿某个人,以自己的方式说话,不要装模作样地演讲。

我终于成为一个可以凭声音捕捉信息的电报员,完全摆脱了机器打印,这一成就在当时引起轰动。很多人到电报局来一饱眼福,我也成为广受公众关注的人物。此后,一场大洪水摧毁了斯托本维尔和惠灵之间的电报联系(两地距离25英里),我被委派去斯托本维尔接管整个东西之间电报传输的业务,并且每隔一到两个小时,派人坐小船顺流而下把电报送到惠灵。每艘船返回时都带来一卷卷的信息,由我发到东部去。在一周多的时间里,从东部经匹兹堡到西部的电报联络通过这种方式得以维持。

在斯托本维尔的时候,我得知父亲要去惠灵和辛辛那提销售自己制造的桌布。我到岸边等他,但是他乘坐的船直到深夜才到。我记得当我发现父亲没有购房舱,而是为了省钱购买统舱时,我感到非常难过,我为这样一个善良的人被迫这样旅行感到气愤。但是我安慰父亲说:

"不过,爸爸,不久母亲和你就可以乘坐自己的马车了。"

父亲通常很害羞、矜持、敏感,并且很少夸奖人(苏格兰人的特点),原因是怕儿子太骄傲。但是在受感动时,他也会不能自持。这次他就有点这样了。他抓住我的手,脸上的那种神情我永远无法忘记。他慢慢地、小声地说:

"安德拉①,我为你感到骄傲。"

他声音颤抖,好像为自己说得太多感到害羞。在他向我说晚安并且催我快点回办公室的时候,我动情地注意到他在擦去眼里的泪水。他说的那些话多年来一直在我耳边回响,温暖着我的心。我们彼此理解。苏格兰人是多么矜持啊!他们感受最多时,表达却最少。没错,在人的内心深处,有些地方是神圣不可侵扰的。沉默比说话表达得更多。我父亲是受人爱戴的那类人,他的伙伴们都爱他。他笃信宗教,虽然他不属于任何宗教派别和神学派别。他不太像是一个生活在俗世的人,而是一个属于天堂的人。他善良,矜持。可惜,他从这次西部旅行归来后不久就去世了,那时我们刚刚开始有能力给他提供闲适的生活。

回到匹兹堡后不久,我结识了一位非凡的人物,托马斯·A.斯科特先生,一个完全可以被称为业内"天才"的人。作为宾夕法尼亚铁路匹兹堡项目的主管,他和在阿尔图纳市整条铁路的总监隆巴特先生之间需要经常进行电报联络。因为这个原因,他经常晚上到电报局来,碰巧有几次我在值班。有一天,他手下一个认识我的助手突然告诉我,斯科特先生曾问过他是否能聘请我做他的办事员和电报员。这位年轻人告诉我,他当时的回答是:

---

① 安德拉(Andra)是安德鲁的昵称。

"那是不可能的。他现在已经是个电报员了。"

但是听到他这么说之后，我立即回答道：

"不要这么着急。我可以为他工作。我现在打算摆脱单纯的办公室生活。请把我的想法告诉他。"

1853年2月1日，我被聘为斯科特先生的办事员和电报员，月薪35美元。从月薪25美元提到35美元，这是我所知的最不得了的提薪。公共电报线路暂时接入斯科特先生位于城外的火车站，宾夕法尼亚铁路公司获准在不影响公众电报业务的时间使用这条线路，直到他们自己的电报线路建成。

第六章　加入铁路公司

我从电报局的电报室进入了一个广阔的世界。不过,新环境起初并不令人满意。我那时刚满十八岁,我不知道有谁到了十八岁还像我一样完全保持纯真的思想。我确信到那时为止,我还从未说过一句脏话。甚至很少听到脏话,我不知道卑鄙和恶毒的人是什么样子。我很幸运,此前我一直和好人相处。

而现在,我一下子要和粗人为伴了,因为我的办公室暂时和商店以及列车长、司闸员和消防员的驻地连在一起。他们所有人都能进入斯科特主管和我所在的办公室,而且他们不时会过来。这与我以往熟悉的世界不同,我不喜欢这个新环境。在这里,我被迫品尝了智慧树上教人识别善恶的果子。不过,我依然拥有家庭的温馨和单纯,在这里任何粗野和邪恶的行为都被拒之门外。此外,我还拥有我的好伙伴,他们都是有教养的年轻人,都在努力成为体面的公民。我厌恶那些与我的本性和我早期所受教育不一致的事物,带着这种心情,我好不容易熬过了这一段时期。这段与粗人相处的经历对我也许是有益的,因为这让我厌恶抽烟、骂人以及说粗话的行为,这种影响一直持续到今天。

我并不是说刚才提到的这些人真的很可耻,很糟糕。骂人、说粗话、抽烟等行为在过去比现在普遍,而且代表的形象也不是那么坏。铁路建设是一项新的事业,它吸引了许多来自水运行业的粗人。不过,他们很多人都是不错的人,后来成长为受人尊敬的公民并且担任重要职务。我必须说，他们所有人都对我非常好，许多人都还健在，而且我不时能收到并且很高兴阅读他们的来信。后来，情况有变，斯科特先生和我有了独立的办公室。

不久，斯科特先生派我去阿尔图纳领取当月的工资清单和支票。当时，跨越阿勒格尼山脉的铁路还没有建成，我需要多次翻山越岭，因此这次旅行对我来说不同寻常。那时候，阿尔图纳只有铁路公司建设的几座房子，商店还在建设中，丝毫看不出现在大城市的踪迹。在那里，我第一次见到了我们铁路行业的伟大人物——隆巴特先生，也就是整个宾夕法尼亚铁路的总监。他当时的秘书罗伯特·皮特凯恩是我的朋友，是他帮助我在铁路行业谋到一个职位，让"戴维"、"鲍勃"和"安迪"都来到同一个行业。顺便说一下，我们都离开了电报公司，加入了宾夕法尼亚铁路公司。

隆巴特先生与斯科特先生完全不同。他不善交际，是一个十分严肃和坚定的人。在对我说了几句话后，隆巴特先生就对我说："你今晚一定要来和我们一起喝茶。"听了这话，你可以想象罗伯特和我的惊讶。我结结巴巴地说我愿意，然后非常不安地等待约定的时间到来。不过直到现在，我还认为那次邀请是我一生中得到的最大荣耀。隆巴特夫人是个十分和蔼的人，隆巴特先生是这么向她介绍我的："这是斯科特先生手下的安迪。"被人认为是斯科特先生的人，这一点我真的感觉很自豪。

这次去阿尔图纳的旅途中发生了一件事情，它差点毁掉我的职业生涯。第二天早晨，我带着工资和账单返回匹兹堡。我自认为已经把工资和账单安全地放到马甲里面了，因为口袋装不下。我怀着身为铁路员工的兴奋心情，选择乘坐一段铁路。我登上机车，让它一直带我到霍利迪斯堡，那是宾夕法尼亚州过山铁路的会合处。机车上很颠簸，于是到了某地之后，我不安地找寻装有工资的包裹。结果，我很惊恐地发现，在火车的颠簸之中，包裹丢了。我把它弄丢了！

我无法欺骗自己，假装这次失败对我没有影响。被差遣去取工资和账单，但是却弄丢了"像我的荣誉"一样重要到需要好好抓住的包裹，这是一次可怕的表现。我叫住机车司机，告诉他我的包裹可能在之前的几英里路程中被颠簸掉了。我问他能不能把机车倒回去，帮我找到包裹。司机是一位好心人，他照我说的做了。我两眼紧盯着铁路线，在一条溪流的岸边发现了丢失的包裹，它躺在离溪水只有几英尺远的地方。我几乎不敢相信我的眼睛。我迅速跑下机车，一把抓起包裹，看到它没被人动过。不必多说，在安全抵达匹兹堡之前，我一直紧紧地抱住包裹，一点也不敢放松。机车手和司炉工是仅有的知道我这次粗心行为的两个人，他们向我保证一定不会说出去。

过了很久，我才有勇气把这件事情说出来。假设那包裹落到溪水中，被溪水冲走，我需要付出多少年的刻苦努力才能挽回因这次粗心而造成的影响啊！如果命运没有眷顾我，我可能会从此失去一些人的信任，而他们的信任是我在逆境中获得成功的关键。从此以后，我不再主张对年轻人要求太苛刻，即使他曾经犯过一两次严重的错误。我一直在想，假如不是因为偶然的因素，让我在距离霍利迪斯堡几英里的溪流边上找回了包裹，我的职业生涯将会发生多么大的改变啊。在我以后经过那条线路时，我仿佛总能看到那个淡褐色的包裹躺在溪流边上。它好像在喊：

"好了，我的孩子。仁慈的神在照顾你，但是不要再这样做了！"

在很早的时候，我就是一个强烈支持废除奴隶制度的人。我热切关注1856年2月22日在匹兹堡召开的共和党第一次全国大会，虽然那时我还不到投票年龄。我对威尔逊议员、黑尔议员以及其他与会人士满怀崇敬，注视着这些杰出人士走过街道。此前，我曾经召集铁路行业的人士组建了《纽约每周论坛报》百人俱乐部，并且偶尔鼓起勇气向著名的编辑霍勒斯·格里利写点东西。这位编辑竭尽全力号召人们支持废奴运动。

我第一次看到了我的作品刊登在热烈鼓吹自由的杂志上，这无疑是我职业生涯中的一件大事。那份《纽约每周论坛报》我保留了许多年。回顾过去，人们不禁会为废除奴隶制度需要付出内战这样高昂的代价感到遗憾。然而，需要废除的不只是奴隶制度，还有过于松散的联邦制度。当时的州政府权力过于庞大，这不可避免地阻止或者至少延缓了一个牢固、有力的中央政府的形成。南方的主流思想过去是脱离中央政府，现在则是紧跟中央，所有事务均以最高法院的裁决为中心，而其决定因素一半归于律师，一半归于政治人物。我当时还认为，在很多领域必须实行统一的政策。在结婚、离婚、破产、铁路监管、对公司的控制以及其他一些领域，应该实行某种程度的统一管理。（1907年7月重读这段文字时，我发现我当时的想法颇具前瞻性。它们都是人们热议的话题。）

此后不久，铁路公司建成了自己的电报线路，需要补充一些电报员。新来的电报员大多在我们位于匹兹堡的办公室接受过培训。电报业务继续迅猛发展，以至于公司需要不断增加设备，设立新的电报业务室。1859年3月11日，我任命做信差时的好朋友戴维·麦卡戈为电报部门的主管。人们对我说，戴维和我是在美国铁路行业，也可能是在整个美国，首次雇佣妇女担任电报员的人。我们安排女孩子到各个电报室去学习，接受培训并且在需要的时候开始从事电报业务。我的堂妹玛丽亚·霍根小姐是首批接受培训的人之一，她后来在匹兹堡货运站担任电报员。随着学生数量的不断增加，她那里也开办了一所学校。我们的体会是，在电报业务方面，女孩比男孩更可靠。在妇女们从事的新职业中，我不知道有哪个行业比电报业务更适合她们。

斯科特先生是一个令人感觉愉快的上司，我不久就喜欢上了他。他是我心目中的伟人，我青年时期的偶像，我向他奉上我全部的崇敬。我甚至想象他会成为宾夕法尼亚大铁路的总裁，而后来他真的得到了这个职位。在他手下，我逐渐接手了一些并不属于我们部门的工作。在此期间发生的一件事情让我记忆深刻，它帮助我在这个行业获得关键性的提升。

我们的铁路是单轨型的。在当时，尽管人们并不是主要依靠电报指挥火车的运行，但是经常会向火车发送电报指示。我相信只有总监本人才有资格代表宾夕法尼亚铁路系统或其他系统发送火车运行指示。在那时，通过电报发送指示是危险的权宜之计，因为整个铁路的管理系统刚刚建立，很多人没有接受过相关培训。为此，斯科特先生经常在晚间出去，亲赴事故现场，监督清理铁路线上的残骸。这样一来，很多早晨他都不在办公室。

一天早晨，我来到办公室后发现，在东区发生的一次严重事故延误了西行快速客运列车的通行，而东行客运列车则需要根据每个弯道处司旗员的指令前进。双向的货运列车都在旁轨等待。由于当时联系不上斯科特先生，情急之下我决定着手解决这种困局，发出"列车运行命令"。"要么下地狱，要么进天堂"是我当时突然想到的一句话。我知道如果指挥错误，等待我的将是解雇、耻辱，或许还有刑事处罚。而另一方面，我有可能把在原地守了一夜的货运列车带上轨道线。我可以让列车正常运转起来。我知道我能做到，因为我曾多次通过电报发布斯科特先生的指令，我知道应该怎么做。于是，我以斯科特先生的名义发布命令，让每辆列车都开始启动，而我则坐在机器旁，关注着各方面的动向并准备了各种预案。当斯科特先生来到办公室时，所有列车都正常运行了。他听说了关于火车延误的事情，见到我后他说的第一句话是：

"事情进展如何？"

他快步来到我身边，拿起铅笔开始写下指令。我必须说点什么，于是我小心翼翼地说：

"斯科特先生，我到处都找不到您，于是今天早晨我以您的名义发布了指令。"

"那一切进展顺利吗？东部快车现在哪里？"

我让他看有关信息，并且告诉他每一辆列车在铁路上的位置——货车、道碴列车以及其他所有列车，并且让他看列车长们的回复,以及每一辆列车途经车站的最新报告。一切正常。他盯着我看了一会儿。我几乎不敢正视他的眼睛。我不知道接下来要发生什么。他一句话也不说,而是再次仔细检查刚才的各种记录。看完之后,他还是一句话也不说。过了一会儿,他走回自己的办公桌,这件事就这样结束了。他不愿意肯定我所做的,然而他也没有责备我。如果结果一切正常,那当然没问题;但是如果结局一团糟,责任就要由我来承担了。结果证明,这件事进展顺利,但之后的一段时期,我发现他经常来办公室,甚至有几个早晨还出现得很早。

当然,我没有向任何人说起这件事。列车上的工作人员也没人知道那天发布命令的并非斯科特先生本人。我几乎已经决定,如果这样的事情再次发生,没有授权的话我不会再这样做。我一直为这件事情感到闷闷不乐,直到有一天,我听到在匹兹堡负责货运业务的弗朗西斯克斯先生说的话,在事发当晚,斯科特先生曾对他说过这样的话:

"你知道我那个白头发的苏格兰小鬼做了件什么事吗?"

"不知道。"

"如果因为没有得到任何授权,他就不以我的名义指挥车辆运行,我将会受到责备。"

"他做得对吗?"弗朗西斯克斯问。

"啊,对的,不错。"

这让我很满意。当然,下一次我是经过允许才大胆行动的。从那天开始,斯科特先生就很少亲自发布列车运行指令了。

那时,我知道的最伟大的人物是宾夕法尼亚铁路总裁约翰·埃德加·汤姆森,我们的钢轨制造厂后来就是以他的名字命名的。他属于那种特别沉默寡言的人,在我所知道的人中仅次于格兰特将军。不过,格兰特将军在与朋友们相处愉快时很健谈。在定期来匹兹堡视察时,约翰·埃德加·汤姆森先生走路时目若无人。我后来了解到,这种表现纯粹是由于他害羞的性格。当他走到发报机旁,向我这个"斯科特的安迪"打招呼时,我感到受宠若惊。我后来知道,他也听说了我那次独自指挥列车运行的壮举。年轻人如果有机会接触到高层官员,那么可以说他已经成功了一半。每个男孩子都应该树立一个远大的目标,要有一些不平凡之举,做一些能够吸引高层人士关注的事情。

　　过了一段时间,斯科特先生打算外出一两周,于是他请求隆巴特先生允许我临时负责这段铁路。他真是大胆,因为那时我还只是个十几岁的孩子。隆巴特先生批准了他的建议,我因此得到了一次宝贵的机会。除了一辆道碴列车因工作人员疏忽引起事故之外,在斯科特先生离开期间一切运行正常。这次事故让我感到非常不快。我决意要做得尽善尽美,于是召集了一次"军事法庭"来审查事故责任人,并断然解雇了主要责任人,暂停其他两位责任人的工作。当然,在斯科特先生回来后,有人向他报告了这件事情,并且建议他对此进行调查处理。我感觉自己做得有点过分了,但是既然已经这么做了,我已没有退路。我告诉他,一切都已处置完毕,我已经调查了这件事,并且处罚了责任人。一些受处罚的人请求斯科特先生重新审理,即便有人施压,我也肯定不会同意这样做。我没有多说什么,但是我的神情让斯科特先生明白了我的感受,默许了我的做法。

　　他也许担心我做事太严厉了,有可能他是对的。多年之后,当我成为这段铁路的主管时,对暂停工作的那几个人,我时常心有不忍。我为自己在这件事情上的做法感到不安。这是我召集的第一次法庭审判,而新出道的法官在开始断案时一般都很严厉,但其实他应该稍微温和一些。然而,只有亲身经历过,人们才能理解温柔蕴藏的巨大力量。需要进行处罚时,轻微但明确的处罚最有效果,不必施以严惩。明智地稍加宽恕,至少对于初犯者稍加宽恕,常常会得到最佳的效果。

　　随着阅历的不断增加,我们这6个年轻人都不可避免地遇到并且需要处理生存和死亡、现世和来世的问题。我们的父母都是善良、自尊而诚实的人,信奉这个或者那个宗教派别。麦克米伦先生是匹兹堡著名的长老会牧师,在麦克米伦夫人的影响下,我们加入了她丈夫所在教堂的社交圈。(1912年7月16日,当我在郊外再次读到这一段时,我面前放着八十岁的麦克米伦夫人从伦敦寄来的一封信。在上周,她的两个女儿在伦敦结了婚,都嫁给了大学教授。其中一位教授将留在英国,另一位将要去波士顿。他们都是杰出人士。她们的婚姻让我们说英语的民族更亲近了。)麦克米伦先生是位善良、克己的老派加尔文主义教徒,而他迷人的妻子则天生是年轻人的领袖。我们与她在一起时都感到非常愉快。大家喜欢参加在她家里举办的聚会,这样的聚会比其他任何地方的聚会更让人愉悦。爱屋及乌,我们中的一些人偶尔也去参加她的教堂活动。

汤姆·米勒在那儿听了一次强烈鼓吹宿命论的布道,这让我们开始探讨神学的主题,且讨论持续不休。和米勒交往的是虔诚的卫理公会教徒,而他对宗教教义知之甚少。宿命论的说法包括,比如人生来就有罪,一些人生来就应该享受荣华富贵,而一些人就应该受苦受难,这让他大为吃惊。而让我吃惊的是,布道后,汤姆去找麦克米伦先生讨论这次布道的内容,竟然在讨论结束时汤姆突然说:

"麦克米伦先生,如果您的认识没错,那么您的上帝一定是个大坏蛋。"说完这番话,他就从这位牧师家走了,留下牧师一人一脸震惊。

在很多个周日下午的讨论会上,我们一直在谈论这个话题。那位牧师所宣讲的是对还是错?汤姆说了那番话之后,会不会有什么报应?是不是我们成了麦克米伦夫人不欢迎的客人?也许我们可以不理会那位牧师,但是没有人愿意被排除在牧师妻子那些令人愉快的聚会之外。但有一点是明确的,卡莱尔在这件事情上的挣扎让我们深受启发,我们决定像他那样。他的决定是:"如果那是不可信的,我们就不要信它了。"只有真理才能让我们感到解脱,我们应该追求真理,完全的真理。

我们对神学的讨论从此一发而不可收拾。我们否定一条又一条的宗教教义，认为它们不过是人类接受启蒙程度较低时候的错误想法。我不记得是谁带头提出了第二条公理，但是此后我们经常讲到这句话："人类最高尚的工作就是创造一位宽怀大度的上帝。"我们认为，实践已经证明，不同阶段的文明会创造不同的上帝。随着人类的不断进化，人对未知世界的认识也在增强。此后，我们不那么热衷于讨论神学了，但是我确信经过这样的讨论，我们真正理解了宗教。这场危机就这样过去了。让我们高兴的是，我们并没有被麦克米伦夫人的社交聚会排除在外。不管怎样，这一天是个很特别的日子，因为我们不顾可能遭到放逐或者更糟糕的情况，毅然做出支持汤姆·米勒的决定。我们这些年轻人在神学方面有大胆的想法，虽然我们对宗教也很虔诚。

我们的小圈子遭受的第一次重大打击就是约翰·菲普斯从马背上掉下来摔死了。这件事让我们大家都很悲伤。我仍记得当时我对自己说："约翰已经到他的出生地英格兰去了。我们不久都要追随他到那里去，我们会永远在一起。"我那时对此确信无疑。这不仅是我的想法，而且是一件必然要发生的事情。对于那些经历过痛苦的人来说，有这样一个庇护之所是件让人高兴的事情。我们都应该听从柏拉图的建议，永远不要放弃永生的希望。"时刻保持幻想，只因希望高尚，保有希望，回报无限。"没错。我们这些人能在现世生活在一起，那么在来世生活在一起也不是太难的事情。对于凡人来说，这两种安排都是无法理解的。那么就让我们用永生的希望来安慰自己吧，就像柏拉图建议的那样"保持幻想"。但是，永远不要忘记，我们每个人在现世都有自己的责任，天国就在我们心中。我们还发现了另外一条公理，那就是声称没有来世的人和那些声称有来世的人同样都是愚蠢的，因为虽然他们希望知道，但是却无法知道真相是什么。此外，"家就是天堂"成了我们的格言，而不是"天堂是我们的家"。

在我刚刚提到的那几年里,我们家的财产一直在稳步增加。我的月收入已经从 35 美元增长到 40 美元,是斯科特先生主动提出给我加薪的。每月向员工发工资成了我工作的一部分。工资是以银行支票的形式发放的。在去银行取工资时,我总是要取出两块 20 美元面值的金币。在我看来,它们是这个世界上最漂亮的艺术品。在一次家庭会议上,我们决定要买下当时居住的这块土地以及土地上的两座房子。我们住着其中一座房子,另外一座四居室的房子以前由霍根姨夫和姨妈居住,但是他们后来搬走了。我们是在艾特肯姨妈的帮助下才得以在这座织坊上面的小房子里安家的,现在轮到我们把她请回来,回到她自己从前的房子里来了。我们在四居室的房子里住了一段时间之后,搬家去了阿尔图纳。这时霍根姨夫去世了,我们又请霍根姨妈回到了她的老家。为购买这块地和两座房子,我们先支付了 100 美元现金,而总价是 700 美元。于是我们努力挣钱,每半年支付一次利息和巨额贷款本金。过了不久,我们偿清了债款,成为房产拥有者。但是在此之前,家庭经历了第一次变故,我父亲于 1855 年 10 月 2 日去世了。所幸,家里剩下的 3 个人都有很多事情要做。我们忍住了悲伤,重新投入了工作。为了治疗父亲的疾病,我们花了很多钱,因此父亲去世后我们的积蓄不多了。

接下来的一件事情给我们在美国的早期生活带来许多温暖。斯维登堡信徒公谊会的一位主要成员,大卫·麦坎德利斯先生,注意到了我父亲和母亲,虽然他们只是在周日去教堂的时候说过几句话。除此之外,我不记得他们曾有过密切的接触。不过,他对艾特肯姨妈很熟悉,并且委托她说如果我母亲在这个伤心的时刻需要金钱方面的帮助,他很愿意效劳。他多次听说过我母亲的英雄事迹,这已经足够了。

当一个人不需要帮助的时候,或者当一个人可能有能力回报别人帮助的时候,会有许多人向他表示愿意提供帮助,但是我更愿意记录下一种单纯的、不掺杂个人利益的慈善行为。有一位刚刚失去丈夫的苏格兰女人,她的大儿子刚刚在事业上有所起步,二儿子还是个十几岁的孩子。麦坎德利斯先生注意到了这家人的不幸,并且通过一种极为巧妙的方式设法减轻他们的苦楚。虽然我母亲拒绝了他的帮助,但是这位先生显然在我们心中占据了一个神圣的位置。我深信,在职业生涯中的关键时刻,那些值得帮助的人通常会获得帮助。在这个世界上有许多好人,他们不仅愿意,而且非常急切地向他们认为值得帮助的人伸出援助之手。通常,那些愿意帮助别人的人也不必担心他们得不到别人的帮助。

父亲去世以后,我承担了更多事务。母亲继续做鞋,汤姆继续上学,而我继续跟随斯科特先生在铁路公司工作。这时,幸运之神敲门了。斯科特先生问我是否有500美元,如果有的话,他可以帮我做一笔投资。对我来说,拿出500美分还有可能,我当然没有50美元可以拿出来投资。但是我不想失去与这位领导人和伟大的人物在经济上发生联系的机会,因此我大胆地说,这些钱对我来说没有问题。于是他告诉我,他可以买到10股亚当斯快车公司的股票,这些股票原来属于威尔金斯堡火车站的经纪人雷诺兹先生。当然,当天晚上我才把这件事情向家庭的领导做了汇报,而妈妈很快就建议我应该怎么做。她什么时候被难倒过?我们刚刚在房子上支付了500美元,她想也许我们可以用房子做抵押获得贷款。

第二天早晨,母亲就登上了去东利物浦的轮船,晚上才到达那里。在她哥哥的帮助下,她拿到了这笔钱。她哥哥是一个小镇的治安法官,镇上的居民都认识他,而他手里有多笔当地农民委托他投资的资金。就这样,通过房产抵押,母亲带回来500美元。我把这些钱交给斯科特先生,他很快就为我购买了那10股我渴求的股票。让我想不到的是,我还需要交100美元的额外费用作为股票溢价,不过斯科特先生好心地告诉我,可以在方便的时候交那笔钱。这对我来说当然很容易办到。

这是我的第一笔投资。在过去那些美好的日子里,每月分红的额度是相当高的,而亚当斯快车公司就是每月支付红利。一天早晨,我发现我的桌子上放着一个白色的信封,手写着大号的收信人姓名"安德鲁·卡内基先生①",这样的称呼让男孩子们和我放声大笑。在信封的一个角落贴着亚当斯快车公司的圆形邮票。我打开信封,看到里面有一张可以在纽约黄金交易银行兑换的10美元支票。在我有生之年,我永远不会忘记那张支票,以及"J.C.巴布科克出纳员"字样的签名。这是我从资本投资中获得的第一笔收入,一笔没有通过劳动获得的收入。"我找到了!"我大喊道,"我找到了摇钱树。"

每周日下午,我们这帮人会到树林中聚会。那天,我们在森林小道边找到一片大家都喜欢的小树林。在树下坐好后,我拿出那张支票让大家看。他们的反应很强烈,大家谁也没想到会有这样好的投资。我们决定平时存一些钱,留意下一次让我们都能参加的投资机会。在此后的很多年里,我们几乎像合伙人一样一起分配我们的存款,进行微不足道的投资。

一直到目前,我交往的圈子也没有多大变化。弗朗西斯克斯夫人是我们货运代理人的妻子,她待人非常和善,她曾多次邀请我去她匹兹堡的家里。她常常提起我第一次去她家送电报时的情形,那是我第一次给第三大街的这所房子送电报,发电报的人是斯科特先生。弗朗西斯克斯夫人让我进到屋里去,但是我害羞地拒绝了。在她不断的哄劝下,我才克服了害羞,走进屋内。多年来,她一直没能说服我留在她家里一起吃饭。我很羞于到别人家里去,这种情况直到我的晚年才有些改变。但是,斯科特先生会偶尔坚持让我去他所在的宾馆,与他一起进餐,而我也很看重这些机会。在我记忆中,除了隆巴特先生在阿尔图纳的家以外,弗朗西斯克斯先生的家是我进入的第一所豪宅。在我眼里,坐落在主街上的每一所房子都很漂亮,因为

---

① 原文"Esquire",是对男子的尊称,加在姓名之后,尤用于书信中。

它们都有一个门厅。

宾夕法尼亚铁路公司的首席顾问斯托克斯先生,曾邀请我去他在乡下的漂亮房子过周日。他是格林斯堡人。在此之前,我还从未在陌生人家里过过夜。斯托克斯先生的邀请让我感到很奇怪,因为像他这样优秀、受过教育的人能够对我感兴趣的地方不多。而我获得这项待遇的原因就是,我曾经给《匹兹堡日报》写过一篇文章。我十几岁时就在报纸上发表过文章,我的梦想之一就是成为一名编辑。在我看来,霍勒斯·格里利和他的《纽约每周论坛报》是我梦想的事业巅峰。很奇特的是,有一天我甚至差点买下《纽约每周论坛报》,但那时这颗珍珠已经失去了它的光泽。我们经常在晚年才能够得到我们的"空中楼阁",但那时它们已经不再那么迷人了。

我那篇文章的主题是关于城市居民对宾夕法尼亚铁路公司的态度。这是一篇匿名发表的文章,但是我惊奇地发现它竟然刊登在《匹兹堡日报》专栏的一个显著位置上。当时,《匹兹堡日报》的所有人兼主编是罗伯特·M.里德尔先生。文章发表后不久,担任电报员的我收到了打给斯科特先生的一封电报,签名人是斯托克斯先生。在电报中,他请斯科特先生帮他通过里德尔先生了解这篇文章的作者是谁。我明白里德尔先生不会说出作者是谁,因为他并不知道。但是,我担心如果斯科特先生去拜访他,后者会拿出文章的手稿让他看,而斯科特先生肯定一眼就会认出作者是谁。我于是向斯科特先生坦白了这件事,告诉他我就是作者。他看起来不太相信。他说那天早晨他看过这篇文章,而且他本人也在猜测这篇文章的作者是谁。我注意到了他怀疑的神情。就这样,笔成为了我的武器。此后不久,我就收到了斯托克斯先生想与我共度周末的邀请。这次拜访是我生命中的一个亮点,我们此后成了很好的朋友。

斯托克斯先生的住宅十分壮观,这让我印象深刻。其中,最吸引我的是书房中的大理石壁炉台。在拱形壁炉台的中央刻着一本打开的书,上面有这样的题词:

不能思考的人是傻子，
不愿思考的人是顽固，
不敢思考的人是奴隶。

这些高贵的句子让我十分兴奋。我心想："将来，将来，我也要有一间书房（那是我对未来的展望）。我的壁炉上也要刻上这些话。"在我纽约和斯奇伯的房子里，我确实是这么做的。

几年之后，我再一次在他家里度过了一个周日，这次的情况同样值得一提。那时我已是宾夕法尼亚铁路局匹兹堡分局的主管了。南方已脱离了联邦，而我是全力支持国家统一的。斯托克斯先生当时是民主党的一位领袖人物，他认为北方没有权力动用武力维护联邦的完整。他愤然发泄着这些情绪，这让我情绪失控，朝他大喊大叫：

"斯托克斯先生，我们应该在6周内绞死你这类人。"

我写这篇文章时，好像还听到了他的笑声，还有他呼唤隔壁房间妻子的声音：

"南希，南希，你听听这个苏格兰小鬼的话，他说要在6周内绞死我这样的人。"

那些日子里，总有一些很奇怪的事情发生。此后不久，也是这位斯托克斯先生，他在华盛顿找到我，让我帮他在志愿队伍中获得少校职务。当时我在作战部长的办公室工作，帮着政府处理军用铁路和电报方面的事务。他如愿得到了少校职务，从此他就成了斯托克斯少校了。就这样，为了正义的事业，这位曾怀疑北方是否有权为了维护联邦统一开战的先生自己出手了。人们起初讨论、论证宪法赋予的权利。然而当统一受到挑战时，情形就全然不同了。不久，包括纸质宪法在内，一切都在燃烧。联邦和星条旗，这是所有人最关心的。而这就足够了。宪法规定只能有一面旗帜，正如英格索尔上校所言："在美国大陆，空气不足以飘扬起两面旗帜。"

第七章　宾夕法尼亚铁路公司的总监

　　1856年，斯科特先生接替隆巴特先生成为宾夕法尼亚铁路公司的总监。他带我一起去了阿尔图纳，那时候我二十三岁。离开匹兹堡那些朋友圈是一件令人伤心的事情，但是我不会让任何事情影响我的职业生涯，一刻也不行。在那个时候，我母亲对生活状况很满意，虽然她的负担还很重。此外，我决心要"追随我的领导人"，因为斯科特先生已经成为我真正的朋友。

　　斯科特先生的升迁招致了一些人的嫉妒。另外，他上任之初就遇到了一次罢工。而不久前，他的妻子在匹兹堡刚刚去世，他自己过着孤零零的生活。在阿尔图纳的宾夕法尼亚铁路公司总部，他人生地不熟，看起来只有我可以与他做伴。有好几个星期的时间，我们一起住在铁路旅馆里。后来，他找了一处房子住下来，并且把孩子从匹兹堡接过来。在他的要求下，我和他一起住在一间大卧室里。他好像特别希望我一直和他在一起。

　　罢工行动变得越来越可怕。我记得一天晚上我被人叫醒，得知货运列车的员工在米夫林开始罢工了，整个线路因此被堵，所有车辆停运。斯科特先生当时还在熟睡，我不忍心叫醒他，因为我知道他已经超负荷工作太久了，而且心情过于焦急。但是他很快醒了，于是我提议让我赴现场处理此事。半睡半醒中，他含糊不清地说了一句话，好像是同意了我的建议。我于是赶往办公室，以他的名义与员工们谈判，向他们保证第二天会在阿尔图纳召集一次听证会。我成功地让他们恢复了工作,让铁路运输恢复了正常运转。

处于反叛状态的不仅是愤愤不平的列车员工,还有迅速加入他们的商店员工。我是很偶然地了解到这个新情况的。一天晚上,在黑暗中,我正走在回家的路上,忽然感觉有人跟在我后面。他逐渐赶上来对我说:

"我不能让别人看到和你在一起,但是你帮助过我,而那时我就决定如果有帮助你的机会,我一定要帮助你。我以前给匹兹堡的办公室打过电话,希望得到一份做铁匠的工作。你说那个时候在匹兹堡没有这样的工作岗位,但是也许在阿尔图纳有这样的机会。你还说如果我可以等几分钟,你会发电报询问一下。你发电报询问了,查看了我的推荐信,并给了我一张乘车证让我来到阿尔图纳。我后来得到了一份非常不错的工作。我妻子和家人现在都在这里,我的生活从来没有这样好过。现在我想告诉你一些事情,因为这对你有好处。"

我十分注意地听他讲。他继续说,商店员工们正迅速地轮流在一份文件上签字,发誓要在下周一举行罢工。听到这里,我知道一分钟也不能再等了。早晨,我把这件事告诉斯科特先生,他立即命人打印了多份通知,并张贴在各个商店门口。他宣布所有在罢工文件上签字的人都被开除了,他们可以到办公室来领过去的工资。同时,我们还得到了签字人的名单,并且对外宣布了这一消息。打算罢工的人惊慌失措。就这样,罢工的危险被解除了。

我一生中经历过许多类似铁匠的事情。对平凡的人稍加注意或者对他们言辞和蔼,都会收到意想不到的好处。善行总是有善报的。直到今天,我还会偶然遇到我已经忘记的一些人,他们会回忆起我对他们那一点一滴的关注,尤其是内战中我在华盛顿负责政府铁路和电报业务期间。那时,我帮助人们联络他们在前方的亲人,比如帮助一位父亲联系上在前线受伤或者病倒的儿子,或者帮助人们将自己的遗骸送回故土,以及其他类似的事情。因为这些小事情,我很幸运

65

地得到了许多人的关心,并且有很多令人愉快的经历。做这些事情时需要注意的是:公正地对待每一个人。实际上,你关照的人地位越低,你得到的回报就越多。帮助一个贫穷的劳动人民,比帮助一个百万富翁要有价值得多。前者可能某天能够回报你的帮助。华兹华斯的诗句讲得多么正确:

> 一个好人最宝贵的品质是:
> 他有很多细微的、不留名的和不被人记起的
> 仁爱之举。

我和斯科特先生在阿尔图纳共同度过的两年里,从事件的影响来看,最重要的事情发生在针对我们公司的一起案件审理期间。这件案子由格林斯堡的法院审理,法官是赫赫有名的斯托克斯少校,也就是第一个招待我去家里住的人。我是这起案件中的主要目击证人。大家担心我可能被法庭传唤,于是斯托克斯先生让斯科特先生尽快把我送到外地,以拖延审理时间。这对我来说是一件好事,因为我可以借机看望一下我的两个好朋友,米勒和威尔逊。那时,他们两个都在俄亥俄州克雷斯特莱恩的铁路部门工作。在旅途中,我坐在最后一节车厢的最后一排椅子上眺望铁路线,忽然一位农民模样的男人向我走来。他手里拿着一个绿色的袋子。他说司闸员告诉他我在宾夕法尼亚铁路公司工作,因此他想要向我展示他发明的针对火车夜间运行的车厢模型。他从袋子里取出小模型,原来这是卧铺车厢的一个断面。

这位就是鼎鼎大名的 T. T. 伍德拉夫,现代文明已经离不开的卧铺车厢的发明者。当时,这项发明的重要性在我脑中闪过。我问他如果我派人去请他,他是否能到阿尔图纳来,并且承诺我回去后会立即向斯科特先生报告这件事情。一路上,我一直想着制造卧铺车厢的想法,急于回到阿尔图纳向斯科特先生面陈这件事情。当我向他说起这件事时,他认为我处事机敏,紧抓时机,并且非常认同我的

想法，他说我可以打电报通知发明人过来。这位先生过来后，我们签了一项合同，约定只要他的两辆卧铺车厢建造完工，就放到我们的铁路上运行。合同签完之后，伍德拉夫先生出人意料地问我是否愿意加入他的事业，他提出我可以在这个项目中拥有八分之一的股份。

我立刻接受了他的提议，因为我相信自己能够拿出相应的资金。根据合同约定，这两辆卧铺车厢的货款在交付后分月支付。当到第一次付款时间时，我应该拿出217.5美元。我果断地决定向当地的银行家劳埃德先生申请一笔同等金额的贷款。我向他解释了这件事情，我记得他听完后用硕大的手臂（他身高1.9米多）搂着我的脖子说：

"当然了，我肯定会贷款给你的。你做得很对，安迪。"

就这样，我开出了我的第一张期票，并且从一位银行家那里获得了贷款。这是年轻人职业生涯中一个令人自豪的时刻！卧铺车厢项目大获成功，从这个项目中获得的收入足以支付每月的货款。我获得的第一笔大收入就来自这个项目。（今天是1909年7月19日，当我重读这一部分内容时，我很高兴恰好刚刚收到来自劳埃德先生已婚女儿的一封信，告诉我他父亲是多么喜欢我。这封信让我非常快乐，真的。）

我母亲和弟弟来到阿尔图纳后，我们的生活发生了一个重大变化，那就是我们不再只是自家人在一起生活，因为我们需要一个仆人。我费了很多口舌才说服母亲允许陌生人来我们家。母亲过去承担了家中所有的事情，尽心尽力地照顾我们。这就是她的生活。作为一名女强人，她不喜欢让一个陌生人来做家务。她过去亲自为孩子们做饭，照顾他们，为他们洗衣服，为他们缝缝补补，为他们铺床，还有打扫房间。竟然有人胆敢剥夺她作为母亲的这些特权！但是我们不得不用女仆。我们先是雇用了一位，接着又雇用了其他几位。她们的到来破坏了真正的家庭气氛，那种只有自己家人在一起才有的幸福气氛。别人的服务怎么也比不上母亲心甘情愿的劳作。由陌生的厨师制作并由仆人端上来的美食,怎么都不如母亲制作的饭菜让我们感觉那么美好,因为那其中蕴含了母亲对我们的爱和付出。

在我需要感恩的诸多事情中,其中一项就是我小时候没有受过保姆或者家庭教师的照顾。正因为如此,穷人家的孩子往往对家庭的感情深厚,与家人关系亲密,这是那些所谓的幸运儿远远比不上的。在性格形成的儿童和青少年时期,穷人家的孩子们沐浴在父母长时间的关爱之下,一家人融为一体,不分彼此。他们的父亲既是教师,又是伙伴,还是咨询师,而母亲既是保姆、裁缝、家庭教师、正规教师、伙伴,又是英雄和圣人,父母亲带给孩子们的影响是富人子弟无法得到的。

尽管我亲爱的母亲不明白这一点,但是到了一定时候,长大了的孩子需要搂着他的"圣人",温柔地吻她,并试图向她解释如果让儿子来帮她,生活会更好;儿子在与人交往、处理很多事务的过程中,他有时候会发现需要做一些改变;男孩子小时候觉得快乐的生活方式需要在某些方面做点改变,房子需要布置得适宜招待朋友。更为重要的是,从现在开始,劳碌了一生的母亲应该享受更为安逸的生活,读读书,拜访并且招待更多亲密的朋友——简而言之,过上本就属于她的贵妇人生活。

当然,我母亲接受起这种改变来比较困难,但是她最终认识到有必要做这些改变,她可能是第一次意识到他的大儿子已经长大了。"亲爱的母亲,"我搂着她恳切地说,"您已经为我们做得够多了。您是汤姆和我的一切。现在让我为您来做点什么吧。让我们成为搭档,让我们总是考虑如何对彼此最好。现在是您做贵妇人的时候了,您不久就会有自己的马车。同时您要多让那个女孩帮助您。汤姆和我都希望您这样。"

我成功地说服了母亲。她现在开始和我们一起外出了,并且也去拜访邻居们了。她没有必要去专门学习如何表现得庄重和优雅,因为她天生就具有这些品质。此外,她的受教育程度、见识、不同寻常的明智头脑以及友善几乎无人能及。我先是写了"永远不会有人能比",后来改为"几乎无人能及"。但是,我私下里还是认为永远不会有人比得过她。

因为斯科特先生侄女丽贝卡·斯图尔特小姐的到来,我在阿尔图纳的生活变得更加愉快。斯图尔特小姐是来帮助斯科特先生照料房间的。和我在一起时,她担当着十足的大姐姐的角色,特别是当斯科特先生出差去费城或者其他地方时。我们经常在一起,经常在傍晚驾车穿过树林。我们的亲密关系保持了很多年。1906年,当我重读她的一些信件时,我更加意识到我欠她很多。她在年龄上比我大不了多少,但是总是看起来像一个成熟的大姐姐。当然,她比我更成熟,很适合担任大姐姐的角色。那个时候,我把她视为完美女性的典范。遗憾的是,后来我们的生活道路离得很远。她的女儿嫁给了苏塞克斯郡的伯爵,而她在晚年时候移居海外。(1909年4月,我夫人和我终于找到了这位大姐姐朋友。她现在寡居,住在巴黎。她妹妹和她女儿都生活得很好,很快乐。这让我感到非常欣慰,真的。没有什么能够代替年轻时候的真正朋友。这段话写于1909年7月19日。)

在得到应有的提升机会之前,斯科特先生在阿尔图纳工作了3年。1859年,他被提升为公司的副总裁,办公地点在费城。现在面临的一个大问题是,我该怎么办。他应该把我带走,还是应该让我留下来和新来的官员一起工作?第二种可能让我无法忍受。与斯科特先生分别已经够难受的了,服务继任的官员我觉得完全不可能。在我看来,他的好运气来了。至于我自己,我从来没有想到过升职,即便有,也是通过斯科特先生。

后来,他到费城去和总裁面谈。回来之后,他让我去他家里的私人房间,他家跟办公室是相通的。他告诉我,他已经确定要去费城了。部门主管伊诺克·刘易斯先生将接替他的工作。当不可避免地谈到我的问题时,我非常认真地听他讲。他最后说:

"关于你自己。你觉得你能够管理匹兹堡铁路段吗?"

我那时正处于初生牛犊不怕虎的阶段。我不知道有什么事情是我不敢尝试的,但是我从来没有想过其他人,更不用说斯科特先生,会认为我还不适合这样的工作。虽然我只有二十四岁,但是我的偶像那时候是约翰·罗素勋爵,据说他不久就要掌管英吉利海峡舰队了。华莱士和布鲁斯也会像我这样想的。我告诉斯科特先生,我认为我可以。

"那么,"他说,"波茨先生(当时任匹兹堡铁路段主管)将要被提升到费城交通部任职,我已经向总裁建议由你来接替他。他同意让你试一试。你觉得多少薪水比较合适?"

"多少薪水?"我说,有点不高兴。"我才不在乎薪水多少呢。我不要薪水,我只想要这个位置。能够做回你在匹兹堡铁路段的职位,这已经够光荣了。你随便给我定薪好了,不需要比现在高。"

那就是每月 65 美元。

"你知道,"他说,"我在那里任职的时候,每年薪水 1500 美元。波茨先生的薪水是 1800 美元。我认为你起薪 1500 美元比较合适。过一段时间之后,如果你做得很成功,你的薪水会提到 1800 美元。你觉得如何?"

"哦,求求您,"我说,"别再跟我谈钱了。"

这不是一件仅仅关乎雇佣与薪水的问题。我的提升立即得到批准。我将要独立负责一个部门了,以后我会在匹兹堡和阿尔图纳之间的往来文件上签上"A. C.",而不是"T. A. S."①。这已经足够让我自豪了。

任命我为匹兹堡铁路段主管的命令是 1859 年 12 月 1 日签发的。我们立即着手做搬家的准备。我们为这次变化感到高兴。我们在阿尔图纳的住宅有很多值得留恋之处,特别是我们的大房子位于

---

① A. C. 是 Andrew Carnegie 的首字母缩写,T. A. S. 是 Thomas A. Scott 的首字母缩写。

郊区的一块风景很优美的地方，周围有许多空地。在这里，我们可以享受到乡村生活的快乐。但是，想到能够回到匹兹堡的老朋友们那里，阿尔图纳的种种便是微不足道了，尽管匹兹堡空气脏，而且烟尘多。我弟弟在阿尔图纳学会了发报。他和我一起回到匹兹堡后，成了我的秘书。

我获得任命后的那年冬天，天气恶劣到极点。铁路建设质量比较差，而且铁路设备不充足，完全不能适应旺盛的需求。铁轨铺设在大块石头上，由铸铁轨座来固定。据我了解，曾经有47条铁轨在一夜间断裂，怪不得铁路事故频发。那时，铁路段主管承担各种各样的事情，包括在夜间通过电报指挥列车运行，赴现场指挥清理事故残骸等。曾经有一段时间，我连续8天夜以继日地工作在铁路线上，从一个事故现场或拥堵点到下一个事故现场或拥堵点。我也许是所有被委以管理这样一项庞大产业的主管中，最不体谅人的铁路段主管，因为也许是受责任感的驱使，我自己从不知疲倦。于是我也让员工们超负荷工作，没有考虑到人类耐力的极限。我一直能做到倒头就睡。在夜晚工作的间隙，如果能在一辆脏兮兮的货运车厢里不时睡上半个小时，对我来说已经足够了。

内战爆发后，宾夕法尼亚铁路的货运需求大增，我不得不组织一支专门的夜班队伍。我费了很大力气才说服上司允许我设立夜间列车调度员，负责列车晚间运行。事实上，我从来没有得到他们明确的授权，而是自作主张设立了也许是美国历史上第一位夜间列车调度员——至少在宾夕法尼亚铁路系统是如此。

1860年，我们回到匹兹堡后，在汉考克大街也就是现在的第八大街租了一处房子，在那里住了一年多。对那个时候的匹兹堡的任何准确描述听起来都像是夸大其词。烟尘弥漫在空中，渗透到所有地方。如果你把手放在楼梯的扶手上，当你拿开时它已经是黑的了。如果在洗脸和洗手后的一个小时再看它们，你会发现它们和原来一样脏。烟尘会落到头发中，会让皮肤过敏。从阿尔图纳的山区环境中回来后，我们的生活曾一度有点凄惨。我们开始考虑是否应该住在乡下。幸运的是，当时公司的货运代理 D. A. 斯图尔特先生告诉我们，在他霍姆伍德的家附近有一座房子。我们立刻搬了过去，并且把电报机也带过去了，以便我在需要的时候从那里指挥列车运行。

我们在这里开始了全新的生活。这是一处有很多乡间小路和花园的地方，每座房屋周围都有 5 到 20 英亩的土地。霍姆伍德庄园的面积有数百英亩，这里不仅有漂亮的树林和峡谷，还有一条奔流的小溪。我们的房子也有一座花园，房子周围也有很多空地。我母亲在这里度过了她最快乐的时光，在这里她可以欣赏鲜花，喂养小鸡，并且乐享周围的乡村生活。她非常爱花，几乎从来不去采花。实际上，我记得有一次她甚至责备我拔起了一根杂草，说"那也是一点绿色啊"。我继承了她的这个特点，我常常从房间走到大门口都舍不得摘一朵花别在纽扣眼上，最后一朵花也没采就走开了。

搬到乡下后，我们结识了很多新朋友。当地许多富裕的家庭都在这片漂亮的郊区地段买了房子，可以说这是一块贵族聚居区。我这位年轻的铁路主管经常收到邀请，邀我去他们的大房子里参加娱乐活动。这里的年轻人非常有音乐才华，我们经常举办音乐晚会。在这些聚会中，我听到了人们讨论很多我以前没有听到的话题，于是我给自己定下一条规矩，如果我听到什么我不知道的东西，我要立即开始学习。我每天都很高兴，因为感觉每天都在学习新的东西。

在这里，我第一次见到了范迪沃特家的兄弟俩，本杰明和约翰。后者后来经常和我一起旅行，"亲爱的范迪"是我"世界之旅"中最好的朋友。我们的邻居斯图尔特先生和夫人与我们的关系越来越密切，后来发展成了终生的友谊。还有一件乐事就是，斯图尔特先生后来和我们一起经商，并且成为我们的搭档。范迪也是如此。然而，新居给我们带来的最大好处是，它让我们有机会结识西宾夕法尼亚最显赫的家庭，这就是尊敬的威尔金斯法官一家。这位法官那时已年届八十，但是依然身姿挺拔，相貌堂堂，而且心智甚明。他举止高贵,学识渊博,而且记忆力是我认识的人中最出色的一个。他妻子是美国副总统乔治·W.达拉斯的女儿,在我眼里她是老年妇女中最优雅的一个——她是我见过的最漂亮、最迷人、最让人尊敬的老妇人。她女儿威尔金斯小姐,还有她妹妹桑德斯夫人,以及她妹妹的孩子们一起住在这所富丽堂皇的大房子里面。这所房子在这一大片宅第中显得鹤立鸡群,它代表着修养、优雅和高尚。

让我尤其欣喜的是,我在这里好像非常受人欢迎。我参加了在这里举办的音乐聚会、哑剧字谜游戏以及威尔金斯小姐担任主角的戏剧演出,它们让我大开眼界。法官本人是我认识的第一位有历史影响的人物。我永远不能忘记他在谈话时给我留下的深刻影响。当他打算解释一句话时,他会说"杰克逊总统曾经对我说",或者"我对威灵顿公爵说"。法官早年(1834年)曾经在杰克逊任总统期间出任驻俄罗斯公使,另外他也以同样轻松的口吻谈起他与沙皇的会面。这让我觉得我正在触碰历史。这所大房子里面的气氛对我来说是全新的,而我与这家人的交流强烈地驱使我提升自己的思想和举止。

然而,在我和威尔金斯一家人之间一直横亘着一个心照不宣但明显存在的对立面——政治问题。我是一个强烈支持废除奴隶制度的人,在当时的环境下,废奴主义者有点类似英国的共和党人。而威尔金斯一家人是民主党的坚定支持者,他们偏向南方政权,原因是他们与南方的一些名门望族关系密切。有一次,在我进入他们的客厅时,我听到他们正激烈地讨论着最近发生的一件可怕的事件。

"你怎么看?"威尔金斯夫人问我,"达拉斯(她孙子)写信告诉我,他被西点军校的指挥官强迫坐在一个黑人旁边!你听说过这种事情吗?这样做难道不可耻吗?竟然让黑人进入西点军校学习!"

"啊!"我说,"威尔金斯夫人,还有比这更糟糕的事情呢。我还知道他们一些人死后可以去天堂呢!"

她不说话了。过了一会儿,这位可爱的威尔金斯夫人严肃地说:"那是另外一回事,卡内基先生。"

到目前为止,我最珍贵的礼物是这样收到的。亲爱的威尔金斯夫人开始织一件羊毛外衣。在这过程中,很多人问她这件羊毛外衣是为谁织的。"我不会告诉你们的",这位可爱而威严的老妇人说。这个秘密保守了好几个月。圣诞节前夕,这件礼物完成了,她很仔细地把它包好。在里面有一张卡片,写着温馨的祝福话。然后,她让自己的女儿把这件礼物寄给我。我在纽约收到了这件礼物。这是来自这样一位贵妇人的礼物!我要说,虽然我经常向好友们展示那件羊毛外衣,但是我没有怎么穿过它。它对我来说是一件神圣的礼物,到现在也是我珍藏的物品之一。

在匹兹堡生活期间,我很幸运地遇到了莱拉·阿狄森,她是刚刚故去的天才阿狄森博士的女儿。我很快熟识了这一家人。现在,我怀着十分感激的心情记录下这次相识给我带来的巨大益处。我又一次与受过高等教育的人结下了友谊。卡莱尔曾经是阿狄森夫人的家庭教师,因为她是一位来自爱丁堡的女士。她的女儿们在国外接受过教育,可以像讲英语那样流利地讲法语、西班牙语和意大利语。通过与这个家庭的交流,我第一次意识到,在受教育程度高的人和像我这样的人之间存在着一条鸿沟,一条难以描述但是非常巨大的鸿沟。不过,我们身上共同的苏格兰人血液再一次产生了影响。

阿狄森小姐是我理想中的朋友,她开始着手打磨我这块璞玉,如果我的确是块玉石的话。她是我最好的朋友,因为她是最严厉的诤友。我开始认真注意我的语言,并且认真阅读英语经典文学作品。如今,我已经怀着极大的热忱在阅读经典了。我开始注意到,如果声音和举止更加轻柔,对所有人都彬彬有礼,那么给人留下的印象会更好——总而言之,我要举止更得体。在此之前,我是一个不修边幅的人,而且做作成分太多。我脚穿大沉靴子,衣领敞开着,整体服饰显得狂放不羁。这是当时西部人穿着的特点,在我们圈子里的人看来这是有男子汉味道的打扮,大家讥笑那些花花公子般的打扮。我还记得我第一次见到一位戴羔皮手套的铁路公司员工时的情形。他是我们这些希望做男子汉的人嘲笑的对象。我们搬家到霍姆伍德后，得益于阿狄森一家的帮助，我在所有这些方面有了很大的改变。

第八章 内战期间

1861年,内战爆发。我立即被斯科特先生调往华盛顿。那时候,斯科特先生被任命为作战部部长助理,负责运输部门。他要我担任他的助手,负责军用铁路和政府部门的电报业务,并且组织一支由铁路工人组成的军队。在内战初期,这是最为重要的部门之一。

第一批穿越巴尔的摩的联邦军团遭到攻击,巴尔的摩与安纳波利斯结合点的铁路线被切断,致使与华盛顿的交流中断。于是,我需要带着我的助手们在费城登上火车,前往安纳波利斯,在那里有一条支线铁路通往结合点,并与通往华盛顿的干线铁路连接。我们的首要任务是修好这条支线铁路,让重型列车得以通行,完成任务需几天时间。我们抵达此处的几天后,巴特勒将军也带领几支兵团到了这里,我们成功地把他们运送到了华盛顿。

我坐在驶往首都华盛顿的第一辆列车上,列车运行得小心翼翼。在即将到达华盛顿时,我注意到一些电报线被木桩压倒在地面上。我让火车停下来,跑过去把电报线解开。但是我没有注意到在被固定之前,这些电报线受到了拉伸。电报线被解开之后,一下子弹了起来,打到了我的脸上,并把我打倒在地。电报线在我脸上划出一道深长的口子,鲜血直流。我就是这个模样随着第一支部队进入华盛顿的。和前几天经过巴尔的摩街道时受伤的一两个士兵一样,我可以有充分理由说,我作为第一批保卫国家的战士,为我的国家流了血。我因为能够为这块给予我很多的土地做点事情感到自豪,我可以毫不夸张地说，我是夜以继日地在工作，奋力开通了到南方的线路。

不久，我把指挥部迁往弗吉尼亚州的亚历山德里亚，并且在不幸的布尔河之战打响时也待在那里。我们不相信得到的消息，但是形势很快明朗了，我们必须火速派列车奔赴前线，把我们战败的军队接回来。而离前线军队最近的是伯克火车站。因此我亲自前往那里，将那些可怜的受伤志愿者送上一辆又一辆的列车。根据报告，叛军正在步步朝我们逼近，我们最后不得不关闭伯克火车站。当我和电报员乘最后一辆驶往亚历山德里亚的列车离开时，我们周围到处可以感觉到恐慌的气氛。我们的一些铁路员工失踪了，但是从第二天统计的数据来看，与其他支线的情况相比，我们还算是不错的。一些列车长和工程师乘小船渡过波托马克河，但是大多数人留了下来，尽管我们彻夜都能听到追击敌人的枪炮声。第二天早晨，我们的电报员一个都没丢。

此后不久，我回到了华盛顿，并把指挥部设在了斯科特上校所在的作战部大楼里。因为负责电报以及铁路部门的原因，我有幸见到了林肯总统、苏厄德先生、作战部长卡梅伦以及其他要员。让我兴奋的是，我还偶尔会与他们有私人接触。林肯先生会不时来到我的办公室，并在桌边坐下等待电报回复，或者只是焦急地等待某一消息。

关于这位非凡人物的所有画像都和他本人很像。他是一个特点明显的人，因此人们不可能画得不像。在他安静时，他毫无疑问是我见过的最平凡的人；但是在激动时或者讲述故事时，他眼里和脸上闪着智慧的光辉，而这种光辉是我很少或者从没有在其他人那里看到过的。他举止自然，风度翩翩；他对任何人都和颜悦色，即使是办公室里最小的男孩。他平等地对待所有人，对信差男孩和国务卿苏厄德谈话时的态度没有两样。他的魅力在于他毫不做作。与其说是他讲话的内容，不如说是他讲话的方式，让他总能赢得别人的支持。我经常后悔当时没有仔细记下他的一些奇特的言论，因为即使在谈到一些普通的事情时，他的表达方式也很特别。

我还从未见过像林肯先生与周围人相处如此融洽的大人物。正如他的秘书约翰·海说的："很难想象有人是林肯先生的侍从，因他会把侍从视为自己的伙伴。"他是最彻底的民主党人，一言一行中都显示了平等待人的品质。

　　1861年，当梅森和斯莱德尔被美国人从英国"特伦特"号船上带走时，像我这样了解英国船只上避难权的一些人非常紧张①。要解决这件事情，要么打一场战争，要么归还这两位囚犯。在内阁召集会议商讨这件事情时，卡梅伦部长恰好不在，于是斯科特先生以作战部部长助理的身份出席了这次会议。我竭尽全力让他明白，在这一问题上英国无疑会动武的，我敦促他要坚定地支持放人，特别是考虑到美国人本身就主张一国的轮船是有搜查豁免权的。由于不了解外交事务，斯科特先生本人倾向于扣留这两个人，但是参加完会议之后他告诉我，国务卿苏厄德警告内阁成员，这件事情会导致战争，正像我说的那样。林肯总统起初也倾向于扣押囚犯，但是最终同意了国务卿苏厄德的意见。然而，内阁决定等卡梅伦部长以及其他缺席人员都到齐后再做决定。国务卿苏厄德要求斯科特先生在卡梅伦回来后，让他在参加会议前对这一问题有正确的认识，因为大家估计他不打算放人。斯科特先生照做了。第二天一切进展顺利。

　　当时华盛顿的混乱情形，不到现场的人无法感受到。我无法用语言描述我最初的印象。我第一次见到斯科特将军，即当时的总司令时，他正在两个人的帮助下从办公室走出来，沿着人行道走向自己的马车。他年事已高，身体虚弱，从身体到精神都瘫痪了。美国的军队就是在这样一位老古董的指挥下作战的。他的主要副手泰勒将军在某种程度上就像是他的副本。要开通交通和通讯线路，要运输人

---

① 美国南北战争一开始，英法企图搞"两个美国"。当时的英国政府要员很快接见"联盟"的外交人员，并承认"联盟"为"交战国"，还公然给予军用物资的接济。1861年，南方委派梅森和斯莱德尔出任驻英、法特使，乘英国邮轮"特伦特"号远赴欧洲。结果，北方获悉后，拦截了该邮轮，并逮捕了两位特使。

员和补给,就得跟这些人打交道。他们都是所谓的循规蹈矩人士,有所作为的往昔已不再。在需要迅速采取行动的时候,他们做出一项决定需要费时好几天。几乎在任何重要的部门,都看不到年轻、有活力的军官,至少我不记得有这样的人。多年的平静生活让这个机制老化了。

我认为在海军部门也存在同样的情况,只是我没有与海军部的人私下接触过。不过,海军力量在战争初期并不重要,最重要的是陆军。除非更换各部门的负责人,否则等待我们的只有失败。而完成更换负责人工作并非一朝一夕的事情。政府面对南军的大举进攻时,明显推迟生产一种有效武器,因此全国上下对此感到不满是很自然的事情。不过,让我感到惊奇的是,各部门普遍存在的混乱状况竟然很快得到扭转。

就我们的铁路和电报运行而言,我们具备一大优势。卡梅伦部长已经授权斯科特先生可以视形势需要采取行动,不必等待他手下官员迟缓的决定。我们充分使用了这项授权。从战争一开始,铁路和政府的电报部门就发挥了巨大作用,这得益于卡梅伦部长的大力支持。他当时心智甚明,比他的手下和其他部门的负责人更能抓住问题的关键。在舆论的压力下,林肯总统最终将卡梅伦部长替换掉。但是那些了解情况的人知道,如果其他部门都像卡梅伦部长的作战部管理那么得当的话,那么很多灾难都会得以避免。

卡梅伦喜欢人们叫他罗切尔。他是一位感情丰富的人。在他九十岁的时候,他到苏格兰来看我们。当我们驱乘四驾马车穿过一个峡谷时,坐在前排座的他因为被峡谷壮观的景象深深感染了,庄重地摘下帽子向峡谷致敬。在我们的谈话中,我们立刻提到了政府部门候选人自己必须做出努力,目前政府在人员任用上存在误区,极少数紧急情况除外。关于这一点,罗切尔讲了关于林肯连任的事。

一天,卡梅伦在位于哈里斯堡乡下的家里收到了一封电报,说林肯总统要召见他,于是他就去了华盛顿。见面后林肯说:

"卡梅伦,我周围的人说我应该寻求连任,因为这是我对国家应负的责任。他们说我是唯一能够拯救这个国家的人,以及诸如此类的话。你知道吗,我开始愚蠢地有点相信他们了。你怎么看?这件事情应该怎么做?"

"总统先生,28年前杰克逊总统也像您一样找过我,讲了同样的事情。我在新奥尔良州收到他的来信,在路上花了10天才到达华盛顿。我对杰克逊总统说,我认为最好的方案就是让某个州的立法机关通过一项决议,坚称不应让舵手在船遇到风暴的时候弃船而走。如果一个州这样做,我想其他州也会仿效。杰克逊先生同意我的说法,于是派我去哈里斯堡,让他们准备并且通过了这样一项决议。正如我所料,其他各州纷纷效仿。你知道,他赢得了连任。"

"那么,"林肯说,"你现在还可以那样做吗?"

卡梅伦说:"不行。""我和您太亲近了,总统先生。不过如果您愿意,我认为我可以委托一个朋友做这件事。"

"好吧,"林肯总统说,"我把这件事情交给你了。"

"我让人去找福斯特(这位先生是他这次旅行的伙伴,也是我们的客人),并且让他查询杰克逊总统连任的有关决议。我们根据新形势稍稍做了点改动,并让它成功确立下来。事情的结果与杰克逊总统的情况一样。我再次去华盛顿时,参加了总统在晚间举行的招待会。当我走进宽敞、拥挤的东大厅时,由于我像总统一样身材高大,总统先生立刻在人群中看到了我,他挥舞着像两条羊腿似的戴白手套的双手向我喊:'今天又来了两个,卡梅伦,又来了两个。'他说的是又有两个州通过了杰克逊-林肯决议。"

这件事情除让人了解到政治生活的内幕外,还让人感到非常奇特的是,时隔28年,同样一个人在完全同样的情况下,受到两位美国总统的召见,旨在征询他对谋求连任的建议,而且通过使用同样的权宜之计,两位总统皆获得候选人提名,并成功连任。正如人所说:"凡事皆有定数。"

我在华盛顿期间并没有见到格兰特将军,因为直到我离开时他还一直在西部。但是在往返华盛顿的途中,他曾两次在匹兹堡逗留,为自己调往东线做必要的准备。在他这两次视察匹兹堡铁路线期间,我都见到了他,并且邀请他在匹兹堡和我一起就餐。那个时候,列车上还没有餐车。他是我见过的看上去最不起眼的高官,如果凭第一印象,人们绝对不会将之视为杰出人物。我记得作战部长斯坦顿曾经说过,在他视察西部的军队时,格兰特将军和他的随从钻进了他的小汽车。在他们进来时,斯坦顿一个一个地打量他们。当他看到格兰特将军时,他心里想:"我不知道哪一位是格兰特将军,但是我知道这位肯定不是。"然而,那一位正是格兰特将军。(多年之后,我在阅读这一段记录时忍不住大笑。这对格兰特将军来说有点不公平,因为我曾不止一次被人误认为是格兰特将军。)

在内战的那些日子里,人们经常谈论各位将军的战略和作战方案。我很惊叹格兰特将军会毫无保留地向我谈起这些事情。当然,他知道我在作战部工作过,并且和作战部长斯坦顿很熟悉,知道一点正在发生的战事。但是当他向我说出下面这些话时,你可以想见我的惊讶:

"总统和斯坦顿让我去西部指挥作战,我已经同意了。我马上就去西部做必要的部署。"

我说:"我也这么猜测。"

"我会让谢尔曼接替我。"他说。

"那会让全国人都感到吃惊的,"我说,"因为大家觉得托马斯将军会接替您。"

"是的,我知道,"他说,"但是我熟悉这些人。我知道托马斯会第一个站出来说,谢尔曼是最合适的人选。这个安排没有问题。现在的情况是,我们在西部已经推进很深了,下一步我们要做的是在东线取得更多战果。"

他果然就是这样做的。这就是格兰特讲述作战策略的方式。我有幸在以后的岁月里与他关系甚厚。如果有人身上没有一点点做作痕迹的话，这个人就是格兰特。在这一方面，即使林肯也无法超越他。不过，格兰特是一个安安静静、行动缓慢的人，而林肯是那种永远充满激情、雷厉风行的人。我从未听到格兰特使用任何冗长或华丽的词语，或者试图做出什么样子，但是如果你认为他总是这样缄默不语，那你就错了。他有时很出人意外地健谈，甚至会喜欢滔滔不绝。他使用的句子很短，很到位。他对事情的观察很敏锐。当他无话可说时，他就什么也不说。我注意到，他从来都是不厌其烦地在战争中表扬他的下属。说起他们时，他就像是一个父亲在说自己的孩子。

据说在西部指挥作战期间，格兰特将军开始大量饮酒。他的总参谋长罗林斯大胆地提醒了他。格兰特将军清醒地认识到，这是真正朋友的做法。

"你是那个意思吗？我完全没有感觉到，我有点吃惊。"格兰特将军说。

"是的，我就是那个意思。现在你的下属军官们都开始谈论这个话题了。"

"为什么你不早点告诉我？从现在开始，我不会再碰一滴酒。"

他果然再也没有喝酒。后来，我和格兰特一家人在纽约一起就餐时，我一次又一次地看到格兰特将军拒绝在他旁边放上葡萄酒杯。他那不可战胜的意志让他能够坚守自己的承诺，就我的所见所闻而言，这样的事情极为少见。有些人只能戒酒一小段时间。比如，我的一个搭档戒了三年，但可惜最终还是没能禁得住诱惑。

格兰特任总统期间，有人指责他通过任命官员，或者其他政府行为谋取经济利益。然而他的朋友们都知道，他生活穷困，以致他被迫宣布取消惯常国宴的念头，因为他发现每次国宴要花费 800 美元，而这是他个人收入无法承受的。后来总统的个人收入从每年 25000 美元增长到 50000 美元，这让他在第二任任期时能够有所积蓄。不过，他喜爱制服胜过金钱。在他结束第一任任期时,我知道他没有多少钱。然而,我在欧洲的时候发现,那里的高层官员普遍认为,对格兰特将军通过任命官员换取经济利益的指责并非空穴来风。我们在美国的人都知道,这些指责是多么缺少依据。不过,对那些不计后果捏造是非的人来说,想着这些事非会对国外公众舆论造成什么影响,他们就心满意足了。

由于大家普遍认为美国政治腐败,并由此推断共和制必然会滋生腐败,因此,当今英国的民主颇受诟病。而相对于腐败而言,其他不利民主的因素影响较轻。然而,我对两地的政治多少都有些了解,我可以毫不犹豫地说,在实行共和制的新土地上以及实行君主制度的古老土地上都存在腐败,只不过腐败的形式不同罢了。在君主制国家,贿赂的工具是头衔,而不是金钱。在两种情形下,公职是普遍适宜的奖励。然而,对君主制国家较为有利的是,那里的头衔是公开授予的,接受者或者公众不会把它们视为贿赂。

1861年,当我应召去华盛顿时,大家认为战争会很快结束,但是不久后发现这场战争要拖好几年。于是,任命固定的官员负责战争事务成为必须。宾夕法尼亚铁路公司不能放斯科特先生走,而斯科特先生反过来说我必须回到匹兹堡,因为那里急需我完成政府委派的任务。于是,我们把自己在华盛顿的事务交付给其他人,然后分别返回我们原来的岗位。

从华盛顿回来之后,我病倒了,染上了生平以来的第一场重病。我完全垮掉了。在带病坚持工作了一段时间之后,我被迫开始休息。一天下午,我在弗吉尼亚的铁路线上疑似中暑,身体感觉极为不适。不过,中暑的症状很快就过去了,但是此后我发现我不能够再忍受炎热的天气,我必须避免被太阳照射——炎热的天气会让我彻底萎靡不振。(这就是为什么多年来,苏格兰高地夏天凉爽的空气能够疏解我的各种不适。我的医生坚持让我避开美国炎热的夏季。)

宾夕法尼亚铁路公司允许我休病假,因此我得到了我梦寐以求的重返苏格兰的机会。我母亲，我的好友汤姆·米勒，还有我一起搭乘"埃特纳"号轮船于1862年6月28日启程。我那年二十七岁。在利物浦登陆后，我们立即奔赴邓弗姆林。没有什么比这次故乡之旅更让我感动的了。我好像是在梦中一样。每靠近苏格兰一步，我的激动就增加一分。我母亲也同样很激动，我记得当她第一眼看到熟悉的黄色矮树丛时，她禁不住高呼：

"瞧！那是金雀花！"

她激动万分，不禁潸然泪下。我越是故作轻松或越是安慰她，她越是哭得厉害。至于我自己，我感觉到自己可以扑倒在地，去亲吻这块神圣的土地。

我们就是怀着这样的心情回到邓弗姆林的。我们途经的各种景象我还都能立刻辨认出来，但是与我想象的相比，一切看上去都那么渺小。这让我十分困惑。最后，我们来到劳德姨夫家，走进他曾经教我和多德很多东西的老房间里。我大声惊呼：

"你们都在。一切都和我刚离开的时候一样，但是你们现在都在玩玩具了吧。"

我曾认为和百老汇差不多的镇上主街，我认为堪比一些纽约商店的姨夫的小店，小镇周围我们周日经常去玩耍的小土丘，镇上去各处的路程，所有房屋的高度，一切都缩小了。这里好像是一个小人国的城市。我甚至可以触碰到我出生所在的房子的屋檐。还有到海边的那段路只有3英里；过去，周六从家里走到海边是件了不起的事情。我曾去海边的大岩石旁边捡拾海螺，但是大岩石好像已经消失了，只剩下一块温和的、平坦的浅滩。曾承载了我无数校园回忆的学校，我唯一的母校，我们模拟打仗和赛跑的学校操场，都惊人地缩小了。布鲁姆厅、佛德尔，尤其是多尼布里斯托尔的温室等多处优美的建筑都一个接一个地变得渺小和微不足道了。我后来去日本时，看到那里像玩具一样的小房子，它们给我的感受有点类似我老家给我的感受。

那里的一切都是微缩的,甚至包括穆迪街头的那口老井,也就是我小时候与老妇人们争吵的地方,也不像我想象的那样了。但是有一样东西没有变,依然和我梦中的一样。那庄严的老修道院和它附近的峡谷一点也没有让我失望,它们看上去还是那么宏伟。那刻在塔顶上的令人难忘的大字——罗伯特·布鲁斯国王,依然像以往一样充满了我的视野,我的心灵。修道院的钟声也没有让我失望,我回来后第一次听到钟声时我就这么想。我对这钟声心怀感激,它带我找到一个中心点。不久,老修道院、宫殿的废墟、峡谷以及周围的其他物体都相应地回归了真实的大小。

我的亲戚们都非常亲切,其中我可爱的夏洛特姨妈年龄最长,她在欣喜之下大声喊道:

"哦,你们哪一天要回来在主街上开一家店啊。"

在主街上开一家店是她心目中成功的表现。她的女婿和女儿(也就是我的平辈表亲,不过,他们无血缘关系)在这一方面已经获得成功,而她外甥的前途更是不可限量。即使在经营商店方面,不同地段的店主所处等级也是不一样的。在主街上经营蔬菜店的家庭不会与穆迪街道上的店主一家平等交往。

在我小时候,夏洛特姨妈经常照看我。她喜欢强调我过去是一个比较吵闹的孩子,需要用两个勺子喂饭,因为只要某一个勺子从我嘴边拿走,我就会大声喊叫。琼斯上尉,也就是后来我们钢铁厂的主管,把我描述成一个"生下来就有两排牙齿,嘴里永远塞不满"的孩子,因为我对开设新工厂和增加生产的胃口大得惊人。由于我是家族中的第一个孩子,很多可敬的亲戚都愿意照看我,包括我的姑妈们。年迈的她们向我讲述了我小时候的恶作剧以及我说过的一些有意思的话。其中,姑妈们讲到的一件事让我觉得我那时很早熟。

我小时候听大人们讲过许多格言,而我很快就把父亲教给我的一句话派上了用场。我那时还是一个小孩子,从3英里外的海滩回家时,父亲不得不在路上背我一段。在黄昏时候,我们要走上一段陡

峭的山坡,他说我太重了,希望我也许会愿意自己下来走一走。然而,他得到的回答是:

"啊,爸爸,不要紧。你要知道,耐心和毅力会造就一个好男人。"

他继续背着我往前走,但是笑得身体发颤。他有点搬起石头砸自己的脚了。但是不管怎样,他背负的重量减轻了。我确信这一点。

当然,故乡还有我的导师、向导和激励者——劳德姨夫。他为我做了那么多事情,让我在八岁时就变得富有浪漫气息、爱国情怀和诗意。现在我二十七岁了,但是劳德姨夫依旧是劳德姨夫。他没有变小,没有人可以取代他的位置。我们经常一起散步,边走边聊天。他还是称呼我"内基"。他一直这么叫我,从来没有用过其他的称呼。我亲爱的姨夫,对我来说他远远不只是一位姨夫。

我晚上依然做梦,并且回乡之旅让我心情激动,以至于晚上不能入睡。我还得了感冒,有些发烧。我在姨夫家躺了6个星期,其中有一段时间病情很重。苏格兰医学当时和苏格兰神学一样古板(它们现在已经好多了),医生给我放了血。我身上那很少的一点美国血液很快就被放完了。在医生宣布我已经康复后,又过了好久我才能下床走动。身体康复之后,我们结束了这次回乡之旅,并重返美国。不过,海上旅行对我极为有益,当我到达美国时,我已经可以继续工作了。

我记得,返回铁路段时,受到的热情欢迎让我深受感动。铁路东端的人们集合起来欢迎我,并且准备了礼炮。在我的火车经过时,他们列队放礼炮表示欢迎。这可能是我的下属第一次有机会列队欢迎我,对此我印象深刻。我知道我是多么关心他们,我非常欣喜地知道他们也关心我。劳动阶层的人对别人的善意会做出对等的回应。如果我们真正关心他人,我们不必担心得不到他们的回报,正所谓善有善报。

| 卡内基的出生地——邓弗姆林 |

| 卡内基成婚后位于苏格兰高地上的家——斯奇伯城堡 |

卡内基的母亲玛格丽特·莫里森·卡内基,她是卡内基心中的英雄

十六岁的卡内基与八岁的弟弟汤姆

| 二十岁的卡内基 |

| 二十岁的汤姆 |

| 贝利·莫里森舅舅，他对卡内基性格的形成有重大影响 |

| 二十五岁的卡内基 |

乔治·劳德姨夫，他对卡内基性格的形成有重大影响

| 二十六岁的卡内基和朋友兼商业伙伴汤姆·米勒 |

卡内基、母亲及朋友重返家乡邓弗姆林,彼时卡内基二十七岁

皮藤克利夫幽谷,卡内基幼年时"天堂"的代名词,
1902年卡内基将其买下,向公众免费开放

第九章 桥梁生产

南北战争期间,铁的价格扶摇直上,接近130美元一吨。即使价格这么昂贵,购买量依然很大。由于新的铁轨供不应求,美国的铁路线面临越来越多的风险。在这种情况下,我轻而易举地找到了合作伙伴和资金,于1864年在匹兹堡建立了一家铁轨制造工厂,建设了超级铁轨生产线和几座高炉。

对铁路机车的需求也同样巨大。于是,在1866年,我和托马斯·N.米勒先生一起开办了匹兹堡机车制造厂。这家工厂生意兴隆,信誉良好,所生产的铁路机车在全美国都享有盛誉。1906年,这家公司最初价值100美元的股票卖到3000美元,也就是说30美元一支股票,这在今天听上去有点像天方夜谭。那时,每年的红利都很丰厚,并能定期支付。这家公司取得了巨大成功,这充分证明了一种说法:要么不做,要做就做最好的。

在阿尔图纳的时候,我在宾夕法尼亚铁路公司的工厂里见到过一座铁制的小型桥梁。实践证明,这件产品大获成功。我认为,不能继续使用木制桥梁作为永久铁轨结构了。不久前,宾夕法尼亚铁路上的一座重要桥梁被烧毁了,交通因此中断了8天。铁桥是解决这个问题的出路。我向这座铁桥的设计师H.J.林维尔、负责宾夕法尼亚铁路桥梁的约翰·L.派珀以及他的搭档希夫勒先生提议,他们应该到匹兹堡来,我要组建一家生产铁桥的公司。这是第一家这样的公司。我请我的朋友斯科特先生参与这项投资,他同意了。我们每人出资1250美元，各持五分之一的股份。我从银行贷款购买了我的股份。如今，回顾当时的情形，可以发现我们的入股资金非常少，但是从"小小的橡树种子中可以长出高高的橡树来"。

就这样，我们于1862年组建了派珀和希夫勒公司，并在第二年把它并入拱顶石桥梁公司。能够想到用拱顶石作为宾夕法尼亚州桥梁公司恰如其分的名称，这一点让我感到非常骄傲，因为拱顶石也是宾夕法尼亚州的别名。据我所知，铁制桥梁就是从那时开始在美国，甚至在世界范围内得到广泛应用的。我给匹兹堡的几家炼铁厂写了信，他们同意向我们的新公司提供材料。我们用木板搭建了车间，制作了几个桥梁结构。当时使用的主要材料是铸铁，但我们的铁桥建造得非常坚固，其中一些为适应重型车辆通行被加固后，至今依然沿用。

有人设想在史杜本维尔架设横跨俄亥俄河的桥梁，并询问我们有没有能力建造一座跨度为300英尺约91.4米的铁路桥。这在今天听起来有点可笑，但当时人们对我们是否能做这件事情心存疑问。值得一提的是，当时美国还没有开始生产钢，熟铁也未开始使用。桥上方的缆索和下面的支架都是铸铁做的。我敦促搭档们无论如何要试一试，并且签下了这份合同。我非常清楚地记得，在参观我们的工厂时，铁路公司总裁朱伊特看到到处堆放的重型铸铁部件，那些要用于铁路桥的部件，他转过身来对我说：

"我不相信这么重的铸铁部件能竖立起来并支撑自身的重量，更不要说让列车通过俄亥俄河了。"

不过，他后来改变了看法。这座铁路桥不久前还在使用，当然是经过了加固，以适应更加忙碌的交通。我们本期望从这第一个大型项目中获得可观的收入，但是由于在工程竣工前出现了货币贬值，我们几乎没有获得多少利润。此后发生的事情让我们认识到，宾夕法尼亚铁路公司的总裁埃德加·汤姆森是一位做事十分公正的人。他获悉了我们的窘境后，同意多出一些钱，以保证我们不会陷入亏损。

他说在签署合同时,大家都没有预料到后来发生的情况。埃德加·汤姆森真是一位伟大的人物,一个好人。他在签合同时为宾夕法尼亚铁路公司争取了很多利益,但是从没有忘记法律的精神高于法律条文。

林维尔、派珀和希夫勒是当时最好的人才。林维尔是工程师,派珀是一位非常有活力的机修师,而希夫勒做事稳妥。派珀上校非常了不起,我曾听宾夕法尼亚铁路公司的总裁汤姆森先生说,在修复大火烧毁的桥梁方面,他一个人比一群工程师的作用还重要。他只有一项明显的弱点(对我们有利),那就是爱马如命。当我们在业务上发生激烈争论的时候,上校经常会显露出要发脾气的迹象,这样的事经常发生。这时,我们只要谈到马,就万事大吉了。其他任何事情他都不会去关心了。他会立刻沉迷于关于马的话题。在他工作过于劳累,我们希望他休息一下时,我们会安排他去肯塔基州,为我们寻找一两匹好马。在选马方面,我们只相信他,不相信其他任何人。但是,他对马的痴迷有时会给他带来大麻烦。有一天,他走进办公室时,我们发现他一半脸像抹了泥一样是黑的,衣服被扯破了,帽子也丢了,但是一只手上仍然握着鞭子。他解释说,他试图骑上一匹肯塔基快马驹,但是马的一根缰绳断了,他失去了"有舵效的速度"①,他如是表达。

这是一位令人愉快的人,我们都叫他"派普"。如果他喜欢一个人,比如说我,他会一直对他好。我搬到纽约后,他把爱转向了我弟弟,总是把我弟弟叫托马斯,而不是汤姆。他以前特别喜欢我,但是后来他更喜欢我弟弟。他对我弟弟相当崇拜,好像汤姆说的任何话都是圣旨。他非常嫉妒我们其他的公司,因为他与之没有产生直接的利益关系,如向拱顶石桥梁厂供应原材料的炼铁厂。炼铁厂经理和上校之间经常会因质量和价格等问题发生争执。有一次,他向我

---

① 有舵效的速度(steerage way),专业航海词汇,指能使船上的舵产生作用的最低速度。

弟弟抱怨说，他负责的一份一年期供铁协议没有抄写正确。最终版本的价格为"净价"，但是在签协议的时候没有提到过这个词。他想知道"净价"到底是什么意思。

"上校先生，"我弟弟说，"这个词的意思是不必要再增加什么了。"

"很好，托马斯。"上校说。他对这个回答很满意。

语言表达的方式很重要。如果说"不可以再少了"，那也许会引起争执。

有一天，他对布拉德斯特里特关于企业信用分级的书表示非常不满。在此之前，他从未看过类似书籍，因此他很想知道自己所在的公司属于什么级别。当他从书中得知拱顶石桥梁厂的信用级别为BC，即信用差（Bad Credit）时，我们费了很大劲儿才阻止他要求我们的律师起诉出版商。然而，汤姆向他解释说，拱顶石桥梁厂的信用低是因为他们从来没有借过钱，上校这才平息了怒气，不欠债是上校最喜欢的事情。一次，我正要动身去欧洲，那时候很多公司不景气，周围还有些公司要倒闭了，他对我说：

"如果在你离开期间，我什么票据也不签，法官不会来找我们麻烦吧。"

"不会的，"我说，"他不能那样做。"

"那好，我们会在这里等你回来。"

说到上校，我还想起了另外一个不寻常的人物，即我们在建造桥梁期间认识的来自圣路易斯的伊兹上尉。他是一位在机械事务方面有奇思妙想，但科技知识不多的奇才。他看起来属于那种喜欢完全按自己想法做事的人。如果一件事情以前有人做过，那他绝对不会再碰。当他把圣路易斯大桥的设计方案提交给我们时，我把这个方案转给了国内在这方面的顶级专家——我们的林维尔先生。看了这个方案后，林维尔很忧虑地找到我们。他说：

"如果按这个方案建，这座桥是建不起来的。桥不能承受自身的重量。"

"那好,"我说,"伊兹上尉会来找你,那时你向他耐心解释这件事情,要给他一个正确的方案,引导他进入正确的轨道,并且不要对其他人说起这件事。"

林维尔成功地处理了这件事。然而,在桥梁建设过程中,可怜的派珀完全无法按照上尉苛刻的要求去做。起初,他为能得到这份最大的合同欣喜万分,并对伊兹上尉毕恭毕敬。他最初甚至不称呼他为"上尉",而是说"伊兹'上校',您好!很高兴见到您"。随着事情逐渐变得复杂起来,我们注意到派珀的称呼不那么热情了,但是他好歹还说"早上好,伊兹上尉"。后来,我们突然发现派普①竟然改用"伊兹先生"了。在工程上的麻烦结束之前,起初的"上校"降为了"吉姆·伊兹"。说实话,早在工作完成之前,"吉姆"前面还不时会加上个"该死的"。一个人也许有很强的能力,而且性格有魅力,为人有趣,伊兹上尉毫无疑问就是那样的人;但是如果他不善于利用科技知识和他人的实践经验,他是无法建造密西西比河上首座500英尺(约152.4米)跨度的大桥的。

桥梁竣工后,我让上校陪我去圣路易斯待几天,目的是防止有人在我们得到全部工程款之前占有这座桥梁。上校令人把大桥两头的木板撤掉,并且制定了一个解散警卫人员的方案,然后他突然特别想家,急于回到匹兹堡。他已经决定要乘当晚的列车回去。我琢磨怎样留下他,忽然我想到了他那唯一的弱点。于是我告诉他,我非常着急为我妹妹买两匹马,把两匹共轭的马送给她做礼物。我听说在圣路易斯能买到好马,我问他有没有在这里见过什么好马。

他上钩了。他开始描述他见过的几对共轭马以及他参观过的马厩。我问他是否可以留下来帮我挑选马。我很清楚他想要选马,而多骑骑它们会让他很忙。后来的情况正如我所料,他去帮我购买了

---

① 派普(Pipe)是派珀(Piper)的昵称。

两匹很不错的马。但是,我们发现如何把这两匹马运回匹兹堡成了难题。他不愿意把马交给铁路运输,而近几日又没有合适的大船,运气明显在照顾我。在这两匹马安全离开之前,这个男人怎么也不会离开了,而且毫无疑问,他会坚持亲自带这两匹马坐船。他因此留了下来,和我一起守住了桥梁。派普是像贺雷修斯[①]一样的英雄。在我交往的人当中,他是最优秀的人之一,也是我珍视的最宝贵搭档之一,他完全有资格得到丰厚的回报。为此,他曾付出很多努力。

拱顶石桥梁厂一直让我非常满意。在美国,几乎所有承担铁桥建设的公司都失败了。许多桥梁倒塌了,国内一些严重的铁路灾难就是因为桥梁坍塌引发的。一些桥梁是因为承受不住风压才倒下的,但是拱顶石的桥梁从来没有出现过这样的问题,甚至一些建在风力并不和缓之处的拱顶石厂桥梁也安然无恙。这不是运气问题。我们一直坚持使用最好的材料,而且用量充足。我们自己炼铁,后来还自己炼钢。我们主动对产品质量进行严格检查,要么不建,要建就要建设安全的桥梁。我们坚决不建承载力不够,或者设计不科学的桥梁。我们愿意为任何盖有拱顶石桥梁厂图章的工程(在美国,几乎找不到没有拱顶石厂桥梁的州)承担经济责任。我们为我们的桥梁感到骄傲,就像卡莱尔对他父亲建造的横跨安嫩河的大桥感到自豪一样。"那是一座诚心建造的桥。"这位桥梁大师的儿子说。

这一原则是我们获得成功的真正秘诀。在工作得到认可之前,你需要艰苦奋斗几年,但是此后会一帆风顺。所有的制造企业都不应该拒绝,而是应该热情欢迎质量监督。监督有助于企业维持卓越水平,并且培训员工要努力追求卓越。我还没有听说有哪家企业不是凭借良好、诚实的工作取得决定性成功的。即使在竞争激烈的今天,当一切似乎都与价格有关时,要在商业上取得巨大成功,最重要的因素还是质量。让每个人都注重质量,从公司总裁到最基层员工,

---

① 贺雷修斯(Horatius),罗马神话中的一位英雄。

这样做的效果会大大超出你的想象。同样,干净、漂亮的车间和工具及收拾整洁的院子和周围环境所起的作用也远比人们通常想象的要大得多。

匹兹堡银行家会议期间,一位参会的著名银行家参观了我们的埃德加·汤姆森工厂。其间,他说的一句评论让我感到非常高兴。在几百位会议代表一起参观我们的工厂时,这位银行家对我们的经理说:

"看来有人对这家工厂很用心。"

他道出了成功的又一大秘诀,是有人特别关心这家工厂。一家大型制造企业的总裁曾经向我炫耀,他的手下赶走了试图进入厂区检查的第一位监督员,此后再也没有第二个敢找他们麻烦。他说这话说得自鸣得意。但是我心想,这家企业一定承受不住竞争的压力,困难时期面前,它肯定会垮掉。后来的发展证明了我的判断。一家制造企业最稳固的基础就是质量,然后才是价格。

多年来,我一直特别关心拱顶石桥梁厂的业务。当需要签订重要合同时,我还会亲自会见有关各方。1868年,我和工程师沃尔特·凯特前往爱荷华州的迪比克,和别人竞争当时最大的铁路桥工程。这是一座在迪比克横跨宽阔的密西西比河的大桥,其跨度之大决定了这是一项庞大的工程。我们到达密西西比河河畔时,发现河面已经结冰,于是我们乘坐一辆由4匹马拉的雪橇到了河对面。

这次行程中发生的事情证明,细节能够决定成功。我们不是出价最低的竞争者,董事会已经决定要和我们主要的竞争对手,芝加哥的一家桥梁建设公司签约。但我还是留了下来,继续找一些董事谈话。让我高兴的是,他们还不知道铸铁和熟铁的区别。我们一直在用熟铁制造桥梁上面的缆索,而我们对手用的材料是铸铁,这就让我有话可说了。我分别描绘了轮船撞击铸铁桥和熟铁桥的情形。在遭受撞击时,由熟铁制成的缆索可能只会弯曲,但是由铸铁制成的缆索肯定会折断,大桥会因此而垮塌。幸运的是,其中一位董事,也就是著名的佩里·史密斯先生,支持我的观点。他告诉董事会,我说的关于铸铁的情况完全属实。有一天晚上,他乘坐的轻便马车在夜间撞到了一根由铸铁制造的灯柱,灯柱当即断成了几段。如果我承认这是老天在帮我,佩里·史密斯先生就是那位执行天意的人,我会受到责备吗?

"啊,先生们,"我说,"这就是问题的关键。你们多花些钱就可以得到一座由熟铁制造的坚不可摧的桥梁,它可以抵抗任何轮船的撞击。我们从来没有,也永远不会制造廉价的桥,我们的桥是不会倒的。"

接下来,大家陷入了沉默。该桥梁公司总裁、伟大的参议员艾利森先生问我是不是可以离开片刻。于是我走出了会议室。不久,他们让我回来,表示愿意跟我们签订合同,前提是我们把价格降低几千美元。我同意做出让步。由于那个由铸铁制造的灯柱碰巧被撞断,我们得到了这份利润丰厚的合同。更重要的是,我们因为战胜所有竞争对手获得这项桥梁工程而声名大震。这件事情还让我与美国最优秀、最可贵的公众人物之一——艾利森参议员,建立了长达一生且牢不可破的友谊。

这一则故事的寓意很明显。如果你想得到一份合同,那么到现场去。如果你在现场,一个被撞坏的灯柱,或是其他意想不到的事情,都可能帮助你得到这份合同。而且如果可能的话,在你拿到已经签字的合同之前不要离开,我们在迪比克就是这样做的。虽然有人说我们可以先离开,合同会稍后寄给我们,我们还是选择留了下来,也想借机游览一下迪比克内更多的迷人风景。

史杜本维尔的桥梁建成后,巴尔的摩和俄亥俄铁路公司需要在帕克斯堡和惠灵再建设两座跨俄亥俄河大桥,以防止他们的劲敌——宾夕法尼亚铁路公司占据绝对优势。渡轮时代正迅速结束。在争取这些合同的过程中,我有幸结识了一位当时身居要职的人物,即巴尔的摩和俄亥俄铁路公司的总裁加勒特先生。

我们渴望得到这两座桥梁及其所有引桥的合同,但是我发现加勒特先生坚定地认为,我们没有能力在规定的时间里完成所有工作。他打算在自己的车间里建造引桥和小跨度桥梁,并且问我是否允许他们使用我们的专利。我回答说,如果巴尔的摩和俄亥俄铁路公司要使用我们的专利,我们会感到十分荣幸。巴尔的摩和俄亥俄铁路公司的认可可媲美十倍的专利费用。他们可以使用我们所有的专利。

显然,我们给这位伟大的铁路大亨留下了很好的印象。他对我们十分满意,更让我无比意外的是,他把我带进他的私人房间,与我就一般事务进行了一次坦诚的谈话。在谈话中,他特别提到了他与宾夕法尼亚铁路公司的总裁汤姆森先生和副总裁斯科特先生的不和,而他知道这两人都是我特别的朋友。于是我告诉他,我来见他时途经费城,斯科特先生曾问我要去哪里。

"我告诉他我要去拜访您,争取获得这两座俄亥俄河大桥的合同。斯科特先生说我一般不会跑冤枉路,但是这次我一定会无功而返。他说加勒特先生决不会和我签合同,因为每个人都知道我是宾夕法尼亚铁路公司的前雇员,一直对老东家比较好。我说,我们一定会得到这两座桥的合同。"

加勒特先生立即回答说,在他公司的利益受到威胁时,他们只选最好的承包商。他的工程师们向他报告过,我们的方案是最好的。斯科特和汤姆森会看到他只遵循一条原则,那就是他公司的利益至上。尽管他十分清楚我曾是宾夕法尼亚铁路公司的员工,但是他认为这份工作还是应该交给我们。

我对谈判的结果仍然感到不满意,因为我们承担了整个工程中所有困难的部分,即大跨度桥梁,其风险相当之大;而加勒特先生则是在自己的工厂里,使用我们的方案和专利生产那些利润丰厚的小跨度桥梁。我大胆地提出来一个问题,即他是不是真的认为他的砖石结构完成时,我们的工程进度不能保证桥梁在规定的时间里开通,因此才决定将整个工程拆分开。他承认是这个原因。我告诉他在这方面不必担心。

"加勒特先生,"我说,"你认为我个人的保证金是有利的担保吗?"

"当然。"他说。

"那好,"我说,"那么请接受我的保证金吧。我知道自己在做什么,我愿意承担风险。如果我们要整个项目,你认为需要多少保证金来保证大桥在规定时间里开通?前提条件是,你要负责把砖石结构准备好。"

"我要你拿出10万美元,年轻人。"

"好的,"我说,"准备好你的合同,把整个项目都给我们吧。我的公司不会让我损失10万美元的,你知道的。"

"是的,"他说,"我相信如果你以10万美元作抵押,你的公司会夜以继日地工作,而我会如期得到我的大桥。"

就这样,我们拿下了巴尔的摩和俄亥俄铁路公司的巨大项目。不用说,我后来没有赔掉保证金。我的搭档们比加勒特先生更了解这项工程,在俄亥俄河上建大桥可不是开玩笑的事情,因此早在他们的砖石结构准备好之前,我们已经完成了合同中规定的所有工作。我们把桥梁的上层结构运到河岸上,等加勒特先生仍在建造中的大桥下部结构完工。

加勒特先生以自己拥有苏格兰血统而感到自豪。我们曾一起讨论过彭斯,而自那之后我们就成为了好朋友。他后来带我去他在乡下的豪宅。他是当时为数不多的享受乡村绅士一般奢华生活的美国人,他的房子周围有数百英亩的开阔土地,公园般的行车道。他家中养着一群纯种马,还养了牛、羊和狗,完全是书中描述的英国贵族的乡村生活。

后来,加勒特下定决心要让自己的铁路公司介入钢轨生产,并申请使用我们的贝西默炼钢专利。这对我们来说是一个非常关键的时刻。巴尔的摩和俄亥俄铁路公司是我们的优质客户，因此我们自然希望阻止他们在坎伯兰建立轧钢轨厂。建立这个工厂对巴尔的摩和俄亥俄铁路公司没有好处，因为我确信从我们这里购买钢轨比他们自己小批量生产钢轨成本更低。于是我去找加勒特先生谈这件事情。他那时对巴尔的摩港繁忙的外贸业务和大量的轮船往来颇为得意。在他的几个随从的陪同下，我们驱车前往他准备扩建的码头。当外国货物从轮船上被卸载下来，而后放到铁路车厢里时，他转过头对我说：

"卡内基先生，你现在知道我们的体系有多么庞大了吧。我想你也应该明白了为什么我们需要自己生产所有的东西，甚至包括钢轨。我们不能依靠私人企业提供我们需要的重要物品，我们要建立一个自己的世界。"

"那好，"我说，"加勒特先生，这看起来很壮观，但是你的'庞大体系'并没有吓倒我。我读过你们去年的年度报告，看到你们通过为别人运输货物进账1400万美元。而我负责的公司自己在山中开采原料，自己生产产品，我们的销售额远远超过你们。与卡内基兄弟公司比起来，你的公司真的很小。"

我在铁路工作的经验这时派上了用场。从此以后，我再也没听说巴尔的摩和俄亥俄铁路公司与我们竞争。加勒特先生和我成了一生的好朋友，他甚至送给我一条他自己养的苏格兰牧羊狗。虽然我曾经是宾夕法尼亚铁路公司员工，但是我们身上共同流淌的苏格兰人血液让这一事实变得微不足道。

第十章　炼铁厂

我对拱顶石桥梁厂一直爱护有加，把它视为其他几家工厂的总厂。但是它们成立后不久，熟铁之于铸铁的优势变得显而易见。因此，为确保质量统一，并且制造一些很难在其他地方买到的型材，我们决定开始自己生产铁。我弟弟和我、托马斯·N.米勒、亨利·菲普斯以及安德鲁·克罗曼合股建立了一座小型炼铁厂。1861年11月，米勒和克罗曼首先加入，而后来又把菲普斯也带了进来，并借给他800美元用于购买六分之一的股份。

我必须说明，米勒先生是我们炼铁项目的创始人，我们都非常感谢他。他至今仍然在世（写作这段话时，时间为1911年7月20日），性格还那么甜美、可爱。这是一位随着岁月流逝，愈加显得可贵的朋友。随着年纪增长，他的脾气小了一些，他痛斥伪神学时的神情不那么吓人了。当我们年老时，我们都倾向于变得更加贤明，也许这是件好事。（1912年7月19日，当我在苏格兰的休假胜地奥尔特纳加重读这段文字时，我为我亲爱的朋友掉下了眼泪。亲爱的汤姆·米勒去年冬天在匹兹堡去世了。我和太太一起参加了他的葬礼。他去世之后，我感觉生活中少了许多东西。他是我早年时候的第一位伙伴，我晚年时期最亲密的朋友。我可以随他而去吗，不论是去哪里？）

安德鲁·克罗曼在阿勒格尼市有一家锻钢厂。作为宾夕法尼亚铁路公司的主管，我发现他制造的车轴质量最好。他是一位出色的技工，他认识到机械加工优势，而这在当时的匹兹堡并未为人知晓。

作为德国人的后代,他考虑问题很深入。他制造的东西价格昂贵,但是非常耐用。在那个时代,人们对车轴可以安全使用多长时间心里没底。当时没有材料分析这样的科学评测手段。

这位德国人发明了多少东西啊!他是第一位使用冷锯来精确切割冷铁的人。他发明了顶锻机,以用于生产桥梁链接,他还制造了美国第一台"万能"轧钢机。所有这些设备都在我们的工厂里投入了使用。当伊兹上尉找不到适用于圣路易斯大桥拱形结构的拷贝林①时(承包商没有做好),我们的工程陷于停顿。这时,克罗曼告诉我们他可以做,并且解释为什么其他人做不了。他成功地制造出了所需部件,那是当时人们制造出来的最大的半圆形部件。我们对克罗曼的信任可以从如下的一点看出来,那就是如果他说他能行,我们就会毫不犹豫地与客户签约,保证我们能提供那种东西。

我曾经提到我们家和菲普斯一家人的亲密关系。早年间,我的主要玩伴是家里的老大约翰,他弟弟亨利比我小几岁。但是,我注意到他是一个聪明伶俐的孩子。有一天,他向哥哥约翰借一块25美分硬币。约翰看出来他有重要的事情,什么也没问就把一块闪闪发光的硬币给了他。第二天早晨,人们在《匹兹堡快报》上看到一则广告:

"一个小男孩愿意工作。"

这就是那位精力充沛的哈里②花25美分硬币做的事情,这也许是他人生中一次性花的第一枚25美分硬币。广告登出后,哈里收到了著名的迪尔沃斯和比德维尔公司的反馈,他们让这个"愿意工作的小男孩"去他们办公室一趟。哈里如约前往,并得到了一份跑腿的工作。按照当时通常的做法,他每天早上的第一件工作是打扫办公室。他去征求父母的意见,并得到了许可,这位小伙子就从此开始

---

① 拷贝林(coupling)是不锈钢管道连接件。
② 哈里(Harry)是亨利(Henry)的昵称。

了他的职业生涯。没有什么事情能拦住这样的孩子。正如人们常预料的那样,不久,他的出色表现让雇主觉得他不可或缺,于是他在公司的一个附属分支机构获得了一小支股份。此后,他继续寻找机会,几年后引起了米勒先生的注意。米勒先生帮助他入股了一家他和安德鲁·克罗曼合办的工厂,这就是后来位于第二十九大街上的炼铁厂。哈里是我弟弟汤姆的同学和密友。他们在小时候一块玩耍,而且直到1886年我弟弟去世,他们都是好朋友,而且是商业上的合作伙伴。不论投资什么公司,他们所持股份都相同。一个人做什么,另外一个人也做什么。

这个跑腿的小男孩现在是美国最富有的人之一,他已经开始向人们证明自己知道如何分配他的财富。多年以前,他在阿勒格尼和匹兹堡市的公园里捐建了漂亮的暖房。他特别要求这些暖房要在星期天开放,这说明他的确是一位不同寻常的人物。这项捐赠条款引起了很大轰动。牧师们在讲坛上谴责他,教区会议也通过决议反对这种亵渎主日的行为。但是人们集体起来,反对教会这种狭隘的思想。市议会非常隆重地接受了这件礼物。在回应牧师们的指责时,我这位搭档说了这么一番话,从中可以看出他是一位头脑多么清醒的人。他说:

"这对你们来说没有什么,先生们。你们每星期只工作一天,其他六天可以自由支配,有时间欣赏大自然的美丽。对你们来说也许没什么。但是你们知道,劳动人民每星期只有一天是可以自己支配的,如果你们不让他们在这一天享受特别为他们准备的东西,这是十分可耻的。"

还是这些牧师们,他们最近在匹兹堡的会议上争论是否要在教堂引入器乐。但就在他们为此进行辩论的同时,聪明人开始在星期天开设博物馆、温室和图书馆了。除非教堂中的人士能够很快了解如何更好地满足人们在世上的真正需求(今世是人类从事全部活动的唯一场所),做出较现在好得多的实事,否则那些吸引大众的竞争者们会很快让他们的教堂变得空空荡荡。

令人遗憾的是,克罗曼和菲普斯不久后与米勒在经营上发生分歧,并迫使后者离开了这家工厂。我认为米勒受到了不公正的对待,于是与他合作成立了一家新工厂,这就是1864年成立的塞克洛珀斯工厂。新工厂开始运行后,我认为新旧工厂合并是可行且明智之举,于是在1867年将它们合并组建了联合钢铁工厂。米勒先生不愿意与过去的搭档再次合作,但是我认为我能够说服他,因为他以前的搭档在联合工厂中拥有的股份不多,米勒先生、我弟弟还有我拥有控股权。但是米勒先生很固执,他央求我买下他的股份。我努力劝说他放弃前嫌,但是没有成功,于是我不情愿地买下了他的股份。他是爱尔兰人,而爱尔兰人一旦发起怒来是很难控制的。在此之后,米勒先生说他后悔当初没有听从我的耐心劝说。如果他保留原来的股份,作为这家工厂的创始人,他一定会得到应有的回报,为自己以及后人带来百万家财。

我们当时在制造业经验不足,只为塞克洛珀斯工厂购买了7英亩的土地,因为当时我们觉得这样的面积已属巨大。有几年,我们还把部分土地租给其他人使用。但是我们后来发现,就炼铁业务来说,这一小块土地远远不够。克罗曼先生成功地生产出了钢材,在以后的许多年里,我们在这一领域一直遥遥领先。我们开始在新工厂生产客户需要的各式各样的型材,特别是其他工厂不愿意生产的产品。我们相信,随着国家的成长,对以前需求较少产品的需求量也会大增。其他人不能做或者不愿意做的事情我们都愿意尝试,这就是我们恪守的商业原则。此外,我们只做优质产品。我们一直坚持为来访的客户提供住宿,尽管那会花掉我们一些钱。在出现纠纷的时候,我们让对方获得更多利益,促进事情得到圆满解决。因为这些原则,我们从没有和人打过官司。

在熟悉了炼铁业务之后,我惊讶地发现大家对每个程序的成本搞不清楚。我向匹兹堡的主要炼铁企业询问过这个情况,得到的回复证实了我的发现。炼铁属于大宗生意,只有到了年终清点存货和平衡账目时,企业主才能知道经营情况如何。我曾经听到过这样的事情,有人认为年终结算时工厂会出现亏损,但是却意外地发现是盈利,反之亦然。我感觉我们就像在黑暗中挖洞的鼹鼠一样,这是我不能忍受的。我在全厂坚持推行一套称量和核算制度,以了解每一道工序的成本是多少,特别是每个人在干什么,谁节省了原料,谁浪费了原料,谁的产量最高。

真正做起来,这项工作比预想的要困难得多。工厂的每个经理自然反对推行这种新的制度。多年之后,由于很多员工的支持和量秤的引入,我们最终建立起一套精准的系统。我们在工厂的各个部门设置了量秤,这不仅让我们了解到每个部门的工作情况,而且还让我们知道了熔炉边的每个人的工作情况,并且相互比较。在制造业取得成功的一项重要基础是,要引进并且严格执行完善的核算制度,这样可以把资金和材料的使用责任到人。那些坐在办公室里的企业主们对员工花的5美元也要审查一番,却每天把成吨的原料交给工厂里的工人而不衡量每个人的用料有多少,称一称每一个人的制成品有多重。

在英国,人们已经开始在钢铁加热环节使用西门子的煤气炉,但是不少人认为成本还太高。我清楚地记得,在我们花巨资引进这种新式炉具时,匹兹堡的制造业老大对我们提出了批评。然而,在加热大批量原料时,这种新式的炉子可以减少近一半的浪费。这样看来,多花点钱是值得的,即使是双倍的价钱。许多年之后,人们才开始仿效我们的做法。那时,企业利润通常比较低,我们大部分的利润是通过采用新设备,减少成本得来的。

借助严格的核算体系,我们得以了解加热大批量铁时可能出现的巨大原料消耗量。这项可贵的改进是由一位职员提出的,他的名字是威廉·邦特雷耶,是克罗曼先生来自德国的一个远亲。有一天,他突然拿了一份报告给我们看,报告中详细列出了某一时期的统计结果，真是令人难以置信。他完全是在没有人要求，并且我们毫不知情的情况下夜间加班完成的这项报告。他制作的表格非常有新意。不用说，威廉不久即成为这家工厂的主管，后来成为一位合伙人。这个德国的穷小子在去世时已经成为百万富翁了。他理应变得富有。

1862年，宾夕法尼亚的巨大油田引起了人们的注意。我的朋友威廉·科尔曼先生，也就是女儿后来嫁给我弟弟的那位先生，对这一发现兴趣浓厚，他非要拉我陪他去油田现场看一看。这是一次非常有意思的旅行。当时已经兴起了采油热，大量的人群涌入这个地方，以至于不少人找不到住的地方。不过，这点事情难不住这些人，他们几个小时就搭起一座窝棚，而且很快配齐各种生活用品。他们都不是平凡人，他们平时省吃俭用，为的就是去各地探险，寻找财富。

而让我大为吃惊的是，四处洋溢着乐观的情绪。看上去这里像是在举行一次大型野餐会，经常会遇到有趣的事件。每个人都意气风发，好像财富近在咫尺，唾手可得。一切都显得生气勃勃。在油井井架上飘扬着各式旗帜，上面印有奇特的格言。我记得当我俯瞰下面的河流时，看到两个人正在河岸上踩动踏板，驱动钻井设备。他们的旗帜上写着"要么下地狱，要么上天堂"。他们一心往下钻，不在乎需要钻多深。

在这里可以更为清楚地看到美国人的适应性。最初乱糟糟的场面很快有了秩序，当我们不久后再次来到这个地方时，发现河边的新居民已经组织了一支铜管乐队。不夸张地说，到了一块新土地后，1000个美国人会迅速地自动组织起来，建立起学校、教堂、报社和铜管乐队。简言之，他们会引入所有文明社会的发明，并推动国家的发展。而这时英国人还在忙于寻找一个社会地位最高，并且受祖父影响最有资格担任领导的人。美国人只有一条准则，那就是能力强的人做领导人。

今天，石油湾已经是一个有数万居民的小镇，而河湾另一头的泰特斯维尔情况也差不多。最初这个地方每季只能出产几桶油，而且主要是由当地的塞讷卡印第安人用毯子从水面上收集起来的，但现在这里已经出现了多个镇子和炼油厂，吸引了数百万美元的投资。早期采油的方式非常原始，人们把采集到的石油倒入平底船里，船体漏油十分严重。河水会流进船里，船里的油会溢到河水中。河水多处设有大坝。在一个规定好的日子，这些大坝会开闸放水，水流会托起平底船，把它们送到阿勒格尼河里，然后驶往匹兹堡。

就这样，不仅是这条河湾，就连阿勒格尼河上都漂浮着石油。据估计，在运输到匹兹堡的这段航程中，流失的石油足有三分之一。而在运油船启动之前，已经有三分之一的油发生了泄漏。最初，由印第安人收集的石油被运送到匹兹堡后，有人把它装到瓶子里，以药品的名义高价出售，一美元只能买一小瓶。人们传言这种东西能够治愈风湿病。随着供应量越来越大，瓶装的石油越来越不值钱了，石油治病的特性也消失了。那时候的人是多么愚蠢啊！

最好的油井位于斯托里农场。我们在这里以4万美元的价格收购了其中的一个。科尔曼先生建议，我们应该挖掘一个可以储存10万桶石油的大湖（每天补足自然消耗的油量），等待地下石油用完的时候再出售。我们立即开始行动。但是在损失了数千桶石油之后，石油资源依然没有枯竭的迹象，于是我们被迫放弃了这个储油湖。科尔曼先生当初的想法是，当石油资源紧缺时，石油价格会涨到每桶10美元，那么我们储存在河内的石油就能带来百万美元的收入。我们没有想到的是，大自然的石油储藏好像是无穷无尽的，一直保持着每天数千桶的产量。

到目前为止，这笔4万美元的投资是回报最好的一次投资。在我们最需要钱的时候，它给我们带来了可观的收入。在匹兹堡建设一座新工厂不仅需要投入我们所有的积蓄，而且还要使用我们的信用，不过回头看，当时我们的信用在年轻人中应该是相当好的。

由于对石油产业发生了兴趣，我曾多次前往那个地区，还在1864年去了俄亥俄州的一块油田。有人在那里打出了一口大油井，从这口井里出来的石油品质特殊,很适合做润滑剂。同科尔曼先生和大卫·里奇先生去大油田的这次旅行是我经历中最奇特的一次旅程。在距离匹兹堡几百英里的地方,我们离开铁路线,进入了一个人烟稀少的地区,前往达克湾附近考察那口巨大油井。我们买下了这口油井,然后往回返。

在回来的路上,我们经历了一次冒险。我们去的时候,天气和道路状况都非常好,但是在我们逗留期间开始下雨。我们坐上马车往回返,可是走了不久就遇到了麻烦。道路泥泞不堪,我们乘坐的马车走得很艰难。马车外面大雨如注,看起来我们需要在马车里过夜了。科尔曼先生身体平躺在马车的一边,里奇先生躺在另外一边。我当时身体比较瘦,只有100多磅重,被他们两个大胖子夹在了中间。马车在异常颠簸的路途中断断续续前行了几米,很快就陷入泥泞中。我们就这样在马车上过了一个晚上。在车篷前面有一个座位,我们将头放在下面。尽管条件艰苦,但这一晚我们感觉很愉快。

第二天晚上,我们成功抵达一个极其简陋的小镇。我们看到一个小结构的教堂,里面亮着灯,还传出了钟声。我们刚刚到达一处小酒馆时,发现眼前出现了一群人。他们说他们一直在等我们,会众都到齐了。看来他们在等待一位著名的牧师,毫无疑问他和我们一样在路上耽搁了,我被误认为是那位还没有到的牧师。有人问我多久可以做好准备,和他们一起去会议室。我和伙伴们差点想和他们开一个玩笑(我们想找些乐子),但是我觉得自己太累了,不想再去了。这是我最接近牧师讲堂的一次机会。

鉴于我的投资需要我投入更多个人精力,我于是决定离开铁路部门,全身心投入自己的事务。令我感到荣幸的是,在我做这个决定前不久,宾夕法尼亚铁路公司的总裁汤姆森先生曾经邀请我去费城。他打算提升我为总监助理,让我前往位于阿尔图纳的公司总部,在刘易斯先生手下工作。我谢绝了他的邀请,告诉他我已经决定完全放弃在铁路行业的工作,打定主意挣大钱。我发现在铁路公司踏实工作无法挣到如此的高薪，我不愿意通过间接方式赚钱。晚上，我躺在床上，等待那最高的法庭——我内心的法官，批准我的想法。

我在写给汤姆森总裁的告别信中再次说明了我的想法，他回信向我表示热烈祝贺。1865月3月28日，我离开了在铁路公司的岗位。我在铁路公司时的员工送给了我一块金表。我非常珍惜这份礼物以及汤姆森先生的回信，他们都属于我最珍贵的纪念品。

下面的信是写给匹兹堡铁路段员工的：

致匹兹堡铁路段的官员和员工

先生们：

在这即将分别的时刻，我怀着遗憾的心情向你们说再见。

在这过去的12年里，我们一起为宾夕法尼亚铁路公司工作，期间相处得非常愉快，我对那些与我一起诚恳工作的人怀有深刻的感情。即将到来的改变让我感到痛苦的唯一原因是，因为这一改变，我在未来将不能再和往常一样与你们，以及其他各个部门的许多人有密切交往。在过去的工作交往中，你们成为了我的私人朋友。我向你们保证，虽然我们之前的工作关系即将结束，但我永远不会忘记我们在匹兹堡铁路段工作期间的快乐时光，不会停止对你们的关注。我相信我们将会在未来很多年继续为宾夕法尼亚铁路公司的成功贡献自己的力量，并且为它的繁荣而自豪。

非常真诚地感谢你们对我表达的善意，感谢你们一直那么热诚地努力满足我的要求，我希望我的继任者继续得到你们同样的支持。再见了。

安德鲁·卡内基（签名）敬上
1865年3月28日
于宾夕法尼亚铁路公司匹兹堡主管办公室

从那以后，我再也没有为薪水而工作。一个人需要有一小块听命于人的领域。即使成为大公司的总裁,一个人也说不上可以自己做主,除非他能够控股。即使那些最优秀的公司总裁也会受制于董事会和股东,虽然这些人对公司业务了解不多。但让我非常高兴的是,我现如今最好的朋友都来自我昔日在宾夕法尼亚铁路公司一起工作过的同事。

1867年,菲普斯先生、J. W. 范迪沃特先生和我再一次回到欧洲,并且去了英格兰和苏格兰的很多地方,以及欧洲大陆。范迪①已经成为我最亲密的伙伴。我们都曾读过贝雅德·泰勒的《背包走欧洲》一书并且深受其鼓舞。当时正处于采油热,石油股票价格扶摇直上。一个星期天,我躺在草地上,对范迪说:

"如果你有3000美元,你愿意拿它和我一起去欧洲旅行吗?"

"你这个问题就像是问鸭子会去游泳吗?或者爱尔兰人会吃土豆吗?"他回答说。

范迪花几百美元购买了石油股票,并且很快从中挣到了旅行所需的3000美元。我们的旅行马上就可以开始了。我们邀请我的搭档,已经很富有的哈里·菲普斯,与我们一起去。我们游遍了欧洲大多数国家的首都。怀着年轻人的热情,我们登上了每一座教堂的尖塔,困了就睡在山顶上,随身的背包里装着我们的行李。我们在威苏威火山结束了这次欧洲之旅,并且决定有一天我们要环游世界。

这次欧洲之旅让我大受启迪。在此之前,我对绘画或者雕塑还一无所知,但是我不久就能说出哪些是大画家的作品来了。一个人在观看这些大师的作品时,也许当时并没有欣赏到那些大师之作的不凡之处,但是回到美国后,他发现自己会无意识地排斥以前认为很美的作品,开始用一种新的眼光评判眼前的作品。那些真正伟大的作品让他印象深刻,以至于假冒伪劣或自命不凡的作品在他眼里已经失去了吸引力。

---

① 范迪(Vandy)是范迪沃特(Vandevort)的昵称。

这次欧洲之行也让我第一次享受了音乐盛宴。我到达伦敦时，恰好赶上水晶宫正在举行亨德尔周年纪念。此前，我还没有机会欣赏到如此震撼、庄严的音乐，我以后也没有经常能听到。我在水晶宫，以及后来在欧洲大陆的教堂和歌剧院里听到的音乐，显然增强了我对音乐的欣赏力。在罗马，教皇的唱诗班以及教堂里的圣诞节和复活节庆祝音乐好像让人感受到壮观的高潮氛围。

这次欧洲之行从事业角度看也很有意义。一个人需要从伟大的合众国的繁忙事务里走出来，才能够对它的发展速度有正确的评价。我曾经以为由于美国人还不够富裕，像我们这样的企业不能发展得很快。但是我到国外后发现，一切都好像停滞不前。欧洲除几个首都之外，大陆上的一切好像几近停顿。而在美国，到处都是忙碌的景象，就像图画书中描绘的巴别塔建设的盛景那样，成百上千的人跑来跑去，人人争先恐后都在致力于建设一座宏伟的大厦。

我们要感谢我的堂兄多德（乔治·劳德先生），他推动我们的工厂取得了新的技术进步，一项在美国首屈一指的技术进步。是他把科尔曼先生带到英格兰的威根，向他解释了对煤矿中的渣煤进行清洗和焦化的过程。科尔曼先生此后一直向我们建议，如果我们使用那些矿中丢弃不用的煤渣，那将是一件多么美好的事情；而之前丢弃处理废煤渣还着实是一项花费支出。我堂兄多德是一位机械工程师，曾师从格拉斯哥大学凯尔文勋爵，他完全支持科尔曼先生的想法。于是，1871年12月，我着手在宾夕法尼亚铁路沿线投资建设这样的工厂。我们与几家龙头煤炭公司签订了十年的煤渣购买合同，并且与铁路公司签订了同样期限的运输合同。劳德先生来到了匹兹堡，多年负责监督整个焦化流程，并且开始建设美国第一家洗煤机械制造厂。他的工作大获成功（他在采矿或机械方面的经营从来没有失败过），并很快收回了建厂成本。难怪我的伙伴们都非常想把这座焦炭厂纳入我们的总公司，这样一来他们不仅能得到这座工厂，还能得到劳德。多德成功了。

我们不断增加炉子的数量,最后总数达到了500座,每天洗煤量近1500吨。每次经过拉里莫车站附近的这些焦炉时,我都会想:如果一个让之前一株草的生长之地生长两株草的人是公认的慈善家,并且他让两株草竞争生长的话,那些把以前多年来抛弃在河岸边一无所用的废物变为优质焦炭的人是有理由感到骄傲的。无中生有的事很棒,而作为在美洲大陆第一家做这件事的公司,我们也很了不起。

邓弗姆林的莫里森堂兄的儿子也成为我们很重要的搭档。一天,我正在巡查车间,工厂的主管问我是否知道我有一个亲戚在这里工作,这个人是一位非常出色的技工。我说我不知道,并且说四处巡查的时候可以和他聊聊。见面后,我问他的名字。

"莫里森,"他回答,"我是罗伯特的儿子。"罗伯特即我的堂兄鲍勃。

"那你是怎么到这儿来的?"

"我想我们在这里可以过上更好的生活。"他说。

"谁和你在一起?"

"我妻子。"他回答。

"为什么你不先来看我,也许我可以把你介绍到这儿?"

"只要给我机会工作的话,我觉得不需要帮助。"

这就是莫里森家族的本色,他们从小受到的教育就是要自立。不久,我就听说他被提升为我们在迪由肯新工厂的主管。在那个位置上,他继续稳步发展,现在是一位很富有,但仍然很理性的百万富翁。我为汤姆·莫里森感到骄傲。(昨天我收到了他的来信,信中他邀请我和夫人过几天参加卡内基学院的年度庆祝时,去他家做客。)

我一直建议我们的工厂要扩大规模,并且围绕钢铁生产拓宽经营领域。在我看来,美国的钢铁生产尚处于初级阶段。因为美国对进口产品征收关税,完全不必要为以后的发展担心。我清醒地认识到，南北战争坚定了美国人民自主建立国家的决心，在涉及国家安全的事情上要完全独立于欧洲。美国以前不得不进口她所需要的各种钢材和大多数铁，而主要供应商就是英国。美国人民要求在钢铁产品方面实现自给自足，而美国国会已经决定对进口钢轨从价征收百分之二十八的关税，在当时相当于每吨28美元。当时铁轨的售价是每吨100美元。而其他关税率都按一定比例。

政府的保护对美国制造业的发展起了很大作用。在内战之前，是否要保护国内制造业是一个党派问题。南方支持自由贸易，认为征收关税只对北方有利。英国政府对南方政权的支持，以及阿拉巴马州武装民船的袭击行为，引起人们对英国政府的愤怒，尽管英国的大多数普通人是喜欢美国的。在这种情况下，征收关税已不再是一个党派问题，而成了整个民族的问题，获得了两派的支持。开发重要的资源也已经被视为爱国行动。国会中不少于百分之九十的北方民主党人，包括众议院议长，在这一点上都达成了共识。

资本开始放心地进入制造业，因为人们相信国家会尽可能长地保护制造业。在南北战争过去多年之后，有人提出要削减关税，而我则责无旁贷地被卷入这场纠纷之中。很多人说，制造商贿赂国会议员已经成了家常便饭。至少就我知道的而言，这种指责没有根据。当然，制造商们为钢铁协会的运转筹集了一些资金，但那每年也不过几千美元，从未超出协会的正常需求。不过，他们确实是不遗余力地资助反对自由贸易的行动。

在我的积极配合下，钢材产品关税逐渐降低，一直由原来的每吨钢轨28美元降为每吨7美元，是原来的四分之一。（而今天，即1911年的关税大约是以前的一半，而且下一次修定案时，关税税率会全部取消。）克利夫兰总统推动大幅降低关税的做法耐人寻味。这项新关税法案伤害了很多地方的利益，如果得以通过，那么不止有一家制造企业会受到伤害。于是，我受邀赴华盛顿去帮助修改、完善这项"威尔森法案"。参议院民主党领袖戈尔曼参议员、纽约州州长弗劳尔以及很多优秀的民主党人士都像我一样属于温和的贸易保护主义分子,其中一些人倾向于反对威尔逊法案,认为它过于严厉,而且势必会削弱国内的一些产业。戈尔曼参议员对我说,他像我一样不愿意伤害国内的生产企业,他认为他的伙伴们都信任我,并且有信心在我的引导下争取维持适当的钢铁产品进口税率,条件是我们必须接受大幅降低税率,共和党参议员一致支持此种性质的法案通过。我记得他这样说:"如果我和总统对着干并能打败他,这没有什么问题;但是如果我和他对着干却被打败了,那情况就很糟糕了。"

弗劳尔州长认同这些观点。如果我提议大幅度降税,那么获得我们这一方的同意应该不成问题。威尔逊-戈尔曼关税法案于是获得通过。我后来见到戈尔曼参议员时,他解释说,他必须在棉花相关法案上作出让步,才得以获得几位南方参议员的支持。棉花市场实现了自由贸易,关税立法得以顺利通过。

我当时在制造业的地位还不够突出,因此不能参与内战后迅速确立钢铁关税的决策。因此,我一直倾向于削减关税,反对两种极端主义者——不合理的贸易保护主义者,他们认为关税越高越好,不同意对关税做任何削减;另外一种是反对征收任何关税的极端主义者,他们希望实行完全的自由贸易。

钢铁产品关税在我国钢铁产业发展初期非常重要,但是我们现在(1907年)已经可以做到取消所有钢铁产品关税,而不对国内产业造成损害。欧洲的钢铁供应富余量不大,因此一旦美国的钢铁价格上涨过快,从欧洲过来的钢材会只有一点点,而且会导致欧洲的钢铁价格迅速上涨,因此国内钢铁企业不会受到严重影响。需求过盛时自由贸易只会短时间内抑制价格猛涨。国内钢铁企业根本没必要害怕自由贸易。(最近,即1910年,在华盛顿的关税委员会面前,我据实陈述了这样的观点。)

第十一章　在纽约设立总部

随着企业的扩张,我需要经常去东部地区,特别是纽约。就像英国的伦敦一样,纽约是美国所有真正的大企业的总部所在地。没有哪一家大企业可以不在纽约设立办公地点就可以飞快发展。由于我弟弟和菲普斯先生已经能够完全承担其在匹兹堡的工作,我的工作就变成了统筹公司的大政方针以及商议重要合同。

我弟弟很幸运地与露西·科尔曼小姐,也就是我们一位最重要的合伙人朋友的女儿,结为连理。我们把位于霍姆伍德的住宅让给这对新人居住,而我必须又一次与熟悉的环境告别了。1867年,我离开匹兹堡,搬到了纽约。这次改变对我来说有点困难,对我母亲来说更是如此。但是,母亲正处于人生的黄金时期,而且只要我们两个人在一起,不论在哪里我们都很快乐。然而,她还是不太舍得离开我们原来的家。对我们来说,纽约是一个全然陌生的城市。我们先在当时处于全盛时期的圣尼古拉斯宾馆住下,我在布罗德街设立了一间办公室。

在一段时期里,匹兹堡朋友的来访是让我们最高兴的事情,匹兹堡出版的报纸也让我们倍感亲切。我经常去匹兹堡,而且不时也带母亲去,因此我们与老家的联系得以维持。但是一段时间之后,我们在纽约当地结交了新朋友,发现了新的让我们感兴趣的事情,我们开始把纽约看作自己的家了。当圣尼古拉斯宾馆的老板在纽约富人区投资的温莎酒店开业后,我们把家搬到了那里。一直到1887年,我们一直在那里居住。酒店的一位老板霍克先生成了我们最重要的朋友之一，与他同名的他的侄子也是。

在纽约，在教育方面对我影响最大的莫过于由科特兰·帕尔默先生和夫人主办的"十九世纪俱乐部"。该俱乐部每月一次在帕尔默先生家里举行，大家可以在这里讨论各种话题。它很快就吸引了许多优秀的男士和女士。在博塔夫人的帮助下，我成为了这个俱乐部的会员。博塔夫人是一位杰出的女性，丈夫是教授，他们经常在家中的客厅里举办沙龙。有一天，我有幸受邀去博塔夫妇家中用餐。在那里，我与几位名人初次见面，其中一位成了我终生的好友和贤明的顾问安德鲁·D.怀特先生，他时任康奈尔大学校长，后来担任驻俄国和德国大使，并且作为美国的首席代表出席海牙会议。

"十九世纪俱乐部"是一个的的确确让大家自由辩论的场所。在这里，有才华的男士和女士以适当的形式讨论当时最热门的话题，每个人轮流发言。由于参加的人越来越多，私人住宅显得狭小。于是，每月集会的地点转到美国美术馆。我记得我作为演讲人参加的第一次活动主题为"高贵的美元"，那次首先发言的是托马斯·温特沃斯·希金森上校。这是我在纽约人面前的首次亮相。之后，我经常发表演讲。这是一项很好的锻炼，因为为了每次的出场，演讲人必须进行阅读和学习。

由于在匹兹堡生活的时间比较长，我深深浸染了当地的制造业精神，我指的是与投机心态相对照的一种精神。我在电报员的岗位上了解了很多事情，包括在纽约股票交易所进行交易的一些匹兹堡人士和企业。我非常关注这些人和企业的发展。在我看来，他们所做的事情简直就是一场赌博。我那时候还不知道因为做投机生意（要掩饰这一点很难），所有这些人的信用已经严重受损。当时这种大公司的数量非常少，我甚至扳着手指都能数得出来。在那个时期，匹兹堡石油和股票交易所还没有建立起来，证券公司没有必要在匹兹堡设立与东部股票交易所进行专线电报联系的营业点。当时的匹兹堡显然只是一座制造业城市。

让我感到意外的是,纽约与匹兹堡的时局差别如此之大。在纽约,不在华尔街参与大大小小股票交易的人非常少,实业家也是如此。在这里,人们纷纷向我咨询关于我曾就职过的铁路企业的情况,有人甚至提出愿意拿出投资资金让我来管理。他们认为,我对这一行业有深入的了解,我可以保证他们的投资获得成功。人们邀请我去参加他们的聚会,旨在暗中筹划收购某些产业的控股权。实际上,我正在接触诱人面纱下投机行业的真实景象。

我拒绝了全部诱惑,其中最有诱惑力的是我搬到纽约温莎酒店后不久的一天上午接到的。当时个人事业正如日中天的杰伊·古尔德先生找到我说,他听人说起过我,他愿意购买宾夕法尼亚铁路公司的控股权,并且如果我同意管理这家公司的话,他会给我经营利润的百分之五十。我向他表示感谢,但是告诉他,虽然斯科特先生和我在业务上已经分道扬镳,但是我永远不会与他作对。后来,斯科特先生告诉我,他听说了纽约的企业已经选择我来接替他。我不知道他是如何知道这些的,因为我从未向他提过这件事。我安慰他说,我只会在自己拥有的铁路公司担任总裁。

时光带来的变化真是奇妙。大约 30 年后,1900 年的一天上午,我向古尔德先生的儿子讲了他父亲给我的建议,然后我对他说:

"你父亲曾提出让我掌管伟大的宾夕法尼亚铁路系统。现在,轮到我让他的儿子掌管从东海岸到西海岸的一条国际线路。"

我和他儿子商定了第一步要做的事情,那就是把他掌管的沃巴什铁路延长到匹兹堡。这件事进行得很顺利,我们签署了一项合同,让沃巴什承担我们钢铁公司三分之一的运输业务。当我们正准备对这条铁路进行东扩,让它从匹兹堡延长到大西洋沿岸时,摩根先生通过施瓦布先生找到我,问我是否真的打算退出经营活动。那是在 1901 年的 3 月。我回答说"是的"。我们的铁路东扩计划因此停止。

在我一生中,除了早年间出于投资目的购买了宾夕法尼亚铁路公司的一小支股票外,我从未出于投机目的买卖过任何一支股票。购买第一笔股票时我并没有立即付款,因为银行家们提出可以低息帮我垫付。但是此后,我一直坚持一项原则,那就是只能自己出钱去买东西,只能出售自己拥有的东西。然而,在早年的岁月里,我曾经在经营过程中收购了几家公司,其中一些公司的股票和证券在纽约股票交易所上市交易。因此,我发现自己养成了每天早晨看报纸先看股市行情的习惯。我决定出售在外部企业的所有股份,专心经营我们在匹兹堡的制造企业,而且决心不再持有任何上市公司的股票。除了别人以各种渠道赠送的少量股票外,我严格遵守这项原则。

所有经营制造业的人士以及所有专业人士都应该这样做。对于制造业人士来说,这条规则似乎特别重要,因为他们必须保持头脑冷静,心无杂念。只有这样,他们才能够在面对不断出现的问题时做出明智的决断。从长远考虑,没有什么比得上明智的判断,而一个被多变的股市烦扰的人是难以有明智判断的。股市行情会让人迷失自我,看不到真实的情况,无法判断相关事物的重要性及看清事物的本来面目。他可能视鼹鼠窝为一座大山,而把大山视为不过是一处鼹鼠窝。本应理性做出的决定成了仓促之举。他的所有心思全放在了股市行情上,而不是需要冷静思考的关键点上。投机就像寄生虫一样吞噬人类既有的价值观,而它本身不能创造任何价值。

搬到纽约之后,我从事的第一项重要工作就是在基奥卡克建设一座横跨密西西比河的大桥。宾夕法尼亚铁路公司的总裁汤姆森先生与我签订了整座桥梁结构、桥梁地基、石工和上部结构的合同,约定的报酬是证券和股票。除了经济回报外,这项工程从各方面来说都非常成功。后来,使用这座桥梁的铁路公司陷入破产,他们不能按照合同规定向我们支付工程报酬。此外,另一家对手公司在伯灵顿又建设了一座密西西比河大桥,并且在密西西比河西侧建设了一条通往基奥卡克的铁路。因此,我们预料的丰厚利润没有实现,不过,汤姆森先生和我都没有陷入亏损,只是我们的利润比较微薄。

这座桥梁的上部结构是由我们在匹兹堡的拱顶石桥梁工厂建成的。因为这项工程的原因，我时常要去基奥卡克，在那里我认识了一些非常聪明、令人非常愉快的人物，其中包括里德将军及其夫人，莱顿先生及其夫人。后来，我曾陪一些英国朋友去基奥卡克，在这个被他们视为文明边缘的地方，社交生活的档次之高让这些英国人感到惊讶。一天晚上，里德将军为我们举行了一次聚会，其规模不亚于任何一个英国乡镇举行的此类聚会。来宾中有许多人在战争中战功赫赫，并且在国家机构中担任过要职。

　　因为建造密西西比河大桥而出名之后，负责在圣路易斯建造密西西比河大桥的人找到了我。因为这项工程，我有了第一次大规模融资经历。1869年的一天，负责这项工程的麦克弗森先生（一位苏格兰特点非常明显的人）去了我在纽约的办公室。他说他们正在为建造这座大桥到处融资，他想知道我是否能够劝说东部的一些铁路公司参与这个项目。仔细考察了这个项目之后，我代表拱顶石桥梁厂在桥梁建设合同上签了字。此外，我还得到了首批价值400万美元的股票期权，并且于1869年3月赴伦敦商议销售这些期权。

　　在路上，我准备了一份项目说明书，并且在到达伦敦之后打印出来。在之前来伦敦时，我认识了伟大的银行家朱尼厄斯·S.摩根先生。于是一天早晨，我去拜访他并且向他谈起了这件事情。离开的时候，我给他留下了一份工程说明书。第二天我再次拜访他，我很高兴地发现摩根先生对此事很感兴趣。我向他出售了部分股票，并且为他保留购买其余股票的优先权。但是在征询了律师的意见后，他要求对合同的表述作多处修改。摩根先生说，既然我还要去苏格兰，那么我最好现在动身。我可以写信给在圣路易斯的伙伴，问他们是否同意对合同的修改。而三周以后，等我从苏格兰回来再完成交易也不迟。

　　但是我属于那种不愿意让事情拖延太久的人，于是我告诉他，我明天早晨就可以拿到同意这些修改的电报。跨越大西洋的电报线路已经开通了一段时间,但是我不能确定他们是否能够发送一份如此长篇幅的私人电报。不过,如果我对合同中的每一行文字都标明顺序,并且说明每行哪些地方作了修改,哪些地方有增加或者删减,那么这份电报处理起来应该是比较容易的。在发送这份电报之前,我让摩根先生看了一眼。他对我说:

"年轻人,如果你能做到,我会很佩服你。"

第二天上午,我来到摩根先生的私人办公室里为我准备的桌子旁,发现桌子上有一个彩色的信封,里面是对我电报的回复。回电内容如下:昨晚召开董事会。同意所有修改。"现在,摩根先生,"我说,"我们可以继续了。我认为这份合同正是你的律师们所需要的。"于是,我们很快就签署了相关文件。

在摩根先生的办公室里,我接受了《时代》周刊金融主编桑普森先生的采访,因为我知道从他那里说出的几句话会让交易市场上的债券价格大涨。美国的证券业近来受到猛烈抨击,起因是菲斯克和古尔德与伊利铁路公司的诉讼,以及他们对纽约受理此诉讼的法官的控制。我知道这一情况可能会被用作反对圣路易斯大桥工程的理由,于是决定直面这个问题。我请桑普森先生注意这样一个事实,那就是圣路易斯大桥建设公司是由联邦政府颁发的许可证。一旦需要,美国的最高法院会来处理相关问题,不会让地方法院乱来。桑普森说他愿意在文章中突出这一情况。我把这座大桥描绘成大陆公路的收费站,他似乎对这样的说法比较满意。采访非常顺利。在这位主编走后,摩根先生拍了拍我的肩膀说:

"谢谢你,年轻人。今天上午,你让这些债券上涨了百分之五。"

"那太好了,摩根先生,"我说,"现在请告诉我如何让它们再为您上升百分之五。"

这件事情我做得很成功,我拿到了圣路易斯大桥的工程款,而且利润颇丰。这是我第一次与欧洲银行家谈判。普尔曼先生几天后告诉我,摩根先生在一次宴会上谈到了这次电报事件并且预测:"那位年轻人会扬名立万。"

与摩根先生的谈判结束后,我去了我的故乡邓弗姆林,并且捐建了几个公共浴室。这件事情的意义在于,这是我第一次送出比较像样的礼物。很早之前,在劳德姨夫的提议下,我向俯瞰班诺克本河的斯特灵高地上的华莱士纪念塔基金会捐赠了一笔钱。现在看来,这笔钱的数目不大,但是我那时还在电报局工作,考虑到我当时每个月30美元的收入以及家庭需要的开支,这次捐款的数目还是不小的。我母亲不反对我这次捐款。相反,她为此感到自豪。她乐于在捐款者名单中看到她儿子的名字,而她的儿子觉得他正在做一件成人的事情。多年之后,我和母亲来到斯特灵,在华莱士纪念塔内为沃尔特·司各特爵士半身像揭幕。这是母亲为华莱士纪念塔基金会捐赠的。从早年间的捐款以来,我们已经前进了一大步,至少从经济上来说是这样。但是真正的财富分配还没有开始,我尚处于财富积累的阶段。

1867年,我再次访问欧洲大陆,并且对看到的欧洲景象产生了极为浓厚的兴趣。不过,不能因此说我不关心家里的事务,因为我经常通过信件了解商业上的事情。南北战争让大家认识到,从东部到西部的太平洋沿岸之间应该有铁路联系。国会已经通过法案,鼓励建设这样一条铁路。在奥马哈,工程建设已经开始。根据计划,这条铁路最终要通往旧金山。在罗马期间,有一天我突然想到,这项工程可以比预期更快地完成。既然国家已经决定把它的领土紧紧连接在一起,那么这件事情一分钟也不能耽误。我于是写信给我的朋友斯科特先生,建议与之签订合同,把卧铺车厢引入庞大的加利福尼亚铁路线上。他的回信中有这么一句话:

"年轻人,你真是能抓住机会。"

回到美国后,我继续为这件事情奔忙。我参与的卧铺车厢业务增长飞快,以至于这类车厢供不应求,现在的普尔曼公司于是应运而生。中部铁路公司无法以足够快的速度覆盖整片国土,而从世界上最伟大的铁路中心芝加哥起步的普尔曼先生很快与母公司形成抗衡之势。普尔曼先生还认识到,太平洋铁路将成为世界上最长的卧铺车厢铁路线。在这一点上我们的认识相同。在卧铺车厢领域,无人可以超越普尔曼先生。从普尔曼先生经历的一件事情上,人们可以再次体会到,一些重要事情的成败往往取决于一些细节问题。

联合太平洋铁路公司的总裁经过芝加哥时,普尔曼先生去拜访他。普尔曼先生被领入总裁房间时,发现在桌子上放着一封写给斯科特先生的电报。电报内容是这样的:"我接受你关于卧铺车厢的建议。"普尔曼先生无意识地看到了这份电报,并且获悉了上面的内容。当达兰特总裁走进房间时,普尔曼先生向他解释了这件事情,并且说:

"我相信在得到我的建议之前,你不会对此事做出决定。"

达兰特先生表示他可以等一等。不久,在纽约举行了联合太平洋铁路公司董事会会议,普尔曼先生和我参加了这次会议,因为我们都希望得到这份宝贵的机会。一天晚上,我们在圣尼古拉斯宾馆的楼梯上相遇了。虽然我们以前见过面,但是彼此都不太熟。我们并肩走上楼梯时,我对他说:

"晚上好,普尔曼先生。现在我们俩都在这里,我们不是正让我们两个人都变成一对十足的傻瓜吗?"他并不打算承认什么,他对我说:"你是什么意思?"

我向他解释我们的处境。如果我们互相竞争,我们任何梦寐以求的优势都得不到。

"那好,"他说,"你想怎么办呢?"

"联合起来,"我说,"我们联手与联合太平洋铁路公司打交道。你方和我方组成一家公司。"

"这公司叫什么名字呢?"他问道。

"普尔曼宫殿车厢公司。"我回答说。

这正合他意,也正中我心。

"到我的房间里来,我们谈一谈。"这位杰出的卧铺车厢制造者说。

我们到他的房间进行了详谈。最终的结果是,我们联手得到了这份合同。我们的公司后来并入了普尔曼总公司,我们以太平洋铁路的业务入股。1873年的金融危机爆发后,我被迫卖掉了我的股份,以保护我的钢铁业务。在那之前,我相信我是普尔曼公司最大的股东。

这位普尔曼先生和他的职业生涯都非常美国化,因此关于他我想有必要多说几句。普尔曼先生起初是一位为别人打工的木匠,但是他听到芝加哥的建筑需要加高的消息后,他独自承包了搬迁或者垫高住房的业务,并约定好价格。当然他成功了,而且自此以后成为这一领域主要而且最有名的承包商之一。如果需要将一家大宾馆抬高10英尺而不惊扰到数以百计的宾客,不对其经营产生任何影响,只有普尔曼先生能够做到。他属于那种为数不多的能够一眼看到事物本质的人,而且可以这样说,他总是能够在水流最快的地方游泳。就像我一样,他不久就看出卧铺车厢业务是美国大陆必不可少的一项事物。他起初在芝加哥制造少量的卧铺车厢,并且出售给以芝加哥为中心的铁路线。

东部的卧铺制造公司无法与普尔曼先生这样奇特的人物较量,我不久就认识到这一点。尽管卧铺车厢专利的最初持有人伍德拉夫先生是这家公司的大股东,尽管经过多年的诉讼之后,我们可能因为专利侵权遭受损失,但是在这之前的这段时间足以让普尔曼的企业成长为美国的一家大公司。于是我强烈建议我们应该与普尔曼先生联手,就像我以前与他联手获得联合太平洋铁路公司的合同一样。普尔曼先生与东部公司的一些人关系不睦,于是大家认为最好由我来主持这项谈判,因为我与双方的关系都不错。我们很快就同意让普尔曼公司兼并我们的公司——中部运输公司。如此一来,普尔曼先生的业务就不只局限在西部,他还获得了对庞大的直达大西洋沿岸的宾夕法尼亚干线铁路的控制权。而这让他的公司高高凌驾于所有对手之上。普尔曼先生是我知道的最有才干的一位企业家，在这里我可以讲一个故事，并因此我感激他。

像大家一样，普尔曼先生也遇到过困难，也有不如意的时候，也有做事不成功的时候。没有人事事如意。据我所知，没人能像他那样，能以一种让人满意的方式解决困扰卧铺车厢的各种难题，而且保有铁路公司势必会尊重的一些权利。当然，铁路公司应该运营自己的卧铺车厢业务。有一次，在我们交流看法时，他说他经常从下面这个故事中得到安慰。一位在西部生活的老人一生中经历了肉体不可避免的所有病痛，以及其他更多罕有的病痛。当邻居们对他表示同情时，他这样说：

"是的，我的朋友们，你们说的都没错。我一生中经历了很多很多苦难，但是很奇怪的是，还有百分之九十的苦难我还从来没有遇到过。"

的确是。人类经受的大多数苦难都和个人的心态有关，我们应该淡然地面对眼前的困苦，不要做杞人忧天这样的傻事。在苦难到来之前，要认为一切都是完美的。而在苦难真正到来时，它们大多数不如我们想象的那样可怕。一个聪明的人肯定会选择做一个坚定的乐观主义者。

由于在各种谈判中表现出色，我开始在纽约小有名气。接下来，我参与了一次与联合太平洋铁路公司有关的大项目。1871年，联合太平洋铁路公司的一位董事找到我说，他们需要以某种方式筹措60万美元（相当于现在的数百万美元）来帮他们渡过一次难关。我的一些朋友在董事会任职，他们提出也许我能够帮助他们筹措到这笔款项，并且同时让宾夕法尼亚铁路公司得到这条重要的西部铁路的实际控制权。我相信普尔曼先生同意这位董事的做法，或者也许是普尔曼先生本人首先想到让我来做这件事情。

我承揽了这件事。我想如果联合太平洋铁路公司同意接纳宾夕法尼亚铁路公司提名的人员进入董事会,那么宾夕法尼亚铁路公司帮助联合太平洋铁路公司,并且取得这段线路的控制权就合情合理了。我来到费城,向汤姆森总裁谈了这件事的解决方案。我提出,宾夕法尼亚铁路公司可以委托我管理联合太平洋铁路公司用于在纽约借款担保的证券,并借款给联合太平洋铁路公司,那么宾夕法尼亚铁路公司就可以在联合太平洋铁路公司获得相应的股份。这是迄今为止汤姆森先生表现得最为自信的一次。他处理公司财务时通常小心翼翼,但是对方提供的条件太诱人了,不容拒绝。对他的公司来说,即使这60万美元全部损失了,也不是一个失败的投资,更何况这种情况不会发生,因为我们已经准备好将联合太平洋铁路公司的证券移交给他,并把贷款给联合太平洋铁路公司。

我与汤姆森先生的会谈是在他费城的家里进行的。当我站起来准备离开时,他把手放在我的肩上说:

"记住,安迪,这件事我就指望你了。我信任你,你要保管好所有的证券,不要让宾夕法尼亚铁路公司有任何损失。"

我同意承担这些责任,而结果令人非常满意。联合太平洋铁路公司非常担心汤姆森先生自己会出任总裁,但汤姆森先生说不存在这样的问题。他提名宾夕法尼亚铁路公司的副总裁托马斯·A. 斯科特先生出任这一职务。斯科特先生、普尔曼先生和我在1871年相应地被选为联合太平洋铁路公司的董事。

贷款换来的联合太平洋铁路公司的证券为300万股,以规定的期权价格获得,被锁在了我的保险箱里。就像预期的一样,宾夕法尼亚铁路公司的介入让联合太平洋铁路公司的股份价值无限上升,股票大幅升值。当时,我因为奥马哈的一座横跨密苏里河大桥的债券事宜去了伦敦。在我不在期间,斯科特先生决定出售我们拥有的联合太平洋铁路公司的股票。我曾吩咐过我的秘书,斯科特先生作为这个项目的合伙人之一,有权进入保险库,因为在我离开时,某个人可能需要能够拿到股票;但我从没有想过把股票卖掉或失去我们在联合太平洋铁路公司的显著地位。

回来之后,我发现我不再是联合太平洋铁路公司董事们值得信赖的同事,他们认为我出于投机目的利用了他们。没有哪四个人获得了我们这样的好机会,然而这个机会却被轻率地丢弃了。普尔曼先生事先也不知情,他像我一样感到愤愤不平,而且我相信他马上把自己获利的一部分又重新投资于联合太平洋铁路公司的股票。我觉得虽然我也很希望这样做,以此来否定已经发生的事情,但是在我心里,感觉把自己与我第一个朋友斯科特先生这样截然分开是不合适的,可能还有些忘恩负义。

生平第一次,我们不光彩地被联合太平洋铁路公司董事会除名了,但罪有应得。对于年轻人来说,吞下的可是剂苦药。这次交易是一次标志性的事件,这是我与迄今为止对我影响最大的人,我孩童时代和蔼可亲的老板托马斯·斯科特的首次严重分歧。汤姆森先生对这件事表示遗憾,但是如他所说,他对股票漠不关心,他已经授权斯科特先生和我全权处理,他认为是我同意将股票出售。有一段时间,我非常担心我会失去一个宝贵的朋友——幸福公司的利维·P.莫顿,他对联合太平洋铁路公司的股票有兴趣,好在他最终发现我是无辜的。

为建造奥马哈大桥发行250万债券的谈判很成功。由于这些债券已经被联合太平洋铁路公司的一些相关人士所购买,而那时我与公司没有任何关系,因此谈判是为他们而不是为联合太平洋铁路公司进行的。离开纽约去伦敦之前,与我讨论的董事并没有向我说明这一情况。不幸的是,等我回到纽约时,我发现债券的全部进项,包括我的利润都已被他们用来偿还自己的债务。为此,我损失了一笔数目可观的资金,不得不减记自己的盈利,丧失了我的金钱和时间。我从来没有被欺骗过,尤其是如此肯定和清楚地发现被欺骗。我知道自己还年轻,还有许多东西去学。很多人值得信任,但是对少数人必须警惕。

第十二章　商业谈判

大约这个时间,我为匹兹堡阿勒格尼山谷铁路总裁威廉·菲利浦上校进行的谈判大获成功。一天,上校走进我在纽约的办公室,告诉我他急需用钱,但是没有美国的商号愿意购买他公司发行的500万债券,尽管这些债券将获得宾夕法尼亚铁路公司的担保。这位老先生确信,银行家们故意让他到处碰壁,因为他们已经商量好,要按照他们定出的条件购买这些债券。他提出九折出售,但是这些银行家们认为定价高得离谱。那时,银行家们往往以八折的价格购买西部铁路债券。

菲利浦上校希望我能给他指点迷津帮他渡过难关。他急需25万美元,但宾夕法尼亚铁路公司的汤姆森先生拿不出这笔钱。阿勒格尼的债券年利率为百分之七,但是只能在美国以现金形式付款,不能使用黄金。因此,它们完全不适合在外国市场销售。但是我知道宾夕法尼亚铁路公司拥有大量的费城和伊利铁路百分之六利率的黄金债券,它完全可以用这部分黄金债券交换自己担保的阿勒格尼百分之七利率的债券。

我打电报给汤姆森先生,询问宾夕法尼亚铁路公司是否愿意出25万美元有息贷款,将之借给阿勒格尼铁路公司。汤姆森先生回答说:"当然可以。"听到这个消息,菲利浦上校很高兴。为感谢我的帮助,他决定让我以九折价格购买他公司500万美元债券的60天期权。我向汤姆森先生谈了这件事,建议他用宾夕法尼亚铁路公司的黄金债券和阿勒格尼铁路公司的高息债券做交换。宾夕法尼亚铁路公司很高兴地答应了这件事情,因为这会为宾夕法尼亚铁路公司赢得百分之一的债券利率收益。这件事情确定之后,我立即动身前往伦敦,处理由宾夕法尼亚铁路公司担保的费城和伊利铁路500万首次抵押权债券。这是一笔很不错的债券,我希望能卖出好价钱。然而在处理这些债券的过程中,我经历了自己金融生涯中的高峰和低谷。

我从昆斯敦写信给巴林银行,告诉他们我有一笔不错的债券出售,即使他们也会毫不犹豫地予以考虑。到达伦敦后,我在宾馆里看到了他们的留言,邀请我登门会谈。我第二天上午就去了他们公司,并且当日就与他们达成了一项协议。根据这项协议,在以票面价值卖出债券之前,他们将以百分之五的利率向宾夕法尼亚铁路公司提供400万美元的贷款。他们从债券出售所得中抽取百分之二点五的佣金。这笔交易可以让我净赚50多万美元。

有关文件已按要求进行起草。但当我准备离开时,拉塞尔·斯特吉斯先生说刚刚得到消息,巴林先生本人第二天上午要到这里来,大家准备安排一次项目审查会,将本次交易提交给巴林先生过目,以表示对他的尊重。因此,文件签署被推迟到第二天举行。我可以下午两点钟过来签字,完成交易。

我永远不能忘记当我走出他们的办公室,准备去电报局给汤姆森总裁发电报时的郁闷心情。有什么东西提醒我,我不应该现在去发电报。我应该等明天合同已经到手之后再这样做。我从银行的办公地点步行到兰厄姆宾馆,这是一段4英里长的路程。到达宾馆后,我发现一位信差正气喘吁吁地等待着我,他交给我一封来自巴林银行的密封字条。俾斯麦在马格德堡冻结了1亿美元的资金,金融界一片恐慌。在这样的情况下,巴林银行不能再请求巴林先生批准这项交易。与巴林银行约定好的协议以流产告终,我感觉自己好像被五雷轰顶一样。然而情况就是这样。这次打击太大了,我甚至没有力量表达出愤怒或愤慨的情绪。我静静地接受了这个结果,只是庆幸自己之前没有打电报给汤姆森先生。

我决定不再去巴林银行,而是把这些债券降价卖给了经营大量美国证券业务的J.S.摩根公司。我起初认为不应该再去找摩根公司,因为我从菲利浦上校那里得知,他向摩根美国公司推销这些债券的努力没有成功,也许摩根伦敦业务部门的人会认为他们也应该遵循这一立场。但是在此后所有的商业谈判中,我总是首先去找朱尼厄斯·S.摩根先生,这个人很少拒绝我的提议。如果他自己不能做某项交易,他会把我推荐给其他商号,他从中获取一点佣金。回顾我经历的所有证券类谈判,我发现每一项谈判的结果都是盈利而归,这让我感到非常自豪。当然,在这次谈判中我犯了一个错误,那就是我没有返回巴林银行,给他们时间考虑,等待恐慌的气氛缓解。实际上,恐慌气氛很快就结束了。如果谈判的一方过于冲动时,另外一方应该保持冷静并且耐心一些。

我记得在我的金融生涯中,我有一天曾对摩根先生说过这样的话:

"摩根先生,我会给你一个好点子,并且帮助你实施,条件是你给我实践想法所获利润的四分之一。"

他笑着说:"这主意听起来很公平,既然我有权决定是否实施这个想法,我当然愿意给你四分之一的利润。"

我请他注意一个情况,即与费城和伊利铁路的黄金债券交换的阿勒格尼山谷铁路的债券是由宾夕法尼亚铁路公司担保的。随着业务的扩张,宾夕法尼亚铁路公司一直需要资金,也许可以出价让宾夕法尼亚铁路公司出售这些债券。目前对美国债券的需求量很大,它们毫无疑问可以上市交易。我可以为这些债券上市制作一份说明书。在仔细考察了相关情况之后,摩根先生说他接受我的建议。

汤姆森先生当时在巴黎,我于是动身去见他。因为我知道宾夕法尼亚铁路公司需要资金,我告诉他我向摩根先生推荐了我们的债券。如果汤姆森先生给这些债券定价的话,我会看看能否卖掉它们。汤姆森先生提出了一个在当时看来很高的价格,但是后来这些债券涨到了更高的水平。摩根先生购买了一部分债券,并且保留购买其余部分的权利。就这样,900万到1000万的全部阿勒格尼山谷铁路的债券成功出售,而宾夕法尼亚铁路公司由此得到了充裕的资金。

这些债券卖出不久,我们就遭遇了1873年的金融大恐慌。我当时的一个收入来源是来自皮尔庞特·摩根先生。有一天他对我说:

"我父亲打来电报,问你是否愿意出售您在那个点子中的份额。"

我说:"是的,我愿意。这些日子,我会为了钱出售任何东西。"

"好吧,"他说,"您要多少钱?"

我说根据最近提供给我的财务报表,我的应得收入已经有5万美元了。给我6万美元吧。第二天上午,在我拜访摩根先生时,他给了我7万美元的支票。

"卡内基先生,"他说,"您搞错了。您的卖出价格比报表上的少了1万美元。现在报表上的数字是6万美元,而非5万。加上额外的1万,我们给您7万美元。"

我收到了两张支票,一张为6万美元,一张为额外的1万美元。我把那1万美元的支票还给他,对他说:

"那1万美元应该归您。请您收下,它们代表了我的心意。"

"不,谢谢。"他说,"我不能那么做。"

这样的举动展现了一种善意、可敬的理解力,一种不为死板的法律权利所限制的通情达理。正如外行可能会相信的那样,这样的事情在商业界并不少见。自那以后,我就决定在我能力可以控制的范围里,绝不会让摩根先生父子因为我的原因受到伤害。从今以后,我成了他们忠实的朋友。

除非高度正直,否则很难建立起大的企业。在处理大的事务时,"狡猾"和精明可不是什么好的品质。人们应该遵守的是法律的精神,而不是条文。商业道德的标准现在已经非常高了。某人犯下的对己公司有利的错误会及时得到改正,以至于错误似乎对对方有利。要取得长久的成功,一家企业必须要有公平的精神,而不是纯粹按照法律行事。我们采用并遵循的一条原则给我们带来了人们难以想象的回报,它就是:当发生分歧时,永远让对方获利更多。当然,这条原则不适合投机领域。那是一个弥漫着全然不同气氛的世界。在那里,人们只是赌徒。股票投机和诚实经营是不能相容的。应该承认,近年来像伦敦的摩根先生这样老式的银行家已经很少见了。

在被罢免联合太平洋铁路公司总裁职务以后不久,斯科特先生决心要建设德克萨斯太平洋铁路。一天,我在纽约接到他的电报,他让我务必要到费城见他。我在那里见到了他和另外几位朋友,包括J. N. 麦克洛先生,他是宾夕法尼亚铁路公司在匹兹堡的副总裁。德克萨斯太平洋铁路公司在伦敦借的一大笔钱很快就要到期了,摩根公司同意续借,但条件是我加入借款人的行列。我拒绝了。当时有人问我,我不愿意和朋友们休戚与共,是不是打算看着所有人都走向毁灭。这是我一生中最难过的时刻之一。但是,我一刻也没有打算卷入这个项目。我首先想到的是我自己的职责,我的职责要求我避免参与这项事务。我所有的资金都在制造行业,每一美元都是我需要的。我是我们公司的资本所有者(当然,钱不多)。所有人都指望着我。我弟弟和他妻子一家,菲普斯先生一家,克罗曼先生一家,所有这些人都在我眼前显现出来,要求我保护他们。

我告诉斯科特先生,我已经尽力劝阻他在获得需要的资金之前建设一条大型铁路。我一直坚持认为,建设数千英里长的铁路不能单靠临时贷款。此外,我在这个项目中已经入股了25万美元的现金。我从欧洲回来时,斯科特先生说他保留着我的股份,虽然我从来没有赞同过这个项目。在这个世界上,没有什么能让我违心地在这家建筑公司,或者任何其他公司的文件上签字。

我知道我不可能在60天里偿还摩根公司的借款,甚至只偿还我那一份也不可能。此外，需要考虑的不只是摩根公司的贷款，还有其他六家公司的借款。这次事件标志着我和斯科特先生在经营方面出现了彻底的分离。它带给我的痛苦超过那时所有经济上的麻烦带给我的痛苦。

这次会见后不久，灾难就发生了。那些被视为最坚强的人失败了，这让全国上下都感到震惊。我想，斯科特先生的英年早逝可能与他遭受的羞辱有关。与其说他是一位骄傲的人，不如说他是一位敏感的人。即将到来的失败加速了他的死亡。公司另外两位搭档麦克马纳斯先生以及贝尔德先生也很快去世了。这两位先生和我一样，都是从事制造业的，不具备进入铁路建设领域的条件。

商人在职业生涯中遇到的最大危险来自为商业票据背书。如果他能够事先问自己两个问题，危险可以很容易地避免：一、在这份文件上签字之后，我是否能够在不带来不便的情况下，偿还我需要承担的最大数额的欠款？二、我是否愿意因为朋友丢掉这笔钱？如果这两个问题的答案是肯定的话，那么他可以帮助这个朋友。但是如果答案是否定的，作为一个聪明人，他不应为这份票据背书。如果第一个问题的回答是肯定的话，那么需要考虑一个问题，是否更应该立即付清自己承担的全部款项。我确信应该那样做。如果一个人自己也有债务和责任，那么他应该牢牢守好自己的财富，履行好对自己债主的责任。

尽管我拒绝为摩根贷款续约背书，我还是被邀请第二天上午乘专车与他们一起去纽约，商量相关事宜。这件事情我非常乐意去做。同行的还有安东尼·德雷克塞尔。在路上，麦克洛先生说，他环顾了一下车上的人，认为其中只有一人是理智的，其余的人有点犯傻。这儿的"安迪"付清了他的股资，在这件事情中一美元都不欠，没有任何责任。他们都应该像我这样。

德雷克塞尔先生希望我解释一下如何避免这些不幸的麻烦。我的回答是：严格坚守自己的责任，即坚决不为明知道到期不能偿付的任何借款背书;或者,借用一位西方朋友的名言,不要走进蹚不过去的水。这次的水对我来说有点太深了。

遵守这一原则不只让我自己,而且让我的伙伴们也避免了麻烦。事实上,为了避免出现这样的情况,我们在自己的公司成立协议中有明确规定,禁止合伙人为公司以外的任何债务担保。这也是我给出的这次拒绝背书的一个原因。

在这段事件频发的时期,我经常去欧洲洽谈各类证券业务,总共售出了价值3000万美元的证券。这时跨越大西洋的电报线路已经开通了,但是纽约与伦敦的金融联系还不够多,伦敦的银行家宁愿以较低的利率向巴黎、维也纳或者柏林的客户贷款,也不愿意以较高的利率向美国人贷款。在他们看来,美利坚合众国不如欧洲大陆安全。我弟弟和菲普斯先生把炼铁业务经营得很成功,我因此得以从容地在欧洲待上好几周。有人担心我会慢慢脱离制造业,转向金融业和银行业。的确,我在海外的成功带给我很多诱人的机会,但是我最热爱的永远是制造业。我愿意制造并且出售有形的东西。我继续把收入投资在扩建匹兹堡的工厂上。

我们把起初为拱顶石桥梁厂建设的小厂房出租给了其他人,并且在劳伦斯维尔购买了10英亩的土地,并在上面建设了更大的新厂房。随着我们不断扩大生产规模,联合炼铁公司发展成为全美国领先的各类型材生产厂。由于看好工厂的发展前景,我把在其他领域获得的收入全部用于发展炼铁业务。我与宾夕法尼亚铁路公司的朋友们在西部铁路项目中有过一些投资,但是后来我逐渐撤了出来,决心完全不理会"不要把所有的鸡蛋放到一个篮子里"的格言。我认为正确的做法应该是"把所有的好鸡蛋放到一个篮子里,并且看护好这个篮子"。

我认为在任何行业获得辉煌业绩的秘诀在于,让自己成为这个行业的领头羊。我不相信分散资源的策略,而且就我自己的经验来讲,我很少见到在多种领域投资能够赚大钱的人,当然在制造业一个也没有。那些获得成功的人是选择了一个行业并且坚持下去的人。奇怪的是，很少有人能够深入理解投资自身企业可以带来的巨大回报。在这个世界上，几乎没有哪个企业家敢说自己的工厂没有需要扔掉或更新的设备，而因为设备和技术落后给企业带来的损失往往超过投资其他行业带来的收入。然而，我认识的很多企业界人士都热衷于投资银行股票和一些距离遥远的企业，而真正的金矿就在他们自己的工厂里。

我一直努力遵循这一原则。我的基本想法是，我比任何其他人、任何董事会更善于管理自己的资金。在经营活动中，那些令人尴尬的败笔很少发生在投资者擅长的行业，而往往发生在投资者不熟悉的领域。我对年轻人的忠告是，不仅要把全部精力投入自己介入的一个行业，而且要把所有的资金都投进去。如果有什么行业不能再扩大规模的话，最可靠的方法是把利润投向一级债券，它们会带来中等但是稳定的回报。我自己很早就确定了这样的投资策略。我要专注于钢铁的生产，成为这方面的老大。

由于经常去英国出差，我得以结识英国钢铁业的头面人物并且与他们有深入交往，他们是首屈一指的贝西默、洛西安·贝尔爵士、伯纳德·塞缪尔森爵士、温莎·理查兹爵士、爱德华·马丁、宾利、埃文斯等全部业内巨头。过了不久，我当选为英国钢铁协会理事会成员，并且后来成为理事会的理事长，也是该理事会的第一位外籍理事长。我非常感谢他们给我的这项荣誉，尽管我最初曾经拒绝接受这个职位，因为我担心自己住在美国，可能没有足够的时间履行相应的职责。

出于建设桥梁和其他结构件的需要，我们必须涉足熟铁生产，同时我们认为应该自己生产生铁。于是，我们在1870年建造了露西高炉。如果我们早些预料到这项工程的庞大，肯定会推迟开工。我们不时听说，制造业元老对我们这家快速壮大的年轻企业做出种种可怕的预测，但是我们没有畏缩，我们认为自己有足够的资金和信用建设一座高炉。

然而,建造费用超出了我们预想的一倍。这项工作完全是在摸索中进行的,因为克罗曼先生对高炉业务一无所知。不过,虽然缺乏经验,我们并没有出现严重的错误。露西高炉(以我那聪明的弟媳妇命名)的产量远远超出我们的预期,每天达到100吨,并持续了一周,这是一项新的世界纪录。很多人来我们这里参观,他们对这项杰出的成就赞不绝口。

不过,我们的炼铁业务并非一帆风顺,紧张局面不时出现。不过,我们安然渡过了战后的价格下跌,那时铁价由每磅9美分降到每磅3美分。面对多种不成功事件,我们的财务经理一心忙于调集资金,应付紧急状况。尽管经受了各种各样的困难,我们的资信状况并没有受到影响。当时,最让我们焦心的是生铁生产。在这一领域,最大的帮助来自著名的英国惠特韦尔兄弟公司的惠特韦尔先生,人们普遍使用的正是这家公司的高炉。惠特韦尔先生是参观并赞叹我们露西高炉的最有名的来访者之一。我向他谈到了我们面临的困境。他立即说:

"应该是料钟的角度出了问题。"

他告诉我们应该如何改进。我们的克罗曼先生不太情愿接受他的建议,但是我让他制作一个小型玻璃高炉模型和两个料钟,一个是正在露西高炉上使用的那种,另外一个是按照惠特韦尔先生的吩咐制作的。之后,我们进行了试验,结果正如惠特韦尔先生所料。我们的料钟把大块的原料分配到炉子的边缘,这使得中间的空气密集,气流只能穿过其中一部分。惠特韦尔料钟把原料投送到中间,而周边的空气较为密集。两种设计的结果大不相同。露西高炉的问题迎刃而解。

惠特韦尔真是一个友善、大度的人,没有一点嫉妒心理,不吝惜传授自己的知识。作为回报,我们也把在一些领域中获得的新知识告诉了他的公司。此后,不论什么时候,我们的一切都向惠特韦尔兄弟公开。(我很高兴在我今天记录这些事情的时候,惠特韦尔两兄弟中的一人还在世,我们的友谊依然没变。他是在我之前的英国钢铁协会理事长。)

第十三章　钢材时代

今天听起来难以置信,不过在 40 年前(1870 年),美国的生铁冶炼业尚不甚明白化学为何物。然而,化学是钢铁生产中最为需要的元素。当时的高炉管理者通常是粗人,一般情况下是个外国人,他们除了有很多要求之外,能时不时地把不听话的手下人打倒在地,以警告其他人要听话。他需要能够通过直觉来判断炉子的状况,要有超自然的预测能力,就像乡下那些据说能够凭借榛木棒就能判断出哪里有油井或水源的人。他是名副其实的给病人胡乱开药的江湖郎中。

由于当时使用的铁矿石、石灰石和焦炭多种多样,而我们对它们的成分缺少分析,因此我们的露西高炉遇到一个又一个麻烦。这种状况让我们难以容忍。我们最终决定解雇那个凭经验和直觉管理的经理,而起用一个年轻人。这个年轻人以前是负责货运的伙计亨利·M.柯里,工作上表现出色,因此我们决定让他担任经理。

菲普斯先生专门负责露西高炉。他每天都去生产现场,让我们的经营免于失败。和西部地区其他的高炉相比,我们的露西高炉在盈利方面丝毫不逊色,但是由于它块头大大超过其他高炉,它一旦出现故障,损失就会非常大。我觉得,我们的盈利主要归功于我的搭档。周日上午,我的这位搭档也会去察看露西高炉的运行情况,而他父亲和妹妹则是离家去教堂。即使他与他们一起去教堂,他在真诚的祈祷中一定会提到露西高炉的危险状况。

接下来,我们决定寻找一位化学家担任柯里先生的助手和顾问。我们雇佣了学识渊博的德国人弗里克博士,他向我们揭示了许多重大的秘密。我们发现,过去享有盛誉的一种铁矿石的实际含铁量比人们认为的低百分之十到百分之十五,甚至会低至百分之二十,而过去被认为是贫矿的铁矿实际上能够产出高质量的铁矿石。好的变成了差的,而差的变成了好的,一切都颠倒了过来。在化学知识的指引下,生铁冶炼中百分之九十的不确定性得以排除。

在一个非常关键的时期,在我们需要高炉制造出最好的产品,为公司带来荣誉的时候,我们并没有如愿以偿。原因是我们用劣质矿石代替了极其优质的矿石,前者的产铁量只有后者的三分之二。因为我们在熔化优质铁矿石时加入了太多的石灰,给炉子带来了灾难。这些上等材料让我们遭受了重大损失。

我们过去多么愚蠢啊!不过值得宽慰的是,我们的竞争对手更愚蠢。在我们雇佣化学家指导工作多年之后,那些对手还说他们雇不起化学家。如果他们真正了解这样做的好处,他们就知道这一行业离不开化学家。回顾过去,我们率先在高炉操作中雇佣了化学家,而我们的竞争者则宣称这样做成本太昂贵,这一点看起来值得记录下来。

露西高炉成为我们业务中最赚钱的部分,因为我们几乎垄断了科学管理高炉的模式。在发现其中的秘密后,我们不久(1872年)就决定再建设一座高炉。和我们的第一次尝试相比,这座高炉的建设费用极低。我们从那些名气不大的铁矿山购买矿石,许多公司甚至都不允许在他们的高炉中使用这些矿石;同时悄悄放弃了那些因盛产优质铁矿而颇负盛名,价格昂贵的矿山。一个有意思的例子就是著名的密苏里派勒特诺伯铁矿。可以说,它的矿石品质值得怀疑。据说只有小部分矿石可以使用,不阻塞高炉。而化学检测的结果告诉我们,这座矿山磷含量低,但是硅含量非常高。没有比这更好的矿石了,也很少可以找到含量如此高的矿石了,我们需要做的就是加入适当的熔剂。因此，我们大量购买了此处的矿石，这让矿主对我们万分感谢，因为我们赋予了其产业价值。

难以置信的是，好多年来，我们一直以高价卖掉我们搅炉中的高磷矿渣，以较低价从我们竞争者的热炉里购入纯矿渣。纯矿渣中的铁含量比搅炉中的矿渣更高，含磷量更低。曾经有人打算用高炉冶炼这些均热炉渣，但是由于其纯度较高，配料不合适而效果不佳。因此，多年来这种矿渣被我们的竞争者视为废物丢弃在匹兹堡的河岸边。有些时候，我们甚至可以用不好的矿渣交换这些优质矿渣，而且对方还贴钱给我们。

更加难以置信的是，很多人毫无根据地认为不应该把纯粹属于氧化铁的轧制铁鳞放到高炉里。这让我想到了我在克利夫兰的亲爱朋友奇泽姆先生，他是我的邓弗姆林同乡。我们曾一起搞了很多恶作剧。有一天，我去他的克利夫兰工厂参观时，看到有人把这些宝贵的轧制铁鳞推到院子里。我问奇泽姆先生打算把这些东西放到哪里。他回答说：

"把它们丢到河岸上。我们的经理们老是抱怨说，在炉子里重新冶炼它们很麻烦，非常不顺利。"

我什么也没说。回到匹兹堡后，我开始琢磨对他开一个玩笑。那时候，我们的员工中有一个叫杜·普伊的年轻人，据说他父亲发明了直接冶炼法，而他正在匹兹堡尝试使用这种方法。我建议我们的人把杜·普伊送到克利夫兰，签下合同，购买下我朋友工厂的所有轧制铁鳞。他照办了，以每吨50美分的价格买下了这批轧制铁鳞，并且让人直接运到他那里。这件事持续了好长一段时间。我一直等着听这个玩笑被识破，但是奇泽姆先生英年早逝，我都没有机会告诉他真相。不过，他的继任者很快仿效了我们的做法。

我一直关注着贝西默炼钢法的进展。我知道如果这一方法获得成功，那么钢势必会取代铁的位置，我们会告别铁的时代，迎来一个钢的时代。我的朋友宾夕法尼亚刘易斯顿自由炼钢厂的总裁约翰·

A.赖特先生曾多次专程赴欧洲考察这项新技术。他是美国最有效率、最有经验的制造商之一。他十分认可这一技术,并且让他的公司建立了一座贝西默炼钢法工厂。他的决定很正确,只是稍微有点超前。建设工厂实际资金需求超过了他的估计值。此外,这种技术在英国尚处于试验阶段,不能指望它可以移植到另外一个国家,并且从一开始就一帆风顺。试验的过程注定漫长,代价很高。对此,我的这位朋友准备不足。

后来,当这种技术在英国已经发展成熟以后,资本家们开始在哈里斯堡建设现在的宾夕法尼亚钢铁厂。这家工厂也同样需要经历一个摸索阶段。在一个关键的时刻,多亏了宾夕法尼亚铁路公司的及时援助,它才渡过了一次危机。宾夕法尼亚铁路公司的汤姆森总裁是一个大度而且能干的人,他向董事会建议应该预先支付给我们60万美元的贷款,这样铁路线上的铁轨供应就有保障。事实证明他的建议是对的。

更换宾夕法尼亚铁路公司和其他主要铁路线上的铁轨是一项比较大的工程。我看到在匹兹堡,连接宾夕法尼亚和韦恩堡铁路的一些弯道处的铁轨每六周或两个月就要更换一次。在贝西默炼钢法还不被人所知之前,我建议汤姆森总裁关注一下英格兰多兹先生的做法,他对铁轨两头进行碳化处理,效果很好。我动身到英国,获得了多兹专利的控制权,并且建议汤姆森总裁拨款20万美元,在匹兹堡进行试验。汤姆森应允了。我们在工厂里建了一座炉子,对供应给宾夕法尼亚铁路公司的数百吨铁轨进行了处理。和普通铁轨相比,处理后的铁轨性能有明显提升。这是硬头铁轨首次在美国应用。我们把这些铁轨铺设到一些弯度极大的地方,它们的卓越表现无愧于汤姆森先生的慷慨援助。如果贝西默炼钢法没有成功研发出来,我确信我们会继续全面改进多兹程序,让它能够得到大规模应用。不过,什么也比不上贝西默炼钢法生产出来的钢材那样坚固。

位于匹兹堡附近约翰斯敦的威尔士制铁公司是美国重要的铁轨生产商。这家公司的朋友们决定要建立一家贝西默炼钢法工厂。我在英国时,亲眼目睹了贝西默炼钢法的工序无需过多投入就可获得巨大成功,而且风险不大。至少我对此十分满意。一直关注新技术进展的威廉·科尔曼先生也持同样观点。我们决定要在匹兹堡启动钢轨生产。他以及我的挚友大卫·麦坎德利斯先生都成为我的合伙人。在我父亲去世后,大卫·麦坎德利斯先生曾善意地向我母亲提出愿意提供帮助,我没有忘记他的好意。约翰·斯科特先生、大卫·A.斯图尔特先生及其他一些人也加入进来。宾夕法尼亚铁路公司的总裁埃德加·汤姆森先生和副总裁托马斯·斯科特先生也成为股东,他们都热心于推动钢材的开发。1873年1月1日,我们的钢轨公司成立。

我们首先考虑的是选址问题。我不满意提出的各种方案,最后亲赴匹兹堡和我的搭档们当面讨论这件事。我头脑中一直在考虑这件事。一个星期天的上午,我躺在床上,忽然想到了一个好地方。我起身打电话给我弟弟:

"汤姆,你和科尔曼先生关于选址的想法是对的,就应该在布拉道克①遭遇失败的那个地方,在宾夕法尼亚、巴尔的摩和俄亥俄之间,那附近有一条河,那是全美国最合适的地方。就用我们的好朋友埃德加·汤姆森的名字为工厂命名吧。咱们去科尔曼先生那里,一起开车去那个地方。"

我们当天就开始行动。第二天上午,科尔曼先生已经着手购买这块地产了。这块地的主人麦金尼先生对自己这块农场的估价很高。我们原本指望以每英亩五六百美元的价格拿下这块地,结果却是每英亩2000美元。不过,我们以后购置的土地每英亩的价格在5000美元。

---

① 布拉道克(Braddock)是法英北美殖民地争夺战中的英国指挥官。

就在布拉道克遭遇失败的那块土地上，我们开始建造我们的钢轨生产厂。在挖掘地基的时候，我们发现了很多战争遗留物，有刺刀和剑等。邓弗姆林的市长亚瑟·霍尔基特爵士和他儿子就是在那里被杀害的。人们很自然地要问，他们怎么会在那里。请不要忘记，在那个时代，英国城市的市长由贵族担任。作为所在区域的大人物，他们屈尊接受这样的职务，而不必履行相应的职责。大家普遍认为商人不适合担任这样的职务。直到今天，英国还残存着这样的贵族崇拜。很少有保险公司或者铁路公司，或者某些制造业公司，不让那些有头衔，但对业务一窍不通的人担任总裁。而这位亚瑟·霍尔基特爵士，身为绅士和邓弗姆林的市长，出于使命感加入了军队，并战死在这里。巧合的是，两位邓弗姆林市民的葬身之地后来被另外两位邓弗姆林市民开辟为一块繁忙的工业区。

我们近来还发现了另一个奇怪的情况。1904年，约翰·莫利先生在匹兹堡卡内基学院创始人纪念日发表讲话，他提到福布斯将军占领迪尤肯堡后写信给皮特首相，说为了首相的缘故，他已把这个地方改名为匹兹堡①。这位福布斯将军当时是皮藤克利夫的领主，出生地是大峡谷，也就是我1902年买下来赠给邓弗姆林作为公园的那个地方。就这样，有两个邓弗姆林人都曾做过皮藤克利夫的领主，他们主要的事业都是在匹兹堡完成的。其中一个人为匹兹堡命名，另外一个在为匹兹堡的发展出力。

在为钢铁厂起名字时，我们打算要用我们的朋友埃德加·汤姆森来命名，但是当我们征求他的意见时，他的回答很耐人寻味。他说就美国生产的钢轨来说，他不想让自己的名字和它们有什么联系，因为事实证明它们还很不可靠。当然，在摸索阶段会存在很多不确定性，但是我向他保证，美国的企业现在也能生产出在各方面与外国产

---

① 匹兹堡（Pittsburgh）中的 Pitt 即是本句中提到的首相皮特。此处指 Pittsburgh 即是皮特的自治市（burgh），即 Pitt's burgh。

品一样出色的钢轨。此外，我们期望让我们的钢轨获得像拱顶石桥梁和克罗曼轮轴一样好的声誉。他同意了。

他热切希望我们在宾夕法尼亚铁路沿线购买厂地，因为宾夕法尼亚铁路公司一直是他最关心的。如果我们按照他的想法去做，那么宾夕法尼亚铁路公司就可以独揽我们的运输业务。几个月后，他去了匹兹堡。在那里，接替我担任宾夕法尼亚铁路匹兹堡铁路段主管的罗伯特·皮特凯恩先生，向他解释了我把新工厂建在布拉道克车站附近的原因。那个地方不仅可以挨着他自己公司的铁路线，而且还靠近竞争对手巴尔的摩和俄亥俄两条铁路线，此外还有更为重要的理由——靠近俄亥俄河。据罗伯特告诉我，他眨了一下眼睛对罗伯特说：

"安迪应该把工厂往东移几英里。"但是汤姆森先生知道目前的选址是有充分理由的，这些理由决定我选择这个无比完美的厂址。

当1873年9月的金融危机到来时，我们的工厂已经有了很大的发展。此后，我经历了职业生涯中最为紧张的一段时期。一天早晨，在克雷森我们位于阿勒格尼山脉的消夏小屋中，我接到一封电报，宣布了杰伊·库克公司破产的消息。此前皆大欢喜的场面被打破。此后，几乎每隔一小时就会传来其他公司遭遇灾难的消息。一家又一家公司倒闭了。每天早晨，我会思考接下来会是哪一家。一家公司倒闭会使其他公司的客户资源逐渐减少。企业不断倒闭最终让经营业务全面陷入瘫痪。这次危机让人们发现了经营环节中的各项弱点。一些公司原本可以很顺利地经营下去，却以倒闭为结局，究其原因在于我们的国家缺少一个稳健的银行系统。

我们无须过多担心公司的债务问题。我们感到麻烦的不是要偿付的债务，而是别人欠我们的钱。我们需要注意的不是那些可支付的账单，而是那些应收账单，而不久，我们开始面对两种账单的困扰。甚至我们自家的银行也开始央求我们不要再动用我们的存款。有一件事情可以说明我们面临的资金处境。随着发薪日的来临,我们需要10万美元的小额钞票。我们为此多付了2400美元,让人从纽约送到匹兹堡。向人借钱是不可能的事情,即使有好的担保物品也不行。但是通过出售我手中的证券,我们获得了可观数量的现金。在形势好转后,公司回购了这些证券。

以匹兹堡为中心的几家铁路公司欠我们很多货款,其中韦恩堡线路欠款最多。我记得曾打电话给韦恩堡的副总裁索先生,告诉他我们需要拿到货款。他回答:

"你们理应拿到这笔钱,但是现在我们拿不出钱来。"

"很好,"我说,"我们欠的运输费还没有付,我也可以跟你们学。我现在就命令手下人不要支付给你们运输费。"

"那好,如果你那么做,"他说,"我们就停止你们的货物运输。"

我说我们愿意冒这个险。铁路公司不敢走极端。事实上,我们有好长一段时间没有支付运输费用。在客户停止付款后,让匹兹堡的制造业者偿付不断增长的债务也是不可能的。银行被迫延长借款合约。银行对我们一直很好,这让我们安然渡过了这次危机。在这样危急的时刻,我最想做的是积累更多财富,这样不论发生什么事,我们都不会再经历这样令人感到煎熬的日日夜夜。

在这次危机中,我本人是这些合伙人中最焦急的一个。我几乎无法控制自己。但是在我了解到我们的资金优势状况后,我冷静下来,并且做好了在需要的情况下,去各大银行全面陈述我们的资信状况的准备。我感觉,这不会造成任何有损名誉的恶果。我们企业的股东中没有生活奢华的,他们的生活方式恰恰相反。我们没有从企业中抽离资金建豪宅,而且最为重要的是,没有人在股市进行风险投资,也没有人投资与主业无关的企业。没有人与其他人交换担保。此外,我们可以展示一个每年都在盈利的、繁荣的企业景象。

我因此能够笑对伙伴们的担心,但是没有人像我一样为不必向人开口借债感到高兴。我的好朋友科尔曼先生拥有充裕的资金和良好的信用,他主动提出给我们担保。我们是唯一得到这项待遇的人。威廉·科尔曼的名字拥有巨大的力量,它只为我们服务。在我记录这一段经历时,这位老先生在我面前显得多么高大啊。这是一位充满爱国热情的人。某年的7月4日①,他在参观自己本应停工的工厂时,居然有一群工人正在维修锅炉。他把经理叫过来,问这是怎么回事。他命令所有人停止工作,听他训话。

"居然在7月4日工作!"他大声喊道,"可以在星期天维修啊!"他勃然大怒。

1873年的金融风暴到来后,我们立即着手全面收紧投资。我们很不情愿地做出决定,新工厂的建设必须暂停一段时间。一些投资人的资金不能到位,于是我不得不接收他们的股份,并且偿清他们以前的投资。就这样,我获得了公司的控股权。

金融风暴首先冲击到与证券交易所相关的金融界。过了一段时间之后,它才影响到商业和制造业。但是局势越来越糟糕,最终导致了我朋友们的德克萨斯太平洋公司的倒闭。这件事情我在前面已经有过交代。对我来说,这是最严重的一次打击。鉴于我与德克萨斯太平洋公司的密切关系,人们很难相信我会丝毫不受他们债务的影响。

匹兹堡交易银行和我们有一大笔交易。得知斯科特先生和汤姆森先生的遭遇时,匹兹堡交易银行的总裁舍恩伯格先生正在纽约。他接下来立即返回匹兹堡,在第二天上午召开的董事会上说我肯定与这件事有牵连。他建议银行停止对我们的应收账单办理贴现业务。他吃惊地发现,我们正在办理贴现业务的应收账单数量非常多。我需要立即行动,以避免出现严重的后果。我乘坐最早的火车到了匹兹堡,在那里向所有相关人士宣布,尽管我是德克萨斯这家企业的股东,但是我已经付清了所有款项。在他们所有未还清的借据上都

---

① 7月4日是美国的独立日。

找不到我的名字。我与此事已无瓜葛，不为任何与己无关的财产承担责任，同时很好地履行了自己应当承担的责任。我只需要对自己公司的业务负责，我愿意用自己所有的资金为其担保，愿意为公司负有的每一项债务背书。

到这个时候，我已经给业内人士留下了一个大胆、无畏，或者还有点冒险的年轻人形象。我们的经营规模很大，而且增长很快。虽然我还年轻，但是我已经在经营数百万计的业务了。匹兹堡的一些长者认为，我的事业很辉煌，但是并不够扎实。我知道一位经历丰富的人这样说过："卡内基的成功主要是靠运气，而非智慧。"然而，我认为没有比这样的说法更脱离事实的了。我确信，任何有正常判断力的人都会吃惊地发现，我很少让自己或者我的伙伴们冒风险。在我做大事时，我和我的项目总是有像宾夕法尼亚铁路公司这样的大公司做后盾。我从未缺少苏格兰人的谨慎态度，不过在匹兹堡的制造业前辈们看来，我做起事来有时候显然非常冒失。他们已经老了，而我还年轻，这是我们的分歧所在。

不久，匹兹堡金融机构对我和我们企业的恐惧消失了，取而代之的是有点接近盲目的信任。我们的信用状况无懈可击，因此在以后的金融紧张时期，向我们提供的贷款不减反增。就像古老的匹兹堡银行一样，当其他银行的存款在下降时，它的存款在增长。匹兹堡银行是美国唯一一家兑付黄金的银行，它鄙视将法律作为避难所、用美钞支付债务的行为。它几乎没有纸币，我认为这就是一项活广告。

除了我的朋友斯科特先生和汤姆森先生等人遇到的这次麻烦，我们后来还经历了一次更为严峻的考验。我们发现我们的合伙人，安德鲁·克罗曼先生，受到一个投机团体的引诱，加入了埃斯卡诺巴制铁公司。别人向他保证，这家公司将会成为一家股份制公司。但是，在这个允诺兑现之前，公司已经欠下了巨额债务——大约有70万美元之多。除非公司破产，否则克罗曼先生没有办法要回他在这家公司的投资。

这是对我们震动最大的一件事情。如果没有通知他的搭档们，作为合伙人，克罗曼先生无权投资另外一家制铁公司，或者任何其他涉及私人债务的公司。在经营界有一条铁律：合伙人之间没有秘密。漠视这一条铁律会让克罗曼先生本人，还有我们的公司，都陷入险境。这正如我与之密切相关的德克萨斯太平洋公司的朋友们遇到麻烦时对公司的影响一样。有一段时间，我们甚至这样问自己，还有哪些事情是真正没有危险的？哪里有我们可以安身立命的基石？

如果克罗曼先生是一位商人，那么在这件事情发生之后，我们决不会让他继续做我们的合伙人。然而，他不是一位商人，而是一位有点商业头脑的最优秀的机械专家。克罗曼先生本人渴望在办公室里工作，尽管他在此几乎一无是处；他不想在工厂里设计并且管理新机械，尽管他在这方面的能力无人能及。为了把他放到并且让他待在合适的位置上，我们颇费周折。这可能导致他想另谋高就。他有可能受到了当地一些有名人士的吹捧，变得飘飘然了。一些人称赞他不仅是个机械方面的天才，而且善于经商——而后面这项能力是他自己的搭档们不看好的。

在克罗曼先生经历了破产程序、重获自由之后，我们提出给他百分之十的股份，他只需要拿出相应的资本，我们不接受他拿出的友情资本。这种政策一直维持到获益与投资额相抵。我们只收取成本产生的利息，他不负有任何责任。这一股份的条件是他不能参加其他公司的经营，不为其他公司做担保，也不参加我们公司的经营，而是要全心投入机器管理事务。如果他那时接受了我们的提议，现在应该已经成为一名数百万富翁了。但是他本人，特别是他家庭的自尊心不允许他这样做。虽然我和同伴们都强烈请求他留下，他还是执意要独立开办一家公司，而且是一家与我们进行竞争的公司，他的几个儿子担任业务经理。他开办的公司后来失败了，而他本人也英年早逝。

那些不能认识到自己长项的人是很可悲的。我遇到过不止一个这样的人，他们擅长技术，但是却执意要在办公室寻求发展，在那里消磨自己的时光。他们的生活和结局后来都很悲惨。我与克罗曼先生分开让我后悔至极。他是一个善良的人，在机械方面很有天赋。如果他可以自己做决定的话，我想他是很愿意和我们待在一起的。但是有人向他提供了资金，这让他改变了主意，而结果证明这位伟大的机械专家在经营管理方面十分拙劣。

第十四章　伙伴、书籍和旅行

在克罗曼先生中断了与我们的关系之后,我们立即起用威廉·邦特雷耶担任工厂的主管。每次谈起威廉时,我的心中都充满别样的喜悦。这是一位刚刚从德国来的年轻人,是克罗曼先生的远房亲戚,不会说英语。他起初担任一个很小的职务,但是他很快开始学习英语,成为一名每周有6美元收入的运输部门职员。他没有任何机械知识,但是效忠于自己的老板,对工作一直充满热情,而且比较勤奋。他走遍了工厂的每个角落,了解并且能够处理各种事情。

威廉是一个颇具个性的人。他从未克服德国口音,他颠倒的英语让他的评论富有成效。在他的领导下,联合炼铁厂成为我们盈利丰厚的一个部门。看到他工作过于辛苦,几年之后,我们决定让他去欧洲度假。他来纽约时途经华盛顿。他到纽约来见我时表示,自己更愿意回到匹兹堡去工作,而不是回德国看一看。在参观华盛顿纪念馆时,他看到了楼梯上的卡内基横梁。他在其他公共建筑上也看到了这些东西。

"这让我感到十分骄傲。我想立即回去,确保工厂运行平稳。"

威廉从早到晚都在工厂里忙碌。他的生命就在那里。他是年轻人中第一批成为我们合作伙伴的人。这位贫穷的德国小子在去世时年收入达5万美元,而他完全有资格享受这样的待遇。关于他的故事有很多。在我们年终的庆祝晚宴上,每个人都要有一番简短的发言。威廉是这么说的:

"我们需要做的,先生们,是把价格提上来,把成本降下去,让每个人的屁股都坐稳。"他的话让大家大笑不止。

埃文斯上尉("战斗的鲍勃")曾经是政府派驻我们工厂的检查员。他是一个严厉的人。威廉有时候觉得他很麻烦,并且有一次得罪了他,这引得上尉抱怨他的行为。我们想方设法让威廉认识到取悦政府官员的重要性。威廉的回答是:

"这个人走进来,拿起我的烟就抽(上尉真勇敢,威廉抽的可是廉价的劣等雪茄),然后他又开始数落我的产品。你能指望这样的人怎么样?不过我明天会去向他道歉。"

我们告诉上尉,威廉已经同意弥补过失,但是上尉后来笑着告诉我们,威廉是这样道歉的:

"上尉,我希望你今天早晨感觉很好。我对你没有敌意,上尉。"他伸出手,最终上尉握住他的手,一切便和好如初。

威廉曾经把我们不能使用的旧铁轨大批量卖给我们的邻居,匹兹堡钢铁业的前辈詹姆斯·帕克先生。帕克先生后来发现这批铁轨质量很差,于是要求索赔。我们让威廉和菲普斯先生一起去见帕克先生,商量如何解决这件事情。菲普斯先生走进了帕克先生的办公室,而威廉则在工厂里转来转去,寻找那些出问题的铁轨,但是哪里也没有找到。威廉清楚地知道它们在哪儿,于是他走进办公室,在帕克先生开口前,他这样说道:

"帕克先生,我很高兴听到我卖给你的那些旧铁轨不适合你。我现在打算把它们全买回去,每吨给你加5美元。"威廉清楚地知道,这些铁轨已经投入使用了。帕克先生不知所措,这件事就这样结束了。威廉胜利了。

我去匹兹堡时,威廉对我说他有件"特别的"事情只想对我说,不能告诉其他任何人。这件事发生在他从德国回来的路途中。有人让他花几天时间去看望一个老校友,这个人已经成为一名教授。

"卡内基先生,为他照看房子的妹妹对我非常好。我到了汉堡之后,给她寄了一件小礼物。她给我写了信,然后我也给她写了信。我们书信来往了一段时间,然后我问她是否愿意嫁给我。虽然她受过良好的教育,一向矜持,但她仍然回信说她愿意。后来我邀请她来纽约,并且在那里我们见了面。但是,卡内基先生,他们那些人不了解商业,也不了解工厂。他哥哥写信给我,希望我再回到那里,在德国与她妹妹结婚。但是我不能再离开工厂了。我想我应该听听您的意见。"

"你当然可以再去一次。没错,你应该去。我想他们家人这样考虑是有道理的。你可以再去一次,结婚后把她带回家来。我来安排一切。"我们分手时,我对他说:"威廉,我猜你的心上人是一个漂亮、高挑、皮肤细嫩的德国姑娘。"

"卡内基先生,她有一点儿胖,如果要我把她轧平的话,我必须来两遍。"他回答说。威廉的全部描述都是基于工厂实践的。(今天是1912年6月,重读这个故事时,我不禁哈哈大笑。我读到"让每个人的屁股都坐稳"时亦是如此。)

菲普斯先生曾经担任工厂的商务部门主管,但是随着我们业务的扩大,我们请求他负责钢铁业务。另外一位年轻人威廉·L.艾博特接替了他的位置。艾博特先生的经历和邦特雷耶有点类似。他到我们这边之后,开始只是一位薪水很低的职员。不久之后,我们就安排他负责制铁工厂的业务,他的成就不在威廉之下。他和威廉都成为我们的合伙人,股份和威廉一样多。后来,他被提升为公司的总裁。

这个时候,柯里先生由于管理露西高炉脱颖而出,也加入了我们的合伙人团队,持有和其他人一样多的股份。要在商业上取得成功,最好的方法是提升那些做出杰出贡献的人。我们后来把卡内基-麦坎德利斯公司改为埃德加·汤姆森钢铁公司,并且把我弟弟和菲普斯先生也拉了进来。起初这两个人都不愿意将其业已成熟的企业并入我们的企业,和我们一起从事钢铁业,但是我向他们展示了第一年的收入,并且说如果他们不加入的话,他们以后会为这次错误决定后悔。经过认真考虑之后,他们决定加入。这对他们和我们来说都是一件好事情。

我的经验是,与来自各种背景的新人的合作比不上最初团队成员之间的合作。当然也需要进行一些改变,我们的公司也不例外。早在我们开始生产铁轨之前,科尔曼先生就表达了对一位来自铁路系统的官员的不满,尽管大家普遍认为这是一位很有方法和能力的官员。我于是开始关注这位官员的做法。不久,我们发现科尔曼先生的判断是正确的。虽然这位新人承担过铁路部门的审计工作,精于账目,但他刚刚进入制造行业,期待他从一开始就表现出色是不公平的,对其他来自办公室部门的人也是如此。他不甚了解新的工作,而且也没有接受过相关培训,但是这并不意味着他不擅长审计。是我们出了问题,对他有不切实际的期待。

钢轨工厂最终准备就绪,审计员把草拟的组织机构图交给我批准。我发现他把工厂分成了两个部门,一个部门交给史蒂文森先生掌管,这个苏格兰人后来成为一名优秀的制造商;另外一个部门则交给琼斯先生掌管。我确信,没有任何事情比我这次的决定更能影响公司的成败了。一个工厂里绝不能有两个权力相当的人。有两个总指挥的军队,有两位船长的船只,和有两个人指挥的制造企业会面临同样的灾难,即使这两个人在不同部门。于是,我说:

"这样做不行。我不了解史蒂文森先生,也不了解琼斯先生,但是其中必须有一人做主管,让他单独向你汇报。"

结果我们选择了琼斯先生,让他担任"船长"。他后来成为贝西默炼钢法方面的专家。

琼斯先生那时候十分年轻,体格瘦削,精力旺盛,单从他矮小的身材上就可以看出他是威尔士人的后裔。在来我们这里之前,他是约翰斯敦一家临近工厂的机械工,每天挣2美元。从他的一举一动,我们很快认识到他是一个了不起的人物。内战期间,他志愿成为一名列兵。因为在战场上表现出色,他不久就成为一名连长,他的连从未退缩过。埃德加·汤姆森工厂的成功很大程度上要归功于这位年轻人。

在以后的岁月里,他拒绝在我们公司里参股,而那会让他成为一名百万富翁。有一天我告诉他,当年在我们公司参股的那些年轻人现在挣的钱比他要多得多,而我们已经投票同意让他成为一名合伙人。我们不让他在经济上有任何负担,因为我们一直以来的规定是,股资只从利润中出。

"不,"他说,"我不想把心思放在经营上。照看这些工厂已经够麻烦的了。如果你认为我有用的话,那么就多给我发工资好了。"

"好的,上尉。你会得到和美国总统一样多的工资。"

"说话要算数啊。"这位矮小的威尔士人说。

我们在钢铁业的竞争对手起先不大重视我们。他们知道开办一家钢铁厂的艰辛,认为我们不会很快生产出钢轨,因此并不把我们看作是竞争者。我们开始钢轨生产时,钢轨的价格大约是每吨70美元。我们派销售人员前往全国各地,让他们以最好的价格获得订单。在我们的竞争者意识到之前,我们已经获得了大量的订单,这让我们有足够的理由开始钢轨生产。

我们的机械设备很完美,计划很周详,由琼斯船长选择的工人技术很熟练,而他本人是一位出色的经理人,因此我们大获成功。我们第一个月的利润有11000美元,我认为如此的表述是以一种特殊的方式做的记录。同样值得一提的是,借助完善的会计系统,我们知道了利润的准确数字。我们在经营炼铁厂时了解到,精确的账目至关重要。在制造过程中,让员工核对从一个部门转移到另外一个部门的材料数量,这是件有厚利可图的事情。

在这项新的业务成功启动之后,我开始考虑去休假,完成我长期以来环游世界的梦想。1878年的秋天,J. W. 范迪沃特(范迪)和我一起出发了。我随身带了几本记事本,开始记录每天的点滴。我这

近而立之年的卡内基与环游欧洲的同伴哈里·菲普斯和约翰·范迪沃特

四十三岁的卡内基与环游世界的旅伴范迪沃特

|三十五岁的卡内基|

|四十三岁的卡内基,已然是一位非常富有的商人|

卡内基建造的第一座熟铁生产高炉——露西高炉，建于1870年

霍姆斯特德钢铁厂，1892年该厂发生大罢工

卡内基的生意伙伴——查尔斯·M.施瓦布（上）及威廉·R.琼斯上尉（下）

卡内基的妻子路易丝·怀特菲尔德·卡内基,她与卡内基于1887年成婚

卡内基和女儿玛格丽特在斯奇伯城堡的草地上,摄于20世纪初

卡内基一家，拍摄于女儿玛格丽特二十一岁生日

| 卡内基夫妇 |

卡内基夫妇

样做不是为了出书,而是考虑到也许我可以把它们印刷出来,供小圈子的朋友们欣赏。当人第一次看到他讲的话得以印刷时,那种感觉是很棒的。当我从印刷商那里拿到这些书时,我重温了度假期间的这些记录,并且考虑是否值得把这些书送给我的朋友们。我的结论是,总的来说是可以的。于是我把书送了出去,然后等待朋友们的评价。

一个人不应该担心为朋友们写的书会得到不好的评价,但是这些书总是面临一些牵强赞美的危险。然而,对我这本书的评价超出了我的想象,让我感觉到他们真的是喜欢这本书,他们的称赞大部分是真诚的。每一位作者都喜欢听别人赞美。费城伟大的银行家安东尼·德雷克塞尔是第一个发表意见的人,他在信中抱怨说,我剥夺了他好几个小时的睡眠时间。打开这本书之后,他就有了欲罢不能的感觉,一直到凌晨两点,把书读完后才休息。我接到了几封这样内容的信。我记得一天早晨,中部太平洋铁路公司的总裁亨廷顿先生见到我时说,他要好好称赞一下我的书。

"您要称赞的是什么?"我问。

"是这样的,我从头至尾看完了你的书。"

"哦,这样啊,"我说,"这算不上多么好的评价。我们的朋友们也是这么做的。"

"是吗?但是他们都不像我这样。我好多年没有读过书了,除了我的账本。我起先并不打算读你的书,但是我开始之后就放不下了。5年来,我从头到尾读过的只有我的账本。"

我对朋友们所说的这些话并没有全信,但是从他们手里得到这本书的人也觉得很满意,这让我好几个月生活在令人陶醉的,我认为并没有什么害处的奉承之中。为了满足需求,这本书又加印了多次。报纸刊登了对这本书的评论和这本书的一些章节,最后查尔斯·斯克里布纳父子出版公司要求公开出版这本书。就这样,《环游世界》这本书与公众见面了,我终于成为了一名"作者"。

这次环球旅行让我眼界大开，改变了我的思想观点。当时大家对斯宾塞和达尔文推崇备至，我也对他们的作品产生了浓厚的兴趣。我开始从进化论的角度观察人类生活的不同阶段。在中国，我阅读了孔子的作品；在印度，我阅读了佛经以及印度教典籍；在孟买，我研究了帕西人的宗教创始人琐罗亚斯德。这次旅行让我获得了心灵上的宁静，曾经混乱的思想现在变得有秩序了，我的头脑平静了下来。我终于形成了自己的人生哲学。我对基督教中所说的"天堂就在你心中"有了新的理解。不是在过去，也不是在未来，天堂现在就在我们心中。我们所有的职责都集中在现世，在现在，急不可耐地渴望了解未来是徒劳无益的。

我出生以来所有关于神学的记忆以及斯维登堡教派对我的所有影响至此终结了，或者说它们不再占据我的思想了。我发现并不存在掌握了所有真理的民族，也不存在真理荡然无存的民族，每个民族都有他们自己伟大的导师。比如说佛，比如说孔子，比如说琐罗亚斯德，比如说基督。我发现所有这些派别在伦理方面的说教是相近的，因此我可以对我自豪地称为朋友的马修·阿诺德这么说：

　　人类啊！那一直眷顾你们的隐形的神灵，
　　从来不嘲笑你们发现的任何宗教。
　　有哪个宗教不是教人向上？
　　有哪个宗教不是像雨滴一样慰藉人干涸的心灵？
　　有哪个宗教不是冲着沉沦、疲惫的人这样喊：
　　你应该改过自新。

埃德温·阿诺德的诗集《亚洲之光》在这个时候出版了。它带给我的喜悦超过我最近读过的任何诗作。我刚刚去过印度，这本书又把我带回了那个地方。我喜欢这本书的消息传到了作者那里，后来我们在伦敦见了面，他把这部诗集的原稿赠给了我。这是我最珍贵的收藏之一。任何有条件的人，即使要做出一点牺牲，也应该做一次环球旅行。相比较之下，其他任何类型的旅行都是不完整的，它们只是让我们看到了整体中模糊的一部分。在你环球旅行回来之后，你会感觉你已经看到了（当然只是从整体上说）应该看到的一切。所有的部分汇成了一个有机的整体，而你会看到所有人类努力的明确终结点。

那些仔细研究过东方各种宗教经典的世界旅行者会有很大的收获。他们会得出一个结论，那就是每个国家的人都会认为自己的宗教是最好的。他们为命运让他们出生在那个地方而感到高兴，并且可怜那些不幸生活在其他地方的人。然而，所有民族的大多数人通常都生活得很幸福，因为每个民族的人都确信：

金窝银窝，不如自己的狗窝。

我在《环游世界》这本书里记录的两件事情可以说明这一点：

我们访问新加坡附近树林里的木薯工人时，看到他们都在忙忙碌碌地工作着，他们的孩子赤身裸体到处跑动，而他们的父母通常衣衫褴褛。我们的到来吸引了他们的注意。我让向导告诉这些人，我们来自一个在这个季节池塘里的水会变成固体的国家，人们可以在这种东西上面走。有时候冰面很硬，甚至马车都可以在上面轧过，穿过宽阔的河面。他们感到很奇怪，问我们为什么不到这里来和他们一块生活。他们真的感觉非常幸福。

另外一件事情是这样的：

在我们去北角的路上，我们访问了拉普兰人的一处驯鹿牧场。船上的一位水手受委派和我们同行。参观结束后，我和他一同步行往回走。接近峡湾时，我往下看到了对面海岸上一片零乱的小屋，还有一座正在建造的两层小楼。"那座新楼是做什么用的？"我们问道。

"那是一个出生在特罗姆瑟、后来挣了大钱的人盖的楼房。

这个人现在要回来住了。他非常有钱。"

"你说你游遍了整个世界。你去过伦敦、纽约、加尔各答、墨尔本，还有其他地方。如果你像他那么富有，你年老了会在哪里安家？"他问道，眼睛里闪着光。

"啊，没有像特罗姆瑟这样的好地方。"这个地方在北极圈内，一年中有六个月时间是黑夜。但是他出生在这个地方。家啊，温暖的家！

在生命法则或大自然的法则中，有一些法则看起来是存在问题的，有一些明显不公而且无情，然而也有很多法则凭借其妙处和温馨让人们惊奇。对家的热爱是其中之一，不管家的性质或地址。我们很欣喜地发现，上帝不是只照顾一个民族或国家，而是让每个民族都有与其发展阶段相适应的宗教信息。上帝没有忽略任何民族。

第十五章　乘车旅行和婚姻

1877年7月12日,我的故乡邓弗姆林授予我荣誉市民权。这是我第一次被授予荣誉市民权,也是我得到的最高荣誉,因此我的心情非常激动。在荣誉市民簿上,在沃尔特·司各特爵士和我之间只有两个人的名字。我父母曾经目睹沃尔特·司各特为邓弗姆林修道院绘制草图,并常常向我提及他的形象。我犯愁在接受荣誉市民权时如何致辞,于是我向舅舅贝利·莫里森请教,告诉他我想要说什么。作为一位演说家,他给我讲了一句非常有智慧的话:

"就说你心里想的,安德拉,没有什么比得上你内心的感受。"

我把这句关于公众演讲的经验牢记在心。在演讲方面,我想对年轻人提一项建议:当你在观众前面站起来准备讲话时,要记着你眼前只有男人和女人,要像平时对其他男人和女人讲话一样对观众讲。如果你不打算表现得与平时不同的话,那么你就不会有任何尴尬。就像在办公室里与自己人说话那样就行了,那不会有任何问题的。只有在你打算模仿别人的时候,你才会感到底气不足。自然一点,胆子大一点。我曾经向我心目中最优秀的演说家英格索尔上校请教,问如何能让演讲具有感染力。"千万不要做作,"他说,"自然地讲话就行了。"

1881年7月27日,在我母亲为我捐建的第一座免费图书馆大楼奠基的那天,我在邓弗姆林又做了一次演讲。想当年,包括家父在内的5个织造匠捐建了当地的第一家图书馆,他们把自己的书拿出来供邻居们阅读。邓弗姆林把我捐建的大楼命名为"卡内基图书馆"。负责建造这座图书馆的建筑师向我要盾徽，我说我没有，但是建议他在门上刻一个冉冉升起的太阳，洒着阳光，同时刻上"让书籍带来光明"这句格言。他采纳了我的建议。

我们一群人是乘长途车来到邓弗姆林的。1867年，当我和乔治·劳德以及哈利·菲普斯一起在英国旅行时，我就产生了与朋友们乘车从布赖顿到因弗内斯的想法。遇到了合适的机会之后，我们11人于1881年春天乘船从纽约出发，开始了一次快乐的旅行。那些脱离工作的休假让我保持年轻和快乐，它们胜过任何药品。

出发前，我花两便士购买了一本笔记本，用于记录下这次旅行的经历。我坚持每天做记录。就像《环游世界》的情形一样，我想我也许在将来为杂志写篇文章，或者向身边人讲述这次出行的经历。在一个寒冷的冬日，我不愿意去位于3英里外的纽约办公室，又发愁如何打发这段时间。我想到了这次的旅行，决定写几行看看。写作进展很顺利，天黑时我已经写了三四千字。从此，我利用风雪天不去办公室的时间从事这件令人愉快的工作，历时20天完成了这本书的写作。我把写作成果交给斯克里布纳先生出版社的人，请他们印几百册供小范围阅读。我的朋友们读后都非常喜欢，就像那本《环游世界》一样。一天，钱普林先生告诉我斯克里布纳先生也读了这本书，并且希望这本书可以公开出版。他愿意自己承担出版费用，而且还付给我版税。

我这个人有点虚荣心，很容易就相信了我这本书写得还不错，于是同意了这项提议。（直到现在，这本书每年还给我带来一点版税收入。现在是1912年，30年已经过去了。）这本书出版后，我收到了大量的来信，其中有一些令人特别感动。我身边的人把这些信收集起来，订在一起，并且这本剪贴簿的内容在不断增加。有许多病人来信说，这本书照亮了他们的生活，这让我感觉很欣慰。这本书在英国也受到了热烈的欢迎，《旁观者》杂志给了它十分积极的评价。但是，我确信这本书的成功之处在于，我根本没有打算用它来感动别人，这本书是我为朋友们写的，而人能把轻松而为的事做好。我带着喜悦的心情写作这本书，就像我在旅途中的心情一样。

1886年年末，我的心情极度郁闷。我无忧无虑的年轻人生活结束了，我成为一个孤苦伶仃的人。母亲和弟弟于11月先后离世，间隔只有数日，而我因身染伤寒而卧病在床，竟然感受不到这次灾难的打击。事实上，我本人也正面临死亡的危险。

我是第一个病倒的。当时，我正在克雷森斯普林斯的乡间小屋度假。这是一座位于阿勒格尼山上的小屋，母亲和我曾多次在那里度过愉快的夏天。在离开纽约前的一两天，我就感觉非常不适。请来的医生判断我染上了伤寒。我们又请了纽约的丹尼斯教授来看，他也做出了同样的诊断，于是人们立即增派了一个巡诊医生和受过训练的护士。此后不久，母亲病倒了，我弟弟也在匹兹堡染病。

人们对我失去了信心，我自己也情绪低落，我的整个心性好像都变了样。我无可奈何地接受了现状，沉陷于冥想之中，感受不到任何痛苦。我不知道母亲和弟弟严重的病情，因此当我知道这两个人都永远离开了我时，我很自然地认为我应该随他们而去。我们从未分开过，为什么这次要分开呢？但是命运有别的安排。

我逐渐恢复过来。接下来，我开始考虑未来的事情。我只能在未来中寻求希望和安慰，所思所想皆着眼未来。我认识路易丝·怀特菲尔德小姐已多年，她母亲允许她和我一起在中央公园骑马。我们都非常喜欢骑马。经常与我一起骑马的还有其他几位年轻女士。我养了几匹好马，经常与某位喜欢的女士在中央公园或者纽约周围一起骑马。后来，怀特菲尔德小姐成为我最中意的人，其他人都成为了普通朋友。我确定她通过了我为几位女士设计的最严格的考验，她的表现最好。我建议年轻人在选择伴侣时也可以进行一些测试。如果他们也像我一样信奉下面这些句子，那么就好办了。

  我的眼睛曾经关注地盼睐过许多女郎，

>为了各种不同的美点,
>
>我曾经喜欢过各个不同的女子;
>
>但是从不曾全心全意地爱上一个,
>
>总有一些缺点损害了她那崇高的优美。
>
>但是你啊,这样完美而无双,
>
>是把每一个人的最好的美点集合起来而造成的![1]

我的内心仍然在回响这些文字。如今,我与路易丝已经携手走过 20 年。我们的生活如此美妙以至于我愿意用任何我能想到的言语来赞美她。

我的求爱遭到了冷遇。她已经有不少年轻的追求者,并且我的财富和辉煌的未来成了我的绊脚石。我很富有,拥有一切,于是她认为自己不能给我带来什么。她的理想是成为一名正在奋斗的年轻人的贤内助,这样她就是一个不可或缺的人,就像她母亲之于她父亲。在她二十一岁时,她父亲去世了,她从此承担了大部分的家庭重担。在二十八岁的年龄,她已经形成了自己的世界观。有时她看起来很乐意与我交往,我们互相写信,倾诉感情。然而有一次,她在回信中说她必须彻底放弃我。

在我能够被挪动时,丹尼斯教授和他夫人把我从克雷森接到他们纽约的家中,我在丹尼斯教授的监护下卧床休养了一段时间。怀特菲尔德小姐过来看我,因为在我能够拿起笔时,我在克雷森写的第一封信就是给她的。她现在知道我需要她了,我现在是孤零零一人,她可以成为一名真正的贤内助了。她全心全意地接受了我,并与我定下了婚期。1887 年 4 月 22 日,我们在纽约结婚,之后乘船去英国的怀特岛度蜜月。

我妻子对野花非常感兴趣。以前,她在书中读到各种各样的花草品种,如三色堇、勿忘我、报春花、百里香等,但是从来没有见到过,

---

[1] 选自莎士比亚戏剧《暴风雨》第三幕第一场,为腓迪南对米兰达的赞美之辞。

她这次可是全见到了。那里的一切让她着迷。劳德姨夫和一位堂兄从苏格兰过来看望我们,根据他们俩的建议,我们随后前往基尔克拉斯顿消夏。毫无疑问,苏格兰的美景让我妻子陶醉了。她少女时期的最爱是苏格兰的小说和"苏格兰族长",到苏格兰后,她很快变得比我更像苏格兰人了。这一切让我感到美梦成真。

我们在邓弗姆林度过了一段快乐的时光。我陪她一同去了我少年时候经常去的地方,人们向她讲述了我那时候经历的事情。了解到我的骄人事迹后,我们的关系更密切了。

在我们继续北进的路途中,我被授予了爱丁堡荣誉市民权。参加这次仪式的人非常多,罗斯伯里勋爵在仪式上致辞。我在当地最大的报告厅内向工人们做了一次演讲,之后我和妻子分别收到了他们的礼物。我妻子收到的是一枚胸针,这是一件她非常珍视的礼物。观看了风笛手的精彩演奏之后,她央求在我们家里也雇这样一个乐手,让他早晨用笛声把我们唤醒,并且在我们用餐时吹奏乐曲。尽管她是一个纯粹的美国人,而且是康涅狄格州的清教徒,她还是宣称如果必须要在一个孤寂的小岛上生活,而且只能选择一种乐器的话,她一定会选择风笛。不久,一个风笛手带着克卢尼·麦克弗森的证明信找到我们。我们雇佣了他,在他的风笛音乐中入住了我们在基尔克拉斯顿的房子。

我们都喜欢基尔克拉斯顿这个地方,尽管卡内基夫人渴望有一座更贴近自然、地势更高的房子。马修·阿诺德来拜访我们了,还有布莱恩先生[①]和夫人,参议员尤金·黑尔及夫人等很多朋友。卡内基夫人见到了我在邓弗姆林的亲戚们,包括年老的叔叔和婶婶们。大家都很喜欢她。他们都说我们两个能够结婚让他们感到不可思议。不过我也告诉他们,我同样感到不可思议。显然,是命运让我们

---

① 布莱恩(Blaine)的全名为詹姆斯·G.布莱恩(James G. Blaine),他曾两度出任美国国务卿,以创建泛美会议出名。

走在了一起。

我们把风笛手、女管家和一些仆人带回了纽约。其中,为我们忠实服务了20年的尼科尔夫人依然和我们在一起,并且成为我们家庭中的一员。一年后,我们又雇佣了乔治·欧文为我们的男管家,还有麦琪·安德森为我们的仆人。他们都是尽心尽力的人,为人正直而且绝对忠诚。

第二年,我们住进了克鲁尼城堡。我们的风笛手恰好了解城堡的情况,他给我们做了许多介绍。他从小就是在那里长大的,这可能影响了我们的决定。我们曾在这里度过了好几个夏天。

1897年3月30日,我们的女儿降生了。我第一次看到她时,卡内基夫人对我说:

"我给她起名叫玛格丽特,和你妈妈的名字一样。现在我有一个要求。"

"是什么要求,路易丝?"

"我们应该买一个夏天避暑的房子,因为上天赐给了我们这个小家伙。我们不能老是租房子,来去都要受时间限制。我们应该有自己的房子。"

"你说得对。"我表示同意。

"我只有一个条件。"

"是什么?"我问。

"必须是建在苏格兰高地上的房子。"

"天啊,"我说,"我也是这么想的。你知道我要避开阳光,有什么比在石南花中安家更合适呢?我要亲自安排这件事情。"

于是我们有了斯奇伯城堡。

我母亲和弟弟去世几个月之后,卡内基夫人进入了我的生活,从那时到现在已经过去20年了。她改变了我的生活,我的生活因为她而快乐,我都无法想象如果没有她的照顾,我自己将如何生活。在她通过了腓迪南式的考验后,我认为我已经了解她了,但我见识的只是她一小部分品质。她的纯洁、圣洁和智慧超出我的想象。在我们以后忙碌而多变的日子里,在公共场合,在与其他人的交往以及在处理家庭和个人事务方面,她表现得像一个出色的外交家和调解人。她所到之处,一切归于平静和友善。在少数需要勇敢站出来的场合,是她首先意识到形势的需要并勇敢地出面。

这位调解人一生中从未和人吵过架,包括和她的同学们。在认识她的人当中,还从来没有人抱怨说在她那里受到了怠慢。这并不是说她来者不拒,没有人像她那样挑剔,但是门第、财富或者社会地位对她没有任何影响。这是一个在言行方面从不表现粗鲁的人,她的一举一动都很有品位。然而,她从来不降低交往标准,只有那些最优秀的人才能进入她的亲密朋友圈。她总是在想如何帮助周围的人——帮助这个或者那个面临困难的人,而且做事安排周到,礼物选择有新意,让与她合作的人感到惊喜。

我无法想象在这 20 年中,没有她我的日子将如何度过。我也不能忍受她先于我离开人世的想法,我自己没有力量承受那样的安排。但是想到如果我先去世,她自己将要承受的重担——孤零零的一个妇人要费心照顾那么多事情,没有男人可以商量——我又感到非常痛苦。我有时想到让自己代她来承受这一切。但是我又想到,她生命中还会有我们可爱的女儿陪伴她,也许那会让她安度一生。此外,相对于父亲,玛格丽特更需要她妈妈。

为什么,为什么,我们要被迫离开我们在地面上的乐园,去一个我们不知道的地方!我想用杰西卡[①]的话来表达我的想法:

  巴萨尼奥大爷娶到这样一位好夫人,
  享尽了人世天堂的幸福,
  自然应该不会走上邪路了。

---

① 杰西卡(Jessica)是莎士比亚戏剧《威尼斯商人》中夏洛克(Shylock)的女儿。下一段的文字出自《威尼斯商人》第三幕第五场。

第十六章　工厂和工人

在钢铁业务方面，我在英国了解到一项重要经验，即必须拥有自己的原材料，并且把产品加工到可以立即使用的程度。在解决了埃德加·汤姆森工厂的钢轨问题之后，我们很快就进入了下一个阶段的工作。由于很难获得生铁供应而且供应不稳定，我们被迫开始建立自己的高炉。我们总共建造了三座高炉，其中有一座是从埃斯卡诺巴制铁公司收购过来之后重建的，克罗曼先生与这家公司有关联。这一高炉的花费和新高炉一样，却不如新的好用。没有什么比购买劣等工厂更让人心生不满的了。

尽管从表面上看这次收购是一个错误，但是在随后的日子里，它给我们带来了丰厚的利润，因为这是一座适合生产镜铁以及锰铁的小高炉。我们是美国第二家能自己生产镜铁的公司，是美国首家也是多年以来唯一一家能够生产锰铁的公司。我们过去从国外进口这一关键产品，每吨支付80美元高价。在实现这一突破方面，我们的高炉经理朱利安·肯尼迪先生功不可没，是他提出我们可以用手头的矿石在小高炉中生产锰铁。我们认为这值得一试，结果我们取得了巨大成功。我们的产量能够满足整个美国的需求，产品价格因此从每吨80美元下降到50美元。

在用弗吉尼亚的矿石做试验的时候，我们发现这些矿石正被欧洲人悄悄地买了去，用来制作锰铁，而矿主被误导了，坚信它们是有其他用途。我们的菲普斯先生立即着手购买那座矿山。矿山的原主人缺少有效运作这座矿山的资金和技术。我们高价购买了他们的股份后,成为矿山的主人(只有一位戴维斯先生留了下来,他是个能干的年轻人)。在此之前,我们已经对矿井进行了彻底的调查,发现这里的锰矿储存量足够回报我们的投资。之后我们立即行动,购买矿山的过程进行得非常快,一天都没有耽搁。这就是合伙制公司优于有限公司的地方,因为有限公司的总裁必须要先咨询董事会,等上几周或几个月再做决定。到那时,矿山可能早就成为别人的财产了。

我们继续增加高炉数量,每一座新的高炉和以前的相比都有巨大的进步,直到我们认为我们的高炉达到了标准水平。无疑,我们还会做一些小的改进,但是至少我们能够看到一个完善的工厂,一个月生产能力为5万吨生铁的工厂。

启动高炉业务意味着我们向独立生产和成功生产迈出了重要的一步,此外,我们还需要获得稳定的优质焦炭供应——康奈尔斯维尔矿场可以实现这一需求。我们发现,如果缺少这种炼铁需要的关键燃料,我们就无法长期经营下去。在仔细研究了这一问题之后,我们认为弗里克焦炭公司不仅拥有最优质的煤炭和焦炭,而且还拥有弗里克先生这位管理天才。弗里克先生起初只是一个普通铁路职员,他所取得的成功证明了他的才能。我们在1882年购买了这家公司的一半股份,随后从其他股东手中买进股份,后来成为大部分股份的拥有者。

现在还剩下一件事要做,那就是获得铁矿石的供应。如果我们能够做到这一点,那么我们就会和欧洲的两三家企业处于同等的位置了。我们一度认为在宾夕法尼亚发现了铁矿,然而我们在蒂龙地区的投资受到了误导,在这一地区挖掘和使用铁矿的努力损失了我们大量资金。在矿井边缘的矿石看起来很不错,这是因为在天气的长期作用下,矿石中的杂质被冲走了,造成此处矿石的铁含量较高。然而,当我们深入矿井一段距离之后,发现这里矿石中的铁含量很少,根本不值得开采。

我们派化学家普罗斯先生到宾夕法尼亚州群山中的一个熔炉那里,这是我们租借的一个熔炉。他的任务是分析所有来自该地区的材料,并且鼓励人们给他带来矿物标本。化学家在当时引起人们巨大的恐惧,一个最突出的例证是他得费很大劲才能找到一个男子或男孩到实验室来帮助他。当他试图通过那令人疑惑的仪器来讲解石头里面有什么时,人们怀疑他与邪恶势力有来往。我记得最后我们不得不从匹兹堡的办公室给他派一个人。

有一天,他给我们寄来一份无磷矿石的分析报告,这种矿石很适合用于生产酸性转炉钢。这一发现立即引起了我们的注意。地产的主人名叫摩西·汤姆森,是一个富有的农场主,他在宾夕法尼亚州森特县拥有7000英亩风景优美的农田。我们和他约好在发现矿石的地方会面。我们发现该矿在五六十年前曾被开采过,矿石供应给木炭高炉,但是此地的矿石名声不怎么样,原因无疑是它们比其他矿石的纯度要高很多,以致使用同样数量的熔剂会在冶炼过程中出现麻烦。在那些日子里这些矿石没什么用,这真令人兴奋。

我们最终获得了在六个月之内随时接管矿山的权力。我们接下来开始了调查工作,这是每个矿产收购者应该仔细做的工作。我们在山坡上每隔50英尺拉上一条线,然后交叉着每隔100英尺再拉上一条线。我们在每个交叉点上打一个矿井。我记得总共打了80个这样的矿井,而且每隔几英尺深的矿石都要经过分析。就这样,在我们支付所要求的几十万美元之前,我们已经确切知道矿石的成分。调查结果超出了我们的预期。凭借我的堂兄兼搭档劳德先生的能力,采矿和洗矿的成本降至很低的水平。斯科舍矿石弥补了我们在其他矿山中遭遇的损失,在收回成本之后还有一些利润。至少这一次我们走出了失败的阴影,获得了成功。有了化学家做我们的向导,我们的信心更足了。此后,我们更加积极地致力于自己解决原材料。

我们有赔有赚。生意上的风险有时是很大的。一天,我和菲普斯先生一起从工厂开车回来,经过位于匹兹堡佩恩大街上的国家信托公司办公室。我注意到横在窗户上的镀金大字"股东个人承担责任"。就在那天早晨,在看我们的财务报表时,我注意到在资产项目上有20份"国家信托公司"的股份。我对哈里说:

"如果我们拥有这家公司的股份,请你今天下午回到办公室之前卖掉它们,好吗?"

他认为不必着急,可以在适当的时候处理。

"不行,哈里,请答应我立即把它们卖掉。"

他这样做了,卖掉了那些股份。真的很庆幸他这样做了,因为没多久那家银行就因亏损巨大而破产了。我的堂兄莫里斯先生也是遭受损失的股东之一。其他许多人也遭受了同样的命运。那段时间人心惶惶,假使我们自己要承担国家信托公司债务责任的话,我们的信用会不可避免地遭受严重威胁。这真是死里逃生。这20份股票(价值2000美元的股份)是应朋友们的请求而购买的,他们希望我们的名字出现在股东名单上,而仅这一点股票竟能造成这样大的危险。我们从中吸取了教训。生意场上一条明智的规则是,当你有盈余的时候,你可以随意施舍,但是你永远不要成为个体承担责任的公司背书人或成员。几千元的小投资,这是纯粹的小投资,然而它却具有致命的杀伤力。

我们清楚地认识到,在不久的将来,钢会迅速取代铁。即便是在我们的拱顶石桥梁厂。铁也越来越多地被钢替代。铁国王即将遭到新到来的钢国王的废黜,而我们也越来越依赖后者了。1886年,当我们正打算在埃德加·汤姆森工厂旁边建设新的工厂,以生产各种形状的钢材时,有人向我们提了一个建议。匹兹堡的五六家主要的制造商曾联合在霍姆斯特德建立了一家钢厂,现在他们愿意把这家工厂卖给我们。

这些工厂起初是由一批制造商联合建立的,目的是为他们的各项事业提供必要的钢材。但是钢轨生意当时正处于鼎盛时期,他们于是改变计划,建立了一家钢轨工厂。在钢轨价格比较高的情况下,他们生产钢轨没有问题，但是因为工厂不是专门为钢轨生产设计的，他们缺少关键的供应生铁的高炉，也没有可提供燃料的焦炭矿。他们根本无法与我们竞争。

购买这些工厂对我们是有利的。我觉得处理与这些工厂老板们之间的关系只有一种方法，那就是提出与卡内基兄弟公司合并。我们提出在平等的条件下进行合并，他们已经投入的每一美元和我们的投入拥有相同价值。在此基础上，谈判迅速达成协议。不过，我们给了各方提取现金的选择。让我们感到十分幸运的是，除了乔治·辛格先生外，所有人都选择变现。乔治·辛格先生继续与我们一起经营，这让他和我们都感到很满意。辛格先生后来告诉我们，他的合伙人们曾经对如何应对我提出的方案忐忑不安，他们担心受骗。但是当我提出全面平等的原则，双方的投资价值相同时，他们就无话可说了。

此次收购让我们重建了所有的企业。我们于1886年组建了新公司卡内基菲普斯公司来经营霍姆斯特德工厂。威尔逊沃克公司并入卡内基菲普斯公司，沃克先生当选为董事长。我弟弟是卡内基兄弟公司的董事长，是所有公司的领导。在下一步的业务扩张中，我们在比佛福尔斯建立了哈特曼钢厂，旨在把霍姆斯特德的产品加工成各种各样的形状。就这样，从圆铁钉到20英尺长的钢梁，我们几乎可以生产所有钢材。那时候大家认为我们不可能再进入任何新的领域了。

我想在这里回顾一下我们工厂从1888年到1897年10年间的发展历程。1888年，我们投入了2000万美元的资金。1897年，我们的投资翻了一倍多，达到4500万美元。1888年，我们年产60万吨生铁，10年后的年产量为其3倍，已近200万吨。1888年，我们日产2000吨钢铁，10年后的日产量突破了6000吨。我们的焦炭厂起初只有约5000个炉子，10年后的数量为其3倍，而且我们的产能也从日产6000吨增长到18000吨。1897年，我们的弗里克焦炭公司拥有42000英亩的煤田，占康纳斯威尔矿脉的三分之二还要多。10年后，人们发现生产也在以同样的速度增长。应该接受这样一条公理，即在一个像我们这样快速发展的国家，一家制造企业一旦停止扩张，它也就开始走向衰落了。

为了生产一吨钢，需要开采一吨半的铁矿石，并且通过铁路把它们运到100英里外的大湖区，然后海运航行数百英里，再转到铁路车厢，通过铁路运送到150英里外的匹兹堡；需要开采一吨半的煤矿，并制成焦炭，然后通过铁路运输运送50多英里；需要开采一吨石灰石，并运输150英里至匹兹堡。我们是如何把钢生产出来，以每磅2美分的价格卖掉而不亏损的？坦白说，我觉得这一点难以置信，甚至接近于传奇。但是我们确实做到了。

美国不久就会从成本最高的产钢国变成为成本最低的产钢国。贝尔法斯特的造船厂已经成为我们的客户。这还只是开始。目前，美国可以和其他国家一样，以同样低的成本生产钢，尽管美国的劳动力报酬更高。在机械领域雇佣高价的劳动力是再划算不过的事情了，前提是这些技术工人是自由的、心满意足的、充满热情的，而且付出之后能够得到相应的回报。在这一方面，美国做得最好。

在世界范围的竞争中，美国拥有的一项巨大优势是，这里的制造企业拥有最好的国内市场。他们可以依托这一市场获得投资回报，同时将剩余产品极具竞争力地出口，倘若出口部分的成本按总成本的比例分摊，出口价格甚至仅够支付实际成本。像我们这样拥有巨大国内市场，而且产品实行了标准化的公司，产品销量会很快超过国外对手。我在英国讲过一个与此相关的词："剩余法则"。此后，这个词就开始在商界普遍使用了。

第十七章　霍姆斯特德大罢工

在谈论我们的制造业投资时,我想讲一下发生在1892年7月1日的那次罢工。当时我正在苏格兰高地,我们的管理层和工人发生了一次最为激烈的争吵。26年来,我一直积极投身于维护好我们和工人们的关系,我为取得的良好劳资关系感到自豪。我希望我完全无愧于我的主要搭档菲普斯先生对我的评价。当时,有人称我在霍姆斯特德罢工期间依然留在海外,而不是飞回来支持我的搭档们。菲普斯先生于是在1904年1月30日的《纽约先驱报》发表了一封回复信,信中说"我总是倾向于答应工人们的要求,虽然那些要求并不合理",因此我的一两个搭档并不愿意我回来。即使不考虑与雇员建立朋友关系会带来好处,单从经济利益考虑,我也认为向那些尊重雇主、心情愉快而且满足的人支付高工资是一项很好的投资,一项能够确实带来巨大收益的投资。

随着贝西默平炉炼钢技术以及一些基础革新的出现,钢的生产经历了一次变革。以前使用的机器已经落后了。认识到这一点之后,我们的公司投资了数百万美元重建和扩建在霍姆斯特德的工厂。新设备比老设备的效率高百分之六十。我们雇佣的218名计量工人和我们签了3年的劳动合同,由于最后一年使用了新机器,他们当年的收入增长了近百分之六十。

公司提出在制订新的分配方案时,公司和工人们平分这百分之六十的增长,也就是说工人们的收入会比过去增加百分之三十,剩余的百分之三十归公司，用以补偿其开支。工人的工作不会比之前更难，因为改进的机器让他们的工作更容易。这种安排不仅公平合理，而且非常慷慨，在通常情况下工人们都会带着感激来接受这一切。但是公司当时正忙于为美国政府制造装甲，我们之前曾两次拒绝生产政府急需的这些装备。此外，它还要完成为芝加哥展览会供货的合同。工人中的一些领袖们了解到这些情况后，坚持要求获得全部百分之六十的新增利润，他们认为公司会不得不答应他们的要求。公司无法同意，也不应该同意，因为这就好比扼住某个人的咽喉说："乖乖地照我说的去做。"公司义正词严地拒绝了。假使我在国内，也不会有什么让我屈服于这一不公平的勒索企图的。

迄今为止，一切都还好。在与我们的工人有分歧的时候，我所遵循的政策是要耐心等待，和他们讲道理，并说明他们的要求是不公平的。但是我从来不试图在他们的岗位上起用新人——永远不。然而没有参与这次争执的3000人向霍姆斯特德的主管保证，他们能够管理工厂，并且急于除掉那些组成工会的218人。这些人迄今为止拒绝接受其他部门的人员，只接受合格的"加热工"和"轧钢工"。

我的几个合伙人被这个主管误导了，因为主管本人也被误导了。因为他是刚刚从下面提拔上来的，处理这类事情没有经验。少数工会成员不合理的要求，以及3000名非工会成员认为这些人不够公正的态度，很自然地让他认为这样做不会有麻烦，工人们会按照他们所承诺的那样去做。在3000人当中，有许多人可以，而且希望代替那218人的位置，至少向我汇报的情况是这样的。

回头看时，人们会说本来就不应该开这家工厂。现在公司所能做的就是对这些人说："现在发生了劳动纠纷，你们必须自己去解决它。公司已经给了你们很慷慨的条件。工厂只有在争端解决之后才能恢复运转。在此期间，你们的岗位都还在。"或者，那位主管可以对那3000人这样说："如果你们愿意在不受保护的情况下继续生产，我没有意见。"他还让他们自己承担保护自己的责任。那可是3000

人对阵218人啊。此外，另一种明智的选择是让司法长官带着卫兵来保护这几千人不受那几百人的欺负（我称之为寻求国家官员的保护，以防万一）。那几百人的领导者非常凶猛好斗，他们有大炮和手枪，是能够震慑住这几千人的。后来发生的事情证明确实如此。

我想引用以前写过的几句话，它们可以作为我们的原则："我的主张是，应该让大家知道，公司决心允许所有工人停止工作，与他们自由协商，耐心等待他们自己决定回来工作，但是从不考虑试用新人——永远也不。"最好的人，以及最优秀的工人，是不会满街找工作的。通常来说，只有差等人才无事可做。我们需要的是那些很少失业的人，哪怕是在萧条时期。新人不可能成功地操作一个现代钢厂的复杂机器。吸纳新人的做法让几千名渴望工作的老工人不再那么热情地支持我们，因为工人们向来就痛恨雇用新人的做法。谁又能指责他们呢？

然而如果我在国内，我可能也会在别人的劝说下命令重新开工，就像那位主管希望的那样，来试试我们的老员工们是否会像他们承诺的那样开始工作。需要指出的是，我的同伴们第一次命令重新开工时并没有雇用新人。正相反，这次命令是在几千名老员工的请求下下达的，我回来后人们向我汇报的情况是这样的。这一点很关键。我的合伙人在主管的建议下做了这次尝试，他们是不应该受到任何责备的。迄今为止，我们并没有违背永远不雇用新员工，等待老员工回来工作这一原则。至于在罢工者开枪打了司法长官的官员后第二次重新开工，人们回头来看的时候也很容易说："要是等到老工人们投票决定回来时再开工，那该有多好。"但是在此期间，宾夕法尼亚州州长带着8000名士兵控制了局面。

混乱发生的时候，我正在苏格兰高地旅行，直到两天之后才听说这件事。这是我一生中遇到的对我伤害最深的一件事情。在我职业生涯经受的各种伤害中，依然让我感觉痛苦的只有这次霍姆斯特德罢工。这是十分没有必要的。那些人完全做错了。在新的工资制度下，由于使用了新机器，罢工者每天可以挣 4 到 9 美元，比使用旧机器时多百分之三十。在苏格兰时，我接到了我们工会领导人的这封电报：

"仁慈的主人，告诉我们你希望我们怎样做，我们会照你说的去做。"

这非常感人，但是可惜太晚了。他们已经做错事了。工厂现在掌握在州长的手中。太迟了。

在国外时，我收到许多了解这一事件的朋友们的友好信息，他们想象到我会很不开心。下面是格莱斯顿先生①写的一封信，我非常感谢。

我亲爱的卡内基先生：

很久以前，我妻子和我就已经对您最诚挚的祝贺表示了感谢。但是我没有忘记，您自己一直在经受焦虑。您大力倡导富人做更为有意义的事情，这让您遭受了指责。我希望我能帮助您从记者的毁谤中解脱出来，他们写文章时常常过于草率、自以为是、吹毛求疵、满怀恶意、居心不良。我希望尽我所能做一点点事情，那就是我确信在认识您的人们中，没有人会因为大西洋这岸发生的不幸事件（显然，我们并不了解其中的是非曲直）降低对您慷慨言论的信任，他们也不会降低对您伟大而杰出工作的崇拜。

目前，财富正像恶魔一样试图吞没人的道德标准，而您以自身的言行为榜样，告诉恶魔他的企图不会得逞。我本人向您表示感谢。

以上全是肺腑之言。

您忠实的 W. E. 格莱斯顿（签名）

---

① 格莱斯顿即威廉·尤尔特·格莱斯顿（William Ewart Gladstone），曾作为自由党人四次出任英国首相（1868—1874、1880—1885、1886 和 1892—1894）。

我在此引用这封信作为证明,用于说明格莱斯顿先生宽广的胸怀和富于同情心的品德,这是一个关心所有值得同情的事情的人,他对那不勒斯人、希腊人、保加利亚人以及经受了不幸的朋友都表现出了这种关心。

当然,普通民众并不知道我那时候在苏格兰,对于最初发生的事情一无所知。在属于我的卡内基工厂,一些工人被打死。这足以让我长时间背负骂名。不过,后来终于有一次机会让我洗脱罪名。汉纳议长是全国民权联合会的主席,这是一个由资本家和工人组成的组织,对劳资双方都能施加良性影响。尊敬的奥斯卡·斯特劳斯当时任这一组织的副主席,他邀请我到他家吃饭,与联合会的官员们见面。在约定的日期前,联合会主席、我终生的好友并且曾是我们在克利夫兰经纪人的马克·汉纳突然去世了。我如约赴宴。在宴会结束时,斯特劳斯先生站起来,说汉纳先生的继任人选问题已经考虑过了。他必须要报告的是,每个回复的劳工组织都愿意让我来接任。在场就有几位劳工领袖,他们一个接一个地站起来,支持斯特劳斯先生的说法。

这件事情让我感觉很意外,同时也让我很感激。我觉得自己应该受到劳工们的厚待。我知道自己非常同情劳动阶层,而且我也受到自己工人们的尊重。然而,由于发生了霍姆斯特德骚乱,全国各地对我的看法却正相反。在公众看来,卡内基工厂就是剥夺劳工正当收入的那家企业。

我站起来,向参加宴会的官员们解释了我的想法,那就是我大概不能接受这份巨大的荣誉,因为我需要避开夏季的炎热,而联合会的领导人必须一年四季都身在其位,要能够随时出面解决冲突。我对此感到十分尴尬,但是我设法让所有人明白,这一提议让我感到无比光荣。这是安慰我受伤心灵的一剂良药。我最后说,如果大家选我进入执委会,接替我去世朋友的位置,这一点我是乐意接受的。结果如我所愿,大家一致投票选举我接替这个位子。至此,我终于摆脱了大家普遍认为我对那次骚乱和骚乱中屠杀工人负有责任的想法。

我要感谢奥斯卡·斯特劳斯先生,是他帮助我证明了我的清白。他读了我早期关于劳工问题的文章和演讲,并且经常向工人们提到我说过的这些话。参加这次宴会的有联合工会的两位领导人,即来自匹兹堡的怀特和谢弗,他们有办法而且也迫切想告诉董事会的工友们我在劳工问题上的所作所为。他们也真的去做了。

此后,工人和他们的家属们在匹兹堡的图书馆大厅举行了一次欢迎集会,我在集会上做了一次发自肺腑的讲话。我会永远记得自己说过的这样一句话,那就是资本、劳工和雇主就像是一只三条腿的板凳,没有主次之分,同样不可缺少。演讲结束后,大家热情地握手,所有隔阂都烟消云散。就这样,我和工人及其家属们重归于好,我感到压在我身上的一块大石头终于被搬走了。然而,对我来说这是一次痛苦的经历,虽然事件发生时我在数千英里之外的地方。

我的朋友罗格斯大学的约翰·C.范·戴克教授讲述了与霍姆斯特德大罢工有关的一件事情:

1900年春天,我从加利福尼亚湾的瓜伊马斯北上前往一个朋友在拉诺利亚弗德的农场,打算在索诺拉山区进行为期一周的狩猎。这个农场位置偏僻,我原本以为只会遇到几个墨西哥人和许多亚基印第安人,但是我竟非常意外地遇到了一个讲英语的美国人。我不久就发现他来到这里的原因,因为他在这里很孤单,很愿意讲话。他叫麦克卢基,直至1892年一直是霍姆斯特德卡内基钢厂的一位熟练技术工。他是那种被认为是"好手"的工人,收入丰厚,已经成家立业,有自己的住宅和可观财产。此外,他备受当地同行的尊敬,被推选为霍姆斯特德的镇长。

在1892年的大罢工中,麦克卢基当然与罢工工人站在一边,并且以镇长的身份命令逮捕乘船来到霍姆斯特德的侦探,旨在保护工厂和维持秩序。他认为自己这样做理由充足。他向我解释说,那些侦探是进攻他的辖区的军队,他有权逮捕并且解除他们的武装。这一命令引发了流血冲突,双方冲突得相当严重。

关于这次罢工事件的经过,大家都已经知道了。罢工者最后失败了。至于麦克卢基本人,他被以谋杀、骚乱、叛变罪名起诉,我不知道是否还有其他罪名。他被迫逃离美国,身体受了伤,还要忍饥挨饿,躲避执法人员的追捕。他被迫躲了起来,直到事件平息。接下来他发现,美国的所有钢铁企业已经把他列入黑名单,拒绝雇用他。他没有了钱,而且要命的是,妻子去世了,家庭破碎了。在饱经沧桑之后,他决定去墨西哥。我遇到他时,他正尝试在距离拉诺利亚弗德 15 英里远的煤矿谋份差事。不过,对于墨西哥人来说,他太过于优秀了。他们只需要最便宜的、没有技术的苦力。他找不到事情做,而且口袋里没有钱。他实际上只剩下最后一个铜板了。当然,在他讲述不幸遭遇时,我为他感到难过,尤其因为他是一个十分聪明的人,而且对自己的苦难没有过多的抱怨。

我觉得那个时候,我并没有告诉他我认识卡内基先生,并且在霍姆斯特德罢工发生后不久,还在苏格兰的克鲁尼见过他。我也没有告诉他从卡内基先生那里,我了解到这件事情的另一面。不过,麦克卢基在说话时没有指责过卡内基先生,而是多次对我说如果当时安迪在场,绝不会出现那样的麻烦。他似乎认为"那些孩子们"与安迪相处得很好,但是与他的一些合伙人关系不怎么样。

我在农场待了一星期,在傍晚的时候经常见到麦克卢基。离开农场后,我直接去了亚利桑那的图森,并且在那里给卡内基先生写了一封信。在信中,我向他讲述了我与麦克卢基的见面。我还说道,我对这个人的遭遇感到很难过,我认为他受到了非常不公正的待遇。卡内基先生立即回信,在信纸的边缘他用铅笔写道:"麦克卢基需要多少钱就给他多少钱,但是不要提我的名字。"我马上给麦克卢基写信,提出愿意向他提供他需要的钱,但是没有提到数目,只是向他表示钱的数量足以让他东山再起。他拒绝了。他说他将通过自己的奋斗解决问题,这就是真正的美国精神。我很钦佩他这种精神。

我记得后来我向一个朋友,索诺拉铁路公司的总经理 J. A. 诺格尔先生谈起过他。不管怎样,麦克卢基在这家公司谋到了一个打井的职位,而且干得非常好。一年后,也可能在当年的秋天,我再次在瓜伊马斯遇到他,当时他正在指挥修理铁路商店的机器。他的状况改善了很多,看起来很快乐,而且令他满意的是,他还娶了一位墨西哥妻子。既然他的生活已经重新走上正轨,我迫不及待地要告诉他那次资助提议后面的真相,让他不要对那些被迫与他为敌的人有不公正的看法。于是在分手前,我对他说:

"麦克卢基,我现在想让你知道,我提出要给你的那些钱不是我的。那是安德鲁·卡内基的钱。是他提出要给你钱,但是通过我说出来。"

麦克卢基非常吃惊,他只说了这样一句话:

"哦,就是那个该死的白头发的安迪吧,是不是他?"

我宁愿用麦克卢基的这句话,而不是人类创造的任何神学教义,作为我通往天堂的通行证。我清楚麦克卢基是一个好人。据说他在霍姆斯特德的财产价值3万美元。他因为罢工工人枪击警察而被捕,因为他是镇长,还是霍姆斯特德居民委员会的主席。他必须逃走,舍弃在那里的一切。

这件事被媒体报道后,在报纸上出现了下面一篇幽默小品文,缘由是我曾经声明最喜欢用麦克卢基那句话做我的墓志铭,因为它证明我曾经对我们的一个工人非常友好:

175

"随便说说"

桑迪评安迪

哦！你们是否听说安迪希望在墓志铭上刻什么？
彼时他的钱财已经散尽，死亡于他已是在劫难逃！
他不要卖家准备好的圣经之句，
而是这个没有宗教意义的单调句子——"就是那个该死的白头发的安迪！"

这个苏格兰好人嘲笑那些纯粹吹捧的墓志铭，
但是这样的写法很常见，不应该成为笑柄。
不过，如果他把所有的财富都送人，嘿，老兄，那他真是了不起，
而我们也会承认他确实如此，因为他"就是那个该死的白头发的安迪！"

不要将"该死"写成 D—，
因为弱化这个字眼，安迪不愿意；
他不会玩弄字眼，也不会强词夺理。
他坦诚、直率——这"就是那个该死的白头发的安迪！"

因此他辞世之时，我们会格外注意按照他的吩咐去做；
我们会将此句刻在他的墓碑上，刻在他的棺材上：
"在巨富中死去的人是可耻的。"他说。当然我叫桑迪。
他不会在巨富中死去——这个人"就是那个该死的白头发的安迪！"

第十八章　劳工问题

我想在这里谈一下我经手的几起劳资纠纷问题,相信这会对劳资双方都有借鉴意义。

钢轨厂高炉车间的工人们曾经递给我们一份圆形签名请愿书,声称除非公司在周一下午四点之前给他们加薪,否则他们就罢工。当时的情况是,与这些工人合同中约定的工资标准年底才到期,还有几个月的时间。我感觉如果工人们毁约的话,再签一个协议也没有用处。尽管如此,我还是从纽约乘当晚的火车,第二天早上就赶到了工厂。

我命令工厂监管人召集管理工厂的三个委员会开会,不只是与事件相关的高炉车间委员会,还有轧钢车间和炼钢车间的委员会。他们如约而至,受到了我的友好欢迎。我的友好态度不是出于利益考虑,而是因为我一直喜欢和我的工人们见面。我必须要说的是,我对工人们了解越多,对他们品德的评价就越高。但是就像巴里对女人的评价那样"勋爵可以把万事做好,但是他得对女人特别注意,多多考虑。"工人们也是有成见的人,在某些事情上容易动怒,这都是需要人们包涵的一些方面。劳资冲突的主要根源在于相互不了解,而不是敌意。这些人在我面前呈半圆形坐下,所有人都把帽子摘下来,因为我早已经摘下了帽子。这俨然是一个正式的会议。

我对轧钢车间委员会的主席说:

"麦凯先生(这是一位戴着眼镜的老先生),我们是不是签过一

177

份全年有效的工资协议？"

他慢慢摘下眼镜，放在手上，然后说：

"是的，我们签过，卡内基先生。而且你们现在的资金不够充裕，不能允许我们变更协议。"

"这是一位真正的美国工人说的话，"我说，"我为你感到骄傲。"

"约翰逊先生（他是炼钢车间委员会的主席），我们是不是也和你们签过同样的协议？"

约翰逊先生身材瘦小。他不慌不忙地说：

"卡内基先生，当别人拿来协议让我签字的时候，我会仔细读一遍的。如果我觉得不合适，我就不会签字。但是如果我觉得合适，我就会签字，而且一旦签了字，我就会信守协议。"

"这又是一位自尊的美国工人。"我说。

然后我转向高炉车间委员会的主席，一个叫凯利的爱尔兰人，问他同样的问题：

"凯利先生，是不是我们也签过一份全年有效的工资协议？"

凯利先生说他不好这样说。他收到了一份分发给他的文件，然后在上面签了字。但是他没有仔细阅读这份文件，并且不理解文件上的内容。这时，我们工厂的总监琼斯上尉，一位出色但是容易冲动的经理人，突然说道：

"凯利先生，你知道我把文件内容向你读了两次，并且与你进行了讨论！"

"安静，安静，上尉！凯利先生有权做出自己的解释。我也很多次没有看文件内容就签了字，那是我们的律师和合伙人拿来让我签字的。凯利先生说他是在这样的情况下签字的，我们必须接受他的说法。但是，凯利先生，我经常发现在这样的情况下，最好的做法是履行这份因为粗心而签了字的协议，但是下一次签字的时候更仔细些。你们按照这份协议再工作 4 个月，然后在签署下一个协议时，搞清楚协议的内容，这样做是不是更好？"

凯利先生没有回答这个问题。于是我站起来说：

"高炉车间委员会的先生们，你们威胁公司说要毁约，并且扬言在今天4点以前如果得不到满意的答复将会罢工（那将是一场灾难）。现在还不到3点，但是答复已经有了。你们可以离开高炉车间。即使高炉周围都长满了荒草，我们也不会屈服于你们的威胁。不守信用，不履行已经签署的协议，世界上再也没有比这更糟糕的事情了。这就是我的答复。"

委员会的成员们慢慢走出会场，我和搭档们也都默不作声。一个来办事的人在走廊上遇到了离开会场的那些人，他描述了他看到的情况：

"我进来的时候，看到一个戴眼镜的人把一个他称为凯利的爱尔兰人推到一边，并对他说：'你们这些人最好放明白。在这个工厂里不能胡闹。'"

他讲这话是认真的。此后，我们从员工那里听到了在高炉车间发生的事情。凯利和他的委员会成员们走回到高炉那里时，员工们正集合在那里等待消息。走到高炉旁，凯利向工人们喊道：

"快回去工作，你们这些流氓。你们在这里做什么？见鬼，刚刚被那个小老板狠狠批评了一顿。他不会宣战，但会静观其变。蠢货，我们都知道他在反抗前会按兵不动。回去工作吧，你们这帮废物。"

爱尔兰人以及那些有苏格兰和爱尔兰血统的人都有点古怪，但却是最容易相处的人，只要你掌握了方法。从此，那个叫凯利的人成为我坚定的朋友和追随者，而他以前是我们工人中最粗野的一个。我的经验是，你完全可以相信广大工人群体的判断力，只要他们还没有产生敌对的态度，而且向领导人保证过要患难与共。即使他们对领导人的忠诚有时是错误的，那也是让我们感到骄傲的地方。内心忠诚的人能够完成任何事。他们需要的仅仅是得到公正的对待。

在我们的钢轨厂还发生过一次罢工，挫败这次罢工的方法也比较有意思。在这次罢工中，同一个部门的134人共同秘密宣誓，他们在几个月后年底到来时要求增加工资。新的一年经营环境非常不好,全国各地其他钢铁企业已经实施了减薪政策。尽管如此,几个月前曾秘密发誓不涨工资就罢工的这些人仍然坚持这一要求。我们的竞争对手在减薪的时候,我们不可能加薪,于是工厂停工了。由于他们的罢工,工厂的各个部门都停止了工作。在约定好的时间到来的前一两天,高炉就停止了生产,这让我们十分被动。

我来到匹兹堡,意外地发现高炉被封住了,这是违反我们的协议的。根据约定,我要在到达匹兹堡的当天早上与工人们见面,但是工厂报告说这些人已经离开了高炉,将在明天和我见面。这真是一件不错的见面礼!我的回答是:

"不用了,他们明天见不到我。告诉他们我明天不在这里。任何人都可以罢工,关键是如何复工。总有一天,这些人会希望工厂开工,并且寻找能让工厂开工的人。到那个时候,我要说的话和今天一样:除非根据产品价格变化调整工资标准,否则工厂不会开工。新的工资标准有效期三年,而且不是由这些工人们提出的。他们已经很多次提出过工资标准了,这次轮到我们提标准了。

"现在,"我对合伙人说,"我下午要回纽约。什么事都不必做了。"

得悉我的态度后不久,那些罢工者问是否可以在下午我离开前来见我。

我回答:"当然可以!"

他们进来后,我对他们说:

"先生们,你们的主席贝内特先生向你们保证,我会以某种方式出面解决这件事情,就像我以前那样。他说的没错。他还说过我不和工人们打架,他这样说也没错。他的确是一个预言家。但是他说错了一件事情。他说我不会打架。先生们,"我盯着贝内特先生的眼睛,握紧拳头说,"他忘了我是一个苏格兰人。让我来告诉你们吧。我永远也不会和你们打,我知道比打架更好的方法。我不打架,但是我能够坐着击败任何委员会。我现在正坐着呢。我不会命令工厂开工,除非三分之二的工人们投票要求开工。到那时候,就像我今天上午说的那样,会对他们执行浮动工资标准。我说完了。"

说完这些话,我就让他们走了。大约两个星期后,一个仆人拿着一张卡片来到我在纽约的图书馆。我看到卡片上写着两个工人的名字,还有一位受人尊敬的先生的名字。这些人说他们从匹兹堡的工厂来,希望能见到我。

"问一下他们中间有没有违反协议,参加封住高炉事件的工人。"

我的仆人回来后说,"没有"。我说:"如果是这样的话,下去告诉他们我很愿意让他们过来。"

当然,他们受到了我热诚的接待。我们坐下来,谈论了一下纽约,因为这是他们第一次来纽约。

"卡内基先生,我们来到这里想要谈的是工厂里的情况。"最终,一位来者如是说。

"哦,是吗!"我说,"那些人投票表决了吗?"

"还没有。"他说。

我回答说:

"你们必须原谅我不谈这个话题。我说过,除非他们以三分之二的多数票同意开工,否则我不会谈论这个话题。先生们,你们从没有到过纽约。让我来带你们出去看一看第五大道和中央公园吧。我们1点半回来吃午饭。"

我们于是一同走出去,一边走一边谈论着各种各样的话题,但是唯独不碰他们想谈的那件事。我们一起玩得很开心,而且我知道他们午饭吃得也不错。美国工人和外国工人之间有一个很大的差别,美国人表现得很成熟。他们坐下来吃饭时,表现得就像生下来就是个(通常,他就是)绅士一样。这真是了不起。

他们回到了匹兹堡,没有再说一句关于工厂的事情。那些工人很快举行了投票（投票反对开工的人非常少），于是我再次来到匹兹堡，向委员会提出了浮动工资标准。这是一套基于产品价格变化的浮动工资标准，它能够让劳资双方真正成为荣辱共担的伙伴。当然，这里面设定了工资底线，以保证工人们有基本的生活保障。因为他们已经看到了这些标准，我没必要再描述了。委员会的主席说：

"卡内基先生，我们同意所有的条件。现在，"他有点犹豫地说，"我们希望您能答应一件事，希望您不要拒绝。"

"先生们，如果是合理的要求，我肯定会答应的。"

"哦，是这样的。希望您允许工会的领导者们代表工人们在这些文件上签字。"

"为什么不呢，当然可以，先生们！我当然愿意了。不过我也有一个小小的请求，希望你们也不要拒绝，因为我已经答应了你们的要求。请你们仅仅为了让我高兴，在这些工会领导人签字之后，也让每个工人亲笔签上名字吧。你看，贝内特先生，新的工资标准有效期是三年，而有些人可能会质疑工会主席是否有权让他们接受这样长期限的协议。但是如果我们让他们也签字，就不会有误解产生了。"

对方沉默了。接着，对方的一个人小声（但是我听得很清楚）对贝内特先生说：

"天哪，我们没戏了！"

的确如此，但是这不是通过直接进攻，而是通过侧面包围实现的。如果我不让工会领袖签字，他们会找到不满的理由对抗我。按照我的做法，在同意他们签字之后，他们怎么好意思拒绝我的小小要求，那就是让每个自由的、独立的美国公民亲笔签上自己的名字。在我印象中，这些工会领袖们实际上从没有签字，不过也许他们签过了。但是如果每个人都要签字，还有必要让他们作为代表签字吗？此外，浮动工资被采纳之后，工人们知道工会不能为他们做任何事，于是不愿再缴纳会费。工会因此衰落了。我们再没有听到他们闹事。（这件事情发生在1889年，如今已经过去27年了。从那时起，我们一直采用浮动工资标准。即使给他们权力,工人们也不愿改变这一标准。这样的标准对他们有好处,我以前就告诉过他们。)

在我为工人们做的好事情中,首屈一指的当属引进浮动工资制。这是解决劳资冲突的一个好方法,因为它让双方真正成为伙伴——祸福共担。起初在匹兹堡地区实行的是年度工资制,但这不是一个好的制度,因为它一开始就为工人和雇主间发生争斗埋下了伏笔,于是争斗几乎肯定要发生了。因此,对双方同意的工资标准不限定有效期,这对雇主和雇员们都有好处。如果任何一方要提出调整工资标准,需要提前半年到一年时间通知对方。这样的体制可以运行多年。

通过一些细微的努力,劳资之间的对抗可以得到改变。为了说明这一点,我要讲两件事情。有一次,我去会见一个男性工人委员会的成员们。在我们看来,这些人提出了过分的要求。有人告诉我,这些人由一个秘密经营酒吧的人操纵,而这个人在我们厂子里上班。他是一个大恶霸,那些头脑清醒的、安分守己的工人都害怕他,而到此饮酒的工人们都欠他的钱。他是这次事件的幕后主使者。

我们以惯常的友好方式见了面。我很愿意和工人们见面,他们中的许多人我已经认识很长时间了,我可以叫得出他们的名字。我们在桌子旁坐下来,我和他们的头儿面对面坐在桌子的两端。在会议开始前,在我讲完了我们的提议后,我看到这个头头从地板上捡起帽子,慢慢戴到头上,示意要离开会场。我的机会来了。

"先生,在座的都是有教养的人士。请注意礼貌,要么把你的帽子摘下来,要么就离开这个房间!"

我眼睛紧盯着这个头目。现场气氛寂静可感。这个大恶霸迟疑了,但是我知道不管他怎么反应,他已经败在我手下了。如果他离开,那是因为他戴上了帽子,对参加会议的人不礼貌,没有绅士风度;如果他留下来,并且摘下帽子,他就是被我的斥责打垮了。我不介意他选哪条路。他只有两种选择,而每一项选择都是致命的。他被我

183

轻易地制服了。他慢慢摘下帽子,放到地板上。接下来,他在这次会议上便一言不发。后来有人告诉我,他有事必须离开。这件插曲让大家兴奋不已,接下来,事情得到了和平解决。

当我们向工人们提出三年有效的浮动工资制度时,对方成立了一个16人委员会与我们谈判。一开始,谈判几乎没有任何进展。我宣布由于之前有约,我必须第二天回到纽约。于是对方提出我是否可以和一个由32人组成的委员会会谈,因为他们希望有更多的人加入进来。这是一个明确的信号,说明他们内部有分歧。我们当然同意了。这些人从工厂来到我在匹兹堡的办公室来见我。一位杰出的工人宣布会议开始。这个人叫比利·爱德华兹(我对他印象深刻,他后来升到了比较高的职位),他认为总的工资方案可以接受,但是标准不够公平。一些部门的标准还合适,但是另外一些部门的则太低了。大多数委员都持这种观点,但是当涉及哪些人工资太低时,他们发生了分歧,正如所预料的那样。不同部门的人意见不一致。于是比利说:

"卡内基先生,我们认为每吨钢的工资总额是合理的,但是我们工资的分配不公平。卡内基先生,你来替我决定吧……"

"安静,安静!"我喊道,"那是不可能的,比利。卡内基先生是不会代替任何人做决定的。对于高级工人来说,拿走别人的工作是一件不可原谅的事情。"

在场的人哄然大笑,然后响起了掌声以及更多的笑声。我和他们一起开怀大笑。我们让比利出丑了。当然,争议很快得到解决。这不只是报酬问题,而且报酬经常不是主要的问题。理解、友好的态度以及公平合理的安排等因素经常成为影响美国工人的重要力量。

老板们可以很轻松地做很多让员工们高兴的事情。在一次会议上,我问我们能为他们做什么,我记得这个比利·爱德华兹站起来说,大多数工人都欠商店老板的钱,因为工资是按月发放的。我很清楚地记得他说的话:

"我有一个善于理财的好妻子。每月的第四个周六下午,我们会前往匹兹堡采购,大批量购买下个月需要的物品。这让我们节省了三分之一的费用,但是能这样做的工人不多。我们这里的商店东西太贵,另外他们的煤炭价格也非常高。如果工资改为每两周发一次,而不是按月发,对于那些花钱谨慎的人来说,这相当于涨了百分之十,甚至更多的工资。"

"爱德华兹先生,就按你说的做。"我回答。

我们需要为此增加人手,但这不算什么问题。而比利提到的商品价格高的问题让我思考,为什么工人们不能开办一家合作商店呢?我们于是着手安排相关事务,公司答应支付房屋租金,但是要工人们自己进货,自己管理。于是我们成立了布拉道克合作社,一个在很多方面有重要意义的机构。其中的一个好处是,它让工人们明白了经营一家企业的困难。

煤炭的问题是这样解决的:我们同意公司以成本价(据我了解,大约相当于煤炭小贩二分之一的价格)向所有员工出售煤炭,并且派人送到他们的家里,购买者只需支付实际的运输费用。

我们还做了一件有意义的事情。我们发现工人们在为他们的储蓄发愁。他们非常小心谨慎,不大相信银行,而我们的政府当时还没有仿效英国人的做法,建立邮政储蓄银行。我们提出负责保管每个工人的储蓄,最多2000美元,并且给他们百分之六的利息,以鼓励节俭。他们的钱和公司的资金分开存放,作为信托基金的一部分。那些打算自己造房子的人可以从信托基金获得贷款。我认为,这是为那些有储蓄行为的工人们做得最好的事情之一。

事实证明,这些照顾工人利益的行为是公司最好的投资,从经济角度看也是如此。不仅要在口头上,而且要在行动上维护与工人的情感纽带。这样做是有好处的。正如菲普斯先生所说,我的两个合伙人"知道我极端的性格,那就是总是满足工人们的要求,即使有些要求不合理"。但是回过头来看这个缺点,我倒希望我做得更极端一些。没有什么投入能比与工人们建立友谊带来的回报更好的了。

我们很快就培养出一大批优秀的工人,我完全相信他们是无人能比的,这是天底下最优秀的工人,争吵和罢工已经成为过去。如果在霍姆斯特德工厂的都是我们自己的老工人,而不是新聘用的人,那么1892年的那场罢工几乎不可能发生。我们从1889年开始在钢轨厂实行浮动工资制度,这项制度一直延续到今天(1914年),我认为工人们从此再也没有什么抱怨。我前面说过,这些人解散了他们过去的工会,因为在他们自己签了3年的劳动合同之后,已经没有必要再交纳工会会费了。在他们的工会解体之后,他们加入了一个更好的集体,那就是劳资双方热诚相待的集体,这是对双方来说最好的工会。

让工人们有好的收入,稳定的工作,这样做对老板有好处。浮动工资制度让公司能够应对市场变化,让它能够接受订单,让工厂保持运转,这对工人们来说是最重要的事情。高工资当然好,但是它比不上稳定的就业。在我看来,埃德加·汤姆森钢厂在处理劳资关系方面是做得最好的。我听说在那时,甚至现在(1914年)也是,我们的工人们喜欢每日设两班而不是三班。但是每日三班的时代肯定会到来。随着时代的进步,劳动时间势必会减少。八小时工作制会成为常规——八小时工作,八小时睡眠,还有八小时用于休息和娱乐。

我的职业生涯中经历过的许多事情都证明,劳工问题不只是因为工资引起的。我认为避免争吵的最好方法就是,认识到工人的贡献,并且真正去了解他们。这样会让他们觉得你是真正关心他们,并且为他们的成功而高兴。我可以毫不夸张地说,我一直喜欢与我们的工人们进行讨论,讨论会的话题不总是工资;我对他们了解越多,就越喜欢他们。他们的美德要远多过他们的雇主,而且工人们彼此之间非常慷慨。

与资本家相比,工人们是无助的。如果老板决定关闭商店,他只会短期没有利润。他的习惯、饮食、穿衣和消遣娱乐等都不会受到影响。他不必惧怕一无所有。与此相对,工人们因为生计手段减少而备受折磨。他们没有多少舒适用品,收入不能够满足妻子和孩子保持身体健康的所需,孩子们生病时,不能负担相关的医疗费用。我们需要保护的不是资本,而是无助的工人。如果我明天重返职场,我不会畏惧劳工问题,而是满心充满柔情,考虑关照那些贫穷,并且有时候误入歧途的好心工人们。我的行为将会感化他们。

1892年,我在霍姆斯特德大罢工后返回匹兹堡。我来到工厂,看望那些没有卷入骚乱的老工人们。他们向我表达了一种看法,即如果我当时在工厂里,绝不会发生这场骚乱。我对他们说,公司提出的条件已经很好了,我也不会提出比那更好的条件。此外,我在苏格兰收到电报之时,州长已经率领军队来到工厂,决定要依法行事。在那个时候,我的合伙人已经无力左右局势了。我说:

"你被误导了。你们应该接受我的合伙人提出的条件,那些条件已经非常好了。我不知道自己是否能提出这样好的条件。"

听到这句话,一位轧钢工人对我说:

"卡内基先生,那不是钱的问题。我们这里的孩子们会允许你踢他们,但是却不会让其他人碰一下他们的头发。"

这就是情感因素在日常事务中的作用,即使是劳动阶层的人们也不例外。那些不了解他们的人常常不相信这一点,但是我确信在劳资纠纷中,因为工资问题引起的纠纷占不到一半。问题出在雇主对雇员的理解不够,而且没有善待他们。

工厂对许多罢工工人提起了诉讼,而我回来后立即撤消了这些诉讼。那些过去和现在没有参与暴力活动的老工人被召了回来。此前,我还从苏格兰发电报,要求把施瓦布先生请回到霍姆斯特德。他最近在埃德加·汤姆森钢厂获得了升职。查理(人们亲切地这样称呼他)回来后,工厂的秩序得到迅速恢复,出现了安定、和谐的氛围。如果他当初在工厂里,很有可能不会发生那样的罢工。查理爱工人们,工人们也爱他。不过,霍姆斯特德的工厂里还有不太令人满意的成分,那就是我们因为各种正当原因开除的人后来在别的工厂找到了工作,而我们后来收购了这些工厂。

第十九章　财富之道

在我的《财富之道》一书出版之后,我必须按照书中所宣扬的那样,不再为获得更多财富而努力。我决定停止财富积累,转而开始更为重要、更为艰巨的合理分配财富的工作。我们的利润每年有4000万美元,而且收入的增长前景颇为乐观。在被美国钢铁公司并购之后,我们工厂的年利润达到了6000万美元。如果我们的公司继续独立存在,并且坚持我们的扩张计划,那么当年利润估计有可能达到7000万美元。

钢材成了最重要的材料,所有劣质材料都为之让步。人们很清楚地看到,钢材行业未来的发展前景一片辉煌。但是就我自己来讲,我知道财富分配工作足以让我在老年时忙碌不已。在这方面,莎士比亚也有相应的妙语:

> 从享用过度的人手里夺下一点来分给穷人,
> 让每一个人都得到他所应得的一份吧。①

就在此时(1901年的3月),施瓦布先生说摩根先生曾经告诉他,他非常想知道我是否打算退出经营活动。如果我有这样的打算,他很愿意帮助我进行相关安排。他还说,他咨询过我的合伙人,他们愿意出售股份,因为摩根先生提出的条件很吸引人。我告诉施瓦布先生,如果我的合伙人愿意出售,我没有意见。于是我们最终把公司

---

① 出自莎士比亚戏剧《李尔王》第四幕第一场。

卖了出去。

投机者经常会收购老的钢铁厂,然后以高价卖给不知内情的其他买主,有时候100美元的股票对应的资产价值很低,这其中存在很多欺诈的成分。有鉴于此,我拒绝接受普通股这样的东西。如果我当时同意那样的条件,我就会额外获得大约1亿份年利率百分之五的债券财富。这是摩根先生后来告诉我的。我们的钢铁业务当时是如此繁荣,价值是如此惊人。后来的发展证明,我应该同意接受那笔普通股,因为此后普通股的年回报率一直保持在百分之五。不过事实证明,我的财富已经够多了,分配财富的工作足以让我比以前更忙碌。

我的首笔款项给了工厂的工人。下面这些信件和文件会解释这件事情。

在我退休时,我从多余财富中拿出第一笔钱,即400万年利率为百分之五的第一抵押权债券,用于感谢那些为我的成功做出巨大贡献的工人们。这笔款项用于帮助那些在事故中受伤的人,并且向那些在年老时需要帮助的人提供小额的养老金。

此外,我还要拿出100万美元的此类债券,其年收益用于维持我为工人们建立的图书馆和礼堂的运行。

1901年3月12日
于纽约州纽约市

作为回应,霍姆斯特德的工人们给我写了这样一封信:

致纽约州纽约市安德鲁·卡内基先生

亲爱的卡内基先生:

我们霍姆斯特德钢铁厂的工人希望通过这封信,以工人委员会的名义向您设立安德鲁·卡内基救济基金的慈善行为表示深深的感谢。上个月,我们看到了这项基金的年度运行报告。

我们感谢您对工人们的关心,这种感激的心情无法仅仅用语言来表达。在您所做的慈善事业中,我们认为安德鲁·卡内基救济基金是最重要的一个。我们切实了解到在一些生活前景黯淡无光、令人灰心丧气的家庭中,这项基金帮助人们减轻了生活压力,重新恢复了生活的希望和力量。

尊敬您的工人委员会

轧钢工 哈里·F.罗斯

锻工 小约翰·贝尔

出勤计时员 J.A.霍顿

电气工长 沃尔特·A.格雷格

调车场场长 哈里·丘萨克

1903 年 2 月 23 日

于宾夕法尼亚州芒霍尔

露西高炉的工人们向我赠送了一个漂亮的银盘子,上面刻着这样的话:

安德鲁·卡内基救济基金

露西高炉

鉴于安德鲁·卡内基先生慷慨地为卡内基公司的员工们设立了安德鲁·卡内基救济基金,露西高炉的员工因此在一次特别召集的会议上决定,向卡内基先生无与伦比的慷慨捐助表达他们真挚的感谢。他们还决定,衷心祝愿并且祈祷卡内基先生健康长寿,让他能够长时间享受其事业带来的成功。

工人委员会

主席 詹姆斯·斯科特

秘书 路易斯·A.哈钦森

詹姆斯·戴利

R.C.泰勒

约翰·V.沃德

弗雷德里克·沃尔科

约翰·M.维

　　我不久即乘船驶往欧洲。像往常一样,我的一些合伙人送我上船,并向我告别。但是,这一次与以往不同。不论我们说什么,不论我们做什么,事情已经发生了重大变化。这一点我不会意识不到。告别时,我的痛苦很强烈,因为我将永远和我的工厂说再见了。

　　几个月之后,我重回纽约,我感觉自己来到了一个完全陌生的地方,但是看到几个好朋友在码头欢迎我让我心情好了起来。还是那些老朋友,但是我们之间已经发生了很大变化。我失去了事业上的合伙人,所幸朋友的情谊还在,这一点很重要。当然,我还是感到缺失了什么东西。我开始自己选择的分配多余财富的任务,那会让我很投入的。

　　一天,我碰巧在《苏格兰裔美国人》这份极为重要的报纸上发现了一行字,我如获至宝。这句话是:

　　"上帝会照顾那些行动中的人。"

　　仿佛这句话是特意讲给我听的。我牢牢记住了这句话,决心立即开始我的新事业。没错,上帝给我提供了及时的帮助,纽约公共图书馆的J.S.比利斯博士来找我了。经过商谈,我一次向纽约的68家图书馆捐赠了525万美元。接下来,我又向布鲁克林的20家图书馆进行了捐助。

　　我前面说过,我父亲是邓弗姆林首批向邻居们提供图书的5位创始人之一。我追随他的脚步,向故乡捐赠了一座图书馆(我母亲参加了奠基仪式)。这是我送给家乡的第一件礼物。接下来,我又向我们在美国第一次落脚的城市阿勒格尼市捐赠了一座公共图书馆和礼堂。哈里森总统陪我由华盛顿出发,赴当地参加了这两座建筑的启用仪式。此后不久,匹兹堡也要求建立一座图书馆,我答应了他们的要求。最终,这座图书馆周围形成了一组建筑,它们分别是博物馆、美术馆、技术学校以及玛格丽特·莫里森青年女子学校。这些建筑于1895年11月5日启用。我在匹兹堡挣了许多钱,我在这组建筑上投入的2800万只是她给予我的很少一部分。她完全有资格得到这样的回报。

第二项大礼是建立华盛顿卡内基研究院。1902年1月28日,我在这个项目上投入了价值1000万美元的年回报率为百分之五的债券,后来又根据项目进展情况追加了投入,总投入达到了2500万美元。我打算在这件事情上咨询罗斯福总统的意见,而且如果有可能的话,让国务卿约翰·海先生担任董事会主席。约翰·海先生很愉快地接受了这项职务。和他一起担任董事的还有我的老朋友艾布拉姆·S.休伊特、比利斯博士、威廉·E.道奇、伊莱休·鲁特、希金森上校、D.O.米尔斯、S.威尔·米歇尔博士等。

当我向罗斯福总统展示董事会中的要人名单时,他说:"这样的阵容无法复制。"他非常支持这个项目。1904年4月28日,国会为此通过一项法案,法案的内容是这样的:

> 鼓励在广泛领域自由开展调查、研究和发现,鼓励应用知识提升人类素质,尤其是在各个科学、文学或者艺术领域开展、资助以及协助调查活动,并且在这些方面与政府、大学、学院、技术学校、研究会以及个人进行合作。

我非常感谢比利斯博士的帮助,是他建议我选择丹尼尔·C.吉尔曼作为首任院长。几年后,丹尼尔·C.吉尔曼去世,他又向我推荐了目前在位的罗伯特·S.伍德沃德博士。这是一位非常出色的院长,我希望他能够长期主持这里的工作。通过这所机构发表的大量论文,人们可以了解它取得的辉煌成就,对此我就不做赘述了。不过,我可以举两个有点特别的例子,其中之一便是我们派出一艘由铜和木材制造的"卡内基"号游艇环游世界,纠正以前海洋探测结果中的错误。我们发现,由于罗盘存在误差,过去的一些海洋探测数据存在错误。由于铜没有磁性，而铁和钢材磁性比较强，过去的探测中很容易出现这样的错误。一个广为人知的事件是，"丘纳德"号轮船在亚速尔群岛附近搁浅。"卡内基"号游艇的彼得斯船长认为，有必要调查一下这件事。调查的结果是，这艘不幸的轮船依靠的是一张标注错误的海军地图，而非船长指挥错误。我们立即纠正了地图中存在的错误。

这只是我们向各个航运国家通报的众多更新数据的一个例子，来自各国的感谢是对我们的最大奖赏。通过做这件事，我想表达一种期望，那就是我们年轻的共和国有朝一日能够回报曾经养育我们的那块古老土地。据我所知，它已经开始这样做了。没有什么事情比这让我感到更欣慰的了。

我们做的另外一件奇事是，在加利福尼亚威尔逊山5886英尺的地方设立定点天文观测站。这和巡游各地的"卡内基"号具有同样重要的意义。黑尔教授负责这个项目。有一年，他参加了顶尖天文学家在罗马召开的一次会议，由于听到了他的介绍，这些天文学家决定下次会议在威尔逊山顶上召开。而后会议如约举行。

在这座威尔逊山上，我们在离山顶72英尺的地方拍摄到数量众多的新星。在第一张照片上，我们发现了16颗新星，在第二张照片有60颗，在第三张照片上大概有100多。据说，其中几颗新星的大小相当于我们太阳的20倍。有一些星星距离我们非常远，它们的光到达地球需要80年。这不仅让我们低头沉思，感叹"我们对未知事情的了解是那么少"。在我们投资的巨型照相机投入使用后（比目前使用的最大的照相机镜片大三倍），我们将会看到更多的景象。我确信，如果有生物居住在月球上，我们也会清楚地看到他们。

第三项令人愉快的工作是建立英雄救助基金，这是我全心关注的一项事业。我听人说过这么一件事情，在匹兹堡附近的一处煤矿发生了严重的事故，前煤矿总监泰勒先生抛下手头的事务，匆匆驱车赶到事故现场，希望能做点什么。他召集了一批志愿者，并且带领他们进入矿井,去营救被困在下面的矿工。然而可惜的是,这位英勇的领导人牺牲在了矿井中。

这件事让我难以释怀。此前,我最亲爱的朋友理查德·沃森·吉尔德先生曾寄给我一首感情真挚而且优美的小诗。事故发生后的第二天早晨,我重读了这首诗,当即决定建立英雄救助基金。

在和平年代

有人说:"当战鼓的隆隆声和战场的厮杀声
在地球上消失,我们不会再看到

这片土地上出现英雄群体和英雄事迹。"
但这句话尚未出口,一只小手就

举手表示这样的说法非常不公,
它否定了多年来众多英雄的存在。

当一个面色苍白、面部颤抖的女人
坚定地对抗一个男人的无耻行为;

当一个小孩沉默地忍受痛苦,
生怕动作剧烈会弄伤了母亲的乳房;

当一位文弱的书生以真理之名,
无惧地向教会发出挑战;

在和平的法制国度也出现了平民英雄,
他的所作所为骤然赢得了世界的掌声;

人们献出自己柔软、年轻的躯体
以便拯救上百万人的生命。

　　由此诞生了500万美元的奖励英雄基金。它也帮助为拯救他人而牺牲的英雄们的家属,并且向因事故遭遇不幸的家庭提供援助。不论从何种角度来看,这项成立于1904年4月15日的基金都是非常成功的。我对它有父亲般的关爱,因为这是我自己想出的主意。就我所知,还从没有人想到过这样做,因此它绝对是"我自己的孩子"。后来,我在我的故乡英国也建立了这样的基金,总部设在邓弗姆林,由卡内基邓弗姆林信托基金的董事们管理。他们管理得很好。此后,我又在法国、德国、意大利、比利时、荷兰、挪威、瑞典、瑞士和丹麦建立了这样的基金。

　　关于这项基金在德国的运转情况,美国驻柏林大使大卫·杰恩·希尔在其给我的信中有所描述。我引用如下:

　　我现在写这封信的主要目的是告诉您,陛下对德国英雄资金的运转非常满意。他对这件事情非常关心,并且极力称赞您在建立这项基金方面表现出的远见卓识和慷慨大方。他起初不相信这项基金会发挥如此重要的作用。陛下给我讲了几个非常感人的例子,说明如果没有英雄基金的支持,一些人就会生活在无所依傍之中。其中一个例子是这样的,一个年轻人救起了一个落水的男孩,并且把他送到一只船上。当别人准备把他拉出水面的时候,他支持不住了,落入水中,他抛下了可爱的妻子和一个小儿子。在英雄基金的帮助下,他的妻子开办了一家小商店,这可以让她养家糊口。他们的孩子很聪明,孩子的教育费用由英雄基金负担。这只是其中一个例子。

　　起初,瓦伦蒂尼(民政部长)对是否有必要设立这项基金持怀疑态度,但是他现在对这件事充满了热情。他告诉我,由经过精心挑选的人士组成的整个委员会都认真致力于这笔财富的最大利用,并且为各项决策投入了很多时间。

他们与英国和法国的委员会进行了沟通,约定彼此交换报告,并且制定了在工作中保持联系的计划。他们对美国的报告兴趣浓厚,并从中学到了很多东西。

这项基金给英国国王爱德华留下了深刻的印象。他亲笔写了一封信给我,感谢我送给故土的几件厚礼。我非常珍视这封信。下面是这封信的内容:

亲爱的卡内基先生:

知晓您对这个国家,也是您的故土,所做的慷慨捐赠之后,我近来一直渴望向您表达我的感谢之情。

同样值得敬佩的是,您为保证这些礼物得到妥善使用而投入的心血。

我非常想对您说的是,我非常赞赏您的捐赠,并且认为它们将会给这个国家带来很多益处。

作为表彰,我希望您能够接受随信寄去的我的画像。

请相信我的诚意,亲爱的卡内基先生。

您诚挚的爱德华·R. & I.

1908 年 11 月 21 日

于温莎城堡

美国的一些报纸曾怀疑英雄基金的积极效果,并且对第一份年度报告进行了批评。但是这一切已经成为过去,现在这项基金得到热烈的颂扬。它赢得了人心,并且将长期被人们尊重。在过去野蛮的时代,英雄们被迫要伤害杀死他们的同胞;在今天的文明社会,英雄们为他们的同胞服务,并且拯救他们的生命。这就是身体上勇敢和精神上勇敢的区别,这就是野蛮和文明的区别。野蛮时代的英雄很快会被人们忘记,因为终将有一天,我们会认为他们和自相残杀的食人族属于同一类人;但是只要地球上有人类存在,文明时代的那些英雄将永远活在人们心中,因为他们的英雄行为让人们崇敬。

从实际运转来看,英雄救助基金主要发挥养老基金的作用。领取养老金的人已经很多了,其中有英雄本人以及英雄的妻子或者子女。起初,大家对英雄基金存在误解。很多人以为它的目的是激励英雄行为,即吸引人们为了得到奖励而采取勇敢的行为。我从来没有这样想。这样的想法很荒谬。真正的英雄不会想到奖励,他们只关心如何拯救面临危险的同胞,从来不考虑自己。这一基金的目的是向残疾的英雄,或者在营救他人的过程中牺牲的英雄的家人提供养老金或者其他适当形式的资助。它开局良好,而且随着人们对它了解的加深,必然会受到越来越多的支持。目前,我们在美国的资助名单上有1430位英雄或者他们的家人。

我任命以前的一个老工人查理·泰勒担任美国英雄基金会的主席。我们不向查理提供工资,他一分钱也不拿。他非常喜爱这项工作,我觉得他甚至会自己花大价钱来做这件事。他任此职,非常合适。在威尔莫特先生的有力支持下,他还负责管理卡内基企业工人的养老金(卡内基救助基金),以及我曾经管理过的铁路段工人的退休金。这三项救助基金都是用来帮助其他人的。

查理经常敦促我要帮助他人。结果有一天,我逮着机会"报复"了一下查理。查理是利哈伊大学的毕业生,而且是其忠实的支持者。利哈伊大学希望我捐赠一座大楼,查理极力劝说我答应这个请求。我什么也没有说,不过我给德林克校长写了一封信,表明我愿意提供建造大楼所需的资金,条件是由我来给大楼命名。他表示同意。于是我给大楼起名叫"泰勒礼堂"。查理发现这件事之后,找到我表示抗议,说这会让他显得滑稽可笑。他只是一个普通的毕业生,没有资格在公共场合展示名字,让人尊敬。我很高兴看着他难受的样子,等他讲完后对他说,如果我坚持把大楼命名为"泰勒礼堂",这也许会让他有点难堪,但是他应该愿意为利哈伊大学作出些牺牲。如果他没有虚荣心的话,他不应该在意自己的名字被这样使用,因为这对他的母校有好处。另外,泰勒并非什么了不得的名字。是他那令人难以忍受的虚荣心让他感到这么难受。他应该战胜自己的虚荣心。要么牺牲泰勒的名字,要么牺牲利哈伊大学,他自己决定。但是,如果不用泰勒命名的话,我就不会建这座礼堂。我难住他了。那些后来参观这座建筑并且奇怪泰勒是谁的人可以肯定的是,这位泰勒是利哈伊大学忠实的儿子,一个不只宣扬而且亲自践行服务同胞信条的人,是有史以来最好的人之一。他就是我们的养老金高级专员。

第二十章　教育基金和退休基金

1905年6月,我出资1500万美元设立了面向大学老教授的退休基金(卡内基教学促进基金),这是我回报社会的第四项大礼。这项基金需要我从美国的大学校长中选出25位担任管理人。一天,其中的24人(芝加哥大学的哈珀校长因病缺席)在我家中集会,宣布基金会成立。从此,我开始接触这些后来成为我亲密朋友的人。基金运行之初,弗兰克·A.范德李普先生发挥了重要作用,他在华盛顿的工作经历尤其宝贵。基金会主席是亨利·S.普里切特博士,他是一位不可或缺的人物。

这项基金对我来说十分亲切,因为许多有能力并且做出重要贡献的人即将从这项基金中获益。在所有职业里,教学也许是薪酬回报最不公平的一个,尽管它应该是薪酬最高的职业之一。那些致力于教育年轻人的有才学的人士只得到很微薄的薪酬。当我第一次坐在康奈尔大学董事的位置上时,我吃惊地发现教授们的收入是如此之低,通常比我们的一些办事员还要低。对这些人来说,积攒养老金是一件不可能的事情。于是,没有设立退休基金的大学被迫留下一些不能,也不应该再要求他们从事教学任务的人。因此,我们这项基金的重要性不言而喻。公布的第一批受益人名单最能说明问题,因为名单上有几位世界级大学者的名字,他们为人类的知识宝库做出了卓越贡献。那些受益人或受益人的遗孀向我写了许多感人至深的信。我不忍将这些信处理掉,因为每当我感到忧郁的时候,我知道重读这些信能让我感觉好一点。

我的朋友邓弗姆林的托马斯·肖先生（如今他已是肖勋爵）曾经为一份英语评论杂志写过一篇文章，文中提到很多苏格兰穷人没有能力支付孩子大学学费的事情，尽管一些人为此节衣缩食。读到这篇文章后，我决定捐赠1000万份年回报率为百分之五的债券，将年收益10.4万英镑的一半用于为穷困学生支付学费，另外一半用于改善大学的条件。

1902年，在苏格兰国务大臣的爱丁堡办公室，我们召开了这项基金（苏格兰大学卡内基信托基金）的首次董事会，伯利的贝尔福勋爵担任会议的主持人。董事会的阵容很是了得，里面有首相贝尔福、亨利·坎贝尔-班纳曼爵士（后来担任首相）、约翰·莫利（现在是莫利子爵）、詹姆斯·布赖斯（现在是布赖斯勋爵）、埃尔金伯爵、罗斯伯里勋爵、雷伊勋爵、肖先生（现在是肖勋爵）、邓弗姆林的约翰·罗斯博士以及其他来自各行各业旨在为人类谋求幸福和教育的人士。我解释说，之所以邀请他们担任董事，是因为我不能把这些资金托付给苏格兰的大学机构，因为我刚刚读过一份委员会的报告。贝尔福先生立即大声说："我们保证不会乱花一分钱，不会的。"埃尔金伯爵曾任该委员会的委员，他也一起附和。

读完我提议的基金管理章程后，埃尔金伯爵犹豫是否接受这样要求不严格、内容不具体的委托，他希望明确知晓自己的职责。我授权董事会在得到大部分董事同意的基础上，可以改变资助对象和资金申请方式，只要他们在以后的日子里认为以前的规定已经不能适应时代的变化。伯利的贝尔福勋爵以及贝尔福首相与埃尔金伯爵有同样的疑虑。贝尔福首相说，他从来没有听说过这样放权的人。他对这样做是否妥当提出疑问。

"那么，"我说，"贝尔福先生，我还从来没听说过什么人能为未来的人制定法律。有时候，为当代人立的法都未必合适。"

大家笑了起来，首相本人也开怀大笑起来，然后他说：

"你说的对,非常对。但是,我认为你是第一个有这样想法的捐赠人,你真是一个聪明人。"

我提出只要有超过半数的人同意,就可以做出改变的决定,但是贝尔福勋爵认为应该需要至少三分之二的人同意。埃尔金伯爵以及其他人都同意这样做。我确信这是一项明智的安排,后来的日子会证明这一点。在我所有大规模的捐赠中,都有这样的安排。我确信未来会证明这是一个重要的特征。邓弗姆林的埃尔金伯爵毫不犹豫地接受了信托基金会主席的职务。当我对贝尔福首相说,我希望劝说埃尔金担任这个职务时,他立即说:"他是全英国最好的人选了。"

我们现在都对这项安排非常满意。以后面临的问题是:我们如何找到像他那样优秀的人?

巧合的是,全部4位获得过邓弗姆林荣誉市民称号的男士都和苏格兰大学信托基金有关系。他们是亨利·坎贝尔-班纳曼爵士、埃尔金伯爵、约翰·罗斯博士,还有我。不过,这个圈子现在还有一位女士加入,那就是卡内基夫人,她是唯一一位获得邓弗姆林荣誉市民这项殊荣的女士。她像我一样热爱这个城市。

当选圣安德鲁斯大学的名誉校长是我生命中一件非常重要的事情,它让我进入了大学教育领域,而对我来说这是一个陌生的世界。在我一生中,很少有什么事情像第一次教职工大会那样给我留下如此深刻的印象。会议开始前,我在那张圣安德鲁斯大学建校以来近500年里,有众多著名校长坐过的古老椅子上坐下。我阅读着以前各届校长的演讲集,为我将要进行的演讲做准备。让我印象最深的一段话来自教务长斯坦利,他建议学生们"到彭斯那里去寻找神学"。作为教会的要人,而且还是维多利亚女王的宠臣,斯坦利竟然对由约翰·诺克斯建立的大学学生说出这样的话,足以说明神学也是随着时代变化的。在彭斯那里可以找到最好的行为准则。第一条就是:"使自己蒙羞是唯一可怕的事情。"这是我早期生活的座右铭。第二条是:

> 对地狱的恐惧就像是刽子手的鞭子,
> 依次折磨那些不幸的人们;
> 但是如果你们保持了自己的尊严,
> 那么就不必有任何畏惧。①

约翰·斯图亚特·米尔对圣安德鲁斯大学的学生做的演讲十分感人,他显然希望把自己最好的经验告诉学生们。值得注意的是,他高度重视音乐对于提高生活品位和快乐的重要性。这也是我的人生经验。

我和夫人邀请苏格兰4所大学的校长及其妻子或女儿们到斯奇伯和我们共度一周。这次聚会带给我们很多欢乐。第一次参加这个活动的有苏格兰大学信托基金的主席埃尔金伯爵,伯利的苏格兰国务大臣贝尔福勋爵及其夫人。此后,我们每年都举办"校长周"活动,我们也因此都成为朋友,并且大家一致认为这对大学的发展有好处,它能够激发合作精神。参加完第一年的活动准备离开时,兰校长抓住我的手说:

"苏格兰大学的校长们花了500年才学会如何在一起开会。这方法就是在一起待上一周。"

在1906年斯奇伯的聚会中,有一件令人难忘的事情,那就是本杰明·富兰克林的曾孙女、拉德克利夫学院的教务长艾格尼丝·欧文参加了我们的校长周,我们都被她的风采迷住了。大约150年前,富兰克林从圣安德鲁斯大学获得了他的首个博士学位。费城举行富兰克林诞辰200周年纪念时,圣安德鲁斯大学和世界各地的许多大学都发去了纪念电。圣安德鲁斯大学还向富兰克林的曾孙女颁发了学位。作为名誉校长,我代表学校授予了这个学位,并且亲手把学位服披在她身上。学位授予是在纪念活动的第一个晚上举行的,观众人数很多,当晚发表的演说有200多场。

---

① 出自罗伯特·彭斯的诗作《致青年朋友的一封信》("Epistle to a Young Friend")。

这次活动给现场观众留下了深刻印象,这是毋庸置疑的。时隔147年,第一所向曾祖父颁发博士学位的圣安德鲁斯大学又向其曾孙女颁发了同样的学位(这是她凭自己作为拉德克利夫学院教务长的良好工作业绩获得的)。学位证书越过大西洋,由第一位像富兰克林一样出生在英国,但是后来成为美国公民的非英国籍大学校长颁发。颁发仪式在富兰克林长眠的费城举行,现场汇集了众多前来纪念这位先贤的名流。这一切让人感觉那么完美,而我自己也感到莫大的荣幸,庆幸自己是一场如此优雅、得体仪式中的一员。想到这件事,圣安德鲁斯大学的唐纳森校长当然感到非常欣慰。

圣安德鲁斯大学的学生一致选举我再担任一届名誉校长,对此我深表感谢。我喜欢单独和学生们在一起的那些校长之夜,那是没有其他教职工参与的活动,我们每次都感觉很愉快。第一次校长之夜后,唐纳森校长转述了秘书对我的评价:"某某校长向我们训话,某某校长向我们唠叨不休,他们都是站在讲台上对我们说话;而卡内基先生则是坐在我们中间与我们交谈。"

我经常思考如何帮助美国的高等教育机构。我的想法是,我们的重点大学,比如有5000到1万学生的哈佛大学和哥伦比亚大学,已经足够庞大,没有必要再进一步扩大了,更需要帮助的是那些较小的高等教育机构(尤其是学院),把多余的钱给它们能发挥更大的作用。于是,我以后就专注于帮助这一类的机构了,我认为自己的这项决策十分明智。后来,我们发现洛克菲勒先生的教育基金会——通识教育委员会竟和我们一样不约而同地把资金投入到这个硕果累累的领域,不过偶尔也会效果不佳。我接受了洛克菲勒先生的邀请,加入了他的委员会。我们很快发现,合作对我们双方都有好处,现在我们统一行动。

在向学院捐款中,我以朋友们的名字命名了许多建筑,如同我的搭档查理·泰勒的情况一样。狄金森学院的康威礼堂是以蒙丘尔·D.康威的名字命名的。康威最近出版了一本被雅典娜俱乐部称为

"文学作品"的自传。雅典娜俱乐部是这样评述的:"躺在桌子上的这两卷书像宝石一样闪烁着光芒,而它周围充斥着一堆堆自传垃圾。"这句话对那些正在写垃圾自传的人来说颇有启发意义。

康威先生自传的最后一章是这样结尾的:

> 在我即将向你们说再见时,祈求和平吧,我的读者们。不要向被神化的雷雨云祈求和平,而是向你遇到的每个男人、女人还有孩子祈求和平。你们不要只是祈祷"让我们的时代安宁一些",还要行动起来去争取和平。这样,虽然世界仍有战乱,你们的内心却能够安宁。

我的朋友指出了我们人类最不光彩的一面。我们需要尽快消除这些文明国家之间的战争。

俄亥俄州凯尼恩学院的斯坦顿经济学教授职位是为了纪念埃德温·M.斯坦顿设立的。我幼年在匹兹堡做信差时,他看到我送来电报时总是友好地向我打招呼,而当我在华盛顿担任斯科特部长的助手时,他对我总是很友好。此外,克利夫兰西储大学的汉纳教授职位、布朗大学的约翰·海图书馆、汉密尔顿学院的第二项伊莱休·鲁特基金、卫尔斯利女子学院的克利夫兰夫人图书馆都是以朋友们的名字命名的,这让我感到很快乐。我希望做更多这样的事情,借以纪念那些我熟识、喜欢和尊敬的人。我还希望捐建道奇将军图书馆和盖勒图书馆,但是这两位朋友各自的母校已经赋予了他们这样的荣誉。

我打算把给汉密尔顿学院的第一份捐赠命名为伊莱休·鲁特基金。但是,这位有史以来我们最优秀的国务卿,被罗斯福总统称为最聪明的人,好像特意不让学院方面了解我的想法。当我怪他没有用他的名字为基金命名时,他笑着回答:

"那好吧,我答应你下一次捐赠时不再欺骗你。"

第二次捐赠时,我终于弥补了这个遗憾,而且我特意不让他全盘负责这件事情。如今,汉密尔顿学院的鲁特基金已经成立,他无法改变了。鲁特是一个伟大的人,一个纯朴而高尚的人。罗斯福总统宣称,如果能确保鲁特被提名为总统,并且成功在望,他愿意从白宫爬到国会大厦去。然而由于他为公司做过顾问,而且不善于做煽动性的讲话,大家认为他的竞争力不强。此外,他过于谦虚和孤僻,很难征服那些低俗的选民。他所在的政党于是做出了不推举鲁特的愚蠢决定。

我和支持提高被奴役有色人种地位的汉普顿和塔斯凯基学院有些交往,并且从中得到许多满足和快乐。另外,我还有幸认识了布克·华盛顿。我们应该向这位自己脱离了受奴役状态之后,还致力于帮助数百万同胞提升文明水平的人脱帽致敬。在我向这所学院捐款60万美元的几天之后,华盛顿来拜访我,并且问是否可以给我提一个建议。我说:"当然可以。"

"您出于好意规定,从这笔基金中拿出一部分用于维持我和妻子未来的生活,我们对此很是感激。但是卡内基先生,这笔钱远远超出了我们的需求,这在我的同胞们眼里是一大笔财富。一些人也许会觉得,我不再是那个忘我地为大家服务的穷人。您能否修改这一条款,删掉具体数目,而只是说给予'适当数量的补贴'?我相信董事会。我太太和我的需求不多。"

我同意了他的要求,变更了相关条款。但是当鲍德温先生向他索要规定的原件时,鲍德温先生告诉我那位高尚的人不愿意拿出来。他要永远珍藏那份原件,并且把它传给后人。不过,他不会依据这份文件去索要补贴,而是依据修订后的规定去做。

这反映了他作为种族领导人的特质。这是一位有史以来最为真诚、最富有奉献精神的人。在地球上还有如此纯洁和高尚的人,仅仅知道这一点就能让人的心灵得到洗涤。如果有人问,在我们这个时代,或者以前的时代中,有谁是从最底层上升到最高层的,答案肯定是布克·华盛顿。他从一个奴隶成长为所在种族的领导人——这是一个现代版的兼具摩西和耶和华品质的人,一个领导他的人民向前进,并且不断提高他们生存质量的人。

因为资助这些机构的缘故,我结识了这些机构的官员以及基金的董事会成员,比如汉普顿的校长霍利斯·B.弗里斯尔、伯特·C.奥格登、乔治·富斯特·皮博迪、V.艾弗里特·梅西、乔治·麦卡内尼以及刚刚故去的威廉·H.鲍德温。这是一批乐于助人的人,能够近距离接触他们真是有幸。事实上,在我捐资的桶匠联盟、技师商人协会等所有机构中,都涌现出很多这样的男男女女,他们花费时间,用心思考,目的在于减轻那些不幸同胞的负担,改善他们的处境,而非自私自利地实现个人目标。

我很早就开始向教堂捐赠风琴。第一家得到风琴捐赠的是只有不到100名教徒的阿勒格尼市斯维登堡教堂,那是我父亲喜欢的教堂。因为教堂的人数不多,我没有答应建造一座新教堂。不久,从匹兹堡的天主大教堂到乡村小教堂,要求得到风琴的申请蜂拥而至,这让我忙得不亦乐乎。似乎每个教堂都需要更换一架风琴,而得到购买新风琴的资金之后,变卖旧琴所得收入全部归教堂所有。一些小教堂也要求得到风琴,没有考虑风琴的巨大声响甚至可能把房顶震塌,就像得到第一架风琴的斯维登堡信徒一样。还有一些教堂已经购买了风琴,但是希望我们报销购买费用。于是到后来,我不得不建立了一套严格的赠予制度,要求申请人填写一份表格,回答许多问题,然后返还给我们结果,我们再决定采取何种决定。这类事务的处理已经很系统化了,一切进行得平稳有序。而原因在于,我们根据教堂规模确定礼物的大小。

在教规严格的苏格兰高地,有人指责我向教堂捐赠风琴败坏了基督教信仰的风气。在那里,教规严格的长老会教徒们依然谴责使用"口哨箱子",而不是神赐予的人声来敬颂上帝,称这是一种罪恶。出现这种情况之后,我认为需要有别人共同分担这项罪恶,于是我要求每个教堂的会众支付所需风琴费用的一半。即使公布了这些规定之后,对风琴的需求依然很旺盛。此外,由于教徒人数上涨,人们要求建立更多的新教堂。对于这些人来说,风琴是必备之物。

我觉得捐赠风琴的事业会持续下去。在要求会众们分担风琴的一半费用时,我还让他们保证按需购买风琴,而且不乱花钱。我从自身的体会了解到,让会众在礼拜的间隙听到宗教音乐,并且每次听完布道之后在激发敬畏之心的风琴乐声中缓慢散去,这是一种有益的体验。我觉得花在风琴上的钱是值得的,于是我们继续这样捐赠。

在我所有的慈善事业中,我最满意的是设立私人退休基金。有这样一些好人,他们自己没有做错过什么,但是年老时却没有办法体面地生活,只能简单维持生计。没有什么比帮助这些人舒适地安度晚年更让人感到满足。不需要投入很多钱,就可以让他们无忧无虑地生活。让我感到惊讶的是,需要外来帮助才能安度晚年、免遭不幸的人非常多。我在退休之前就资助了其中的一些人,这样做让我感觉很好。资助名单上的每个人都是值得资助的。这是一份真正的荣誉名单,体现着人文关怀。所有的人都值得尊敬。关于这件事情,没有大张旗鼓的宣传,没人知道都有哪些人在名单上。大家都不向其他人透露详情。

我一直在思考一个问题:"我所做的哪些事情能够让我得到上天的眷顾?"我认为最好的答案就是设立私人退休基金这件事情。当我感到困惑时,我就会想到这些。我从生活中得到的已经够多了,因此我不会再向这个世界索取什么。我们面对的是世界的普遍规律,因此我们只需要默默低下头,遵循心灵的指引,不需要索取什么,不需要惧怕什么,只需要忠实履行我们的职责,不企求现实或未来的回报。

给予比接受让人感觉更幸福,的确如此。我相信,如果我亲爱的朋友们处在我的位置上,他们也会做同样的事情。许多人向我表示感谢,我珍惜这样的感谢。一些人告诉我,他们在夜间祈祷时都会想到我,并且为我祈福。这时,我禁不住也向他们述说我内心的感受。

"请不要这样,"我说,"不要再为我要求什么,我得到的已经非常多了。如果公正地审视我的情形,任何一个评判委员会都可能拿走我一多半的幸运。"我不只是这么说,也是这么想的。

设立铁路退休基金也是出于同样的想法。这项基金多年之前就开始运行了,目前已经颇具规模,匹兹堡铁路段的许多老人都从中受益。它资助的对象是我在宾夕法尼亚铁路任总监时手下勤勉工作的员工,或者他们的遗孀。当我来到他们中间工作并与他们结识时,我还只是个孩子,他们对我非常好。我认识大部分接受资助的老人,他们是我亲密的朋友。

400万美元的钢铁工人退休基金还资助了数百名我从未见过的工人,而能够把那项基金给一大批我记得的人,这对我而言,是一项有力的支持。

第二十一章　和平宫殿和皮藤克利夫幽谷

和平,至少是在说英语民族之间的和平,是我很早就在考虑的问题。1869 年,英国启用了当时人们所知的最大的战舰"君主"号。出于某种已经被遗忘的原因,大家开始谈论在这样的战舰威胁下,美国的城市会被迫先后向英国进贡,因为美国人没有能力抵御这一战舰。我向当时的英国内阁成员约翰·布赖特发了一封电报(这封电报最近刚刚公开):

"'君主'号第一个最佳任务是,把皮博迪的遗体送回他的家乡。"

这份电报没有签名。奇怪的是,英国人真的这样做了,"君主"号也因此成为和平的使者,而非一个破坏者。许多年之后,我在伯明翰的一次小型餐会上见到了布赖特先生。我告诉他,我就是那个发匿名电报的年轻人。他说很奇怪电报没有签名,不过他正打算那样做。我相信他说的是实情。这项功劳归他所有。

在美国内战期间,布赖特先生是拥护共和政体的朋友,是我父亲喜欢的英雄,也是我喜欢的当世英雄。起初,人们攻击他是一个狂野的激进分子,但是他坚持自己的主张,直到后来大家都认同了他的思想。他是一个永远支持和平的人,就像索尔兹伯里勋爵后来所说的那样,如果他当时掌权,英国就不会参与克里米亚战争。在这场战争中,英国支持了错误的一方。后来,作为布赖特家族的朋友,我获准将位于曼彻斯特的布赖特议员旧雕像移除,并重新放置一座复制品。这对我来说,是一项殊荣。

我很早就对英国的和平协会很感兴趣,还参加了他们的多次会议。此后,我还关注到由著名工人代表克里默先生创办的万国议会联盟。在当今世界,很少有人达到克里默先生那样的高度。在收到诺贝尔和平奖的8000英镑奖金后,他只留下了生活所需的1000英镑,而把其余部分全部交给了仲裁委员会。这真是一种高尚的行为。真正的英雄视金钱为粪土。克里默先生每月只从工会那里领取很少的钱,以维持他在伦敦的生活,在议会维护工人们的利益。面对突如其来的一大笔财富,他义无反顾地把它们献给了和平事业,这就是最纯粹的英雄行为。

1887年,我有幸把仲裁委员会成员引荐给当时在任的克利夫兰总统。总统先生热情地接见了委员会成员,并且保证他愿意真诚地与他们合作。从那时起,我越来越关注消除战争这件事情,以至于它后来成为我最为关心的事情。第一次海牙大会的召开让我非常欣喜。这次会议的主要议题是裁军(后来证明这只是一个梦想),但是却讨论了建立一个永久性的国际法庭来解决国际纠纷的紧迫性。在我看来,建立国际法庭是人类迈向和平的最重要的一步。这是一个事先没有经过多少讨论,因为突发的灵感而诞生的伟大想法,但它立即成为会议讨论的重点。

我对霍尔斯先生的离世深感痛惜。如果他今天依然在世,并且作为代表和安德鲁·D.怀特一起参加第二次海牙大会的话,我感觉这两个人有可能在这次大会上促成设立消除战争所需要的国际法庭。他曾连夜从海牙动身赴德国,面见德国外交大臣和德国皇帝,并最终说服他们同意设立这个高级法院,而不是像他们所威胁的那样撤走参会代表。因为这件事情,霍尔斯先生有资格跻身于对人类贡献最大的伟人之列。可惜的是,他英年早逝。

国际法庭的成立之日将是世界历史上最值得铭记的日子,因为它将终止人类自相残杀的深重罪恶,世界各地的人们都会因此而庆祝。我相信这一天距离我们并非想象的那般遥远。过去很多时代的英雄会渐渐被人们遗忘,因为他们没有去推动和平以及传达善意,而是去推动战争。

从海牙回来后,安德鲁·D.怀特和霍尔斯先生建议我向计划在海牙建造的和平圣殿提供资金。我对他们说,我不会那么冒失地去做这件事。如果荷兰政府告诉我有建造这所宫殿的意愿,并且提出希望我提供所需资金,我会同意他们的请求。他们两个表示反对,说任何政府都不可能这样做。于是,我说那我永远也不会插手这件事。

最后,荷兰政府通过其在华盛顿的公使盖沃斯男爵的的确确提出了申请,这让我非常欣喜。不过,在写给他的信中,我谨慎地表示,我会在适当的时候汇款过去。我最终也没有寄钱,而是政府从我这里取走了钱,我把150万美元的汇票作为纪念品收藏了起来。一个人能够获准向和平圣殿提供建设资金,这样神圣的任务让我激动不已。这是世界上最神圣的建筑,因为它负有最神圣的使命。这座圣殿的意义胜过圣彼得大教堂或其他任何歌颂上帝荣光的建筑,因为正如路德所说:"人类不能服务或帮助上帝,因为他不需要人类的帮助。"建造这座圣殿的目的是祈愿和平,这对于常常做错事的人类来说是特别需要的。富兰克林说:"敬奉上帝的最高境界是服务人类。"我同意路德和富兰克林的这些说法。

1907年,当朋友们让我担任他们即将组建的纽约和平协会主席职位时,我拒绝了。我说我手头的事务太多,忙不过来。事实确实如此。但是此后,我内心一直后悔拒绝了他们的请求。如果我不愿意为和平事业献身,那么还有什么值得我献身呢?我活着还有什么意义呢?幸运的是,几天之后,莱曼·艾博特牧师、林奇牧师以及其他一些推动正义事业的要人请我重新考虑。我能猜出他们的想法,于是直截了当地告诉他们不必再多说什么了,我的良心一直在为拒绝此事折磨我,我会接受主席的职位并且做好我的工作。和平协会在历史上的第一次会议之后,又在次年4月举行了一场盛大的全国性集会,来自美国35个州的代表与会。此外,还有很多来自不同国家的外国友人。

此时,我意外地得到了生平中第一枚荣誉勋章。法国政府授予了我荣誉军团二级爵士勋章。在我主持的纽约和平晚宴上,贡斯当的艾斯杜尔奈尔男爵亲自登台,发表了铿锵有力的演讲,并在与会人士的阵阵喝彩声中将勋章授予我。我珍视这项因为服务于国际和平事业而得到的荣誉,这样的荣誉让我更谦虚,而不是洋洋自得。它提醒我,必须比以前更加努力工作,更加注意自己的一言一行,以更接近被欺骗的授予者在演讲中错误地认为我已经达到的水平。

....

在我所做的和将要做的捐赠中,没有什么比得上我将邓弗姆林的皮藤克利夫幽谷向公众开放。这是一个充满我童年回忆的地方,这里有我最纯真、最甜美的情感。我必须要讲一件事:

在我的童年记忆中,我记得邓弗姆林的居民为获得修道院附近部分土地和宫殿废墟的权利而进行斗争。我外公莫里森是这场斗争的领导者,或者至少是参与者之一。我的姨夫劳德和舅舅莫里森延续了这场斗争,而后者被指责煽动并且纠结一伙人拆毁一堵墙。当地居民在最高法院的判决中获胜,于是恼羞成怒的领主下令从此以后,"莫里森家族的任何人都不允许再跨进幽谷"。作为莫里森家族的一员,我和堂兄多德一样都被排除在外。多年来,皮藤克利夫幽谷的领主们一直与附近的居民不和。

在我的心目中,皮藤克利夫幽谷的美是无与伦比的。它毗邻修道院和宫殿遗址,西面和北面是邓弗姆林市镇的两条大街。整个山谷(面积在60英亩到70英亩之间)被浓荫覆盖,山上也是绿树葱茏。在邓弗姆林的孩子们眼里,这里就是天堂。我当然也是这样想的。每当别人说起天堂,我就会自然想到皮藤克利夫幽谷,在我心目中那里是最接近天堂的地方。如果能偶尔穿过大门,或者趴在围墙之上,或者透过铁丝网下面用火烧过的空地一瞥里面的景色,我们都会十分兴奋。

几乎每个星期天,劳德姨夫都会带着多德和内基绕着修道院散步,然后来到一个能够俯瞰幽谷的地方。幽谷中,好多乌鸦在大树下面飞来飞去。在孩子们眼里,这处幽谷的领主就是地位和财富的化身。我们都知道女王住在温莎城堡,但是她不拥有皮藤克利夫幽谷。连她都没有!皮藤克利夫的亨特家族不会和女王或者其他任何人交换这处地方的,这一点我们十分确信,因为我们中间的任何人也不会那样做。在我整个的童年生活以及我青年时期的幻想中,什么也比不上皮藤克利夫幽谷那样壮观。劳德姨夫曾经预言过我长大后会做很多事情,但是如果他说我长大后会十分富有,可以成为皮藤克利夫幽谷的领主的话,我一定会高兴得晕了头的。而如果能够把它,我儿童时代的天堂,作为一处公园捐赠给邓弗姆林的居民,那简直妙不可言!天哪,我愿意有这样的机会,给我王位我都不换。

因此,当罗斯博士告诉我,亨特上校也许要出售这块土地时,我的耳朵立刻竖了起来。博士推测说,亨特上校希望它能卖个高价,但是此后的一段时间里,我再也没有听到关于这件事情的消息。1902年秋天,当我厌倦在伦敦的生活时,我又想到了这件事,并且打算发电报邀请罗斯博士过来见我。一天上午,卡内基夫人走进我房间,让我猜一猜谁来了,我猜是罗斯博士。没错,就是罗斯博士。我们谈到了皮藤克利夫幽谷。我提议,如果我们俩的朋友,也就是我们的同乡,在爱丁堡的肖先生(邓弗姆林的肖勋爵)能够见到亨特上校的经纪人,他可以暗示他们如果他们的委托人不与我签约的话,那么有朝一日他会后悔的,因为他可能再也遇不到其他像我这样意愿强烈的买主,而我还有可能改变主意或者过早去世。肖先生在向博士谈论这件事时,提到他第二天与亨特的律师因为其他事情有个约会,他一定会在谈话中提起此事。

此后不久,我乘船前往纽约。在纽约期间,我收到了一封来自肖

宾夕法尼亚州布拉道克的卡内基图书馆

卡内基和卡内基教学促进基金会主席亨利·普里切特博士

七十八岁的卡内基在书房,彼时他仍致力于国际法庭的创建、国际仲裁的达成及海军裁军的实现

卡内基与英国和平代表团团长韦尔戴尔勋爵，卡内基是英国、澳大利亚和平代表团的主办人之一

八十岁的卡内基

卡内基和爱犬莱迪

卡内基在炉火旁

卡内基在钓鱼

卡内基在打高尔夫

卡内基和朋友在游艇上

卡内基和好友约翰·莫利

位于家乡邓弗姆林的卡内基像

先生的电报,电报中称那块土地的领主接受 45000 美元的价格。他问我是否可以成交,我回电说"当然可以,前提是他要接受罗斯博士提出的条件"。在圣诞前夜,我收到了肖的回电:"您好,皮藤克利夫领主。"就这样,我成为在我心目中世界上最好的土地的领主。国王嘛,他不过是个国王而已,他没有国王马尔科姆之塔,没有圣玛格丽特女王神龛,也没有皮藤克利夫幽谷。他没有这些,这个可怜的人,而我有。如果国王来邓弗姆林参观的话,我会很乐意屈尊带他看一看我拥有的这些珍宝。

得到这所公园和幽谷之后,我有机会了解到如果一批有公益心的人手中有钱,他们能为社会带来什么样的好处。在皮藤克利夫公园这件事上,罗斯博士深得我的信任。根据他的建议,我们确定了一批托管人员的名单,并且召集他们到斯奇伯来组建托管委员会。他们以为只是过来讨论向邓弗姆林市转交公园,我甚至都没有向罗斯博士提及其他事情。当他们得知邓弗姆林还将得到价值 50 万英镑的年收益为百分之五的债券时,他们惊呆了。

我把幽谷移交给托管委员会管理已经 12 年了。对于生活在那里的人来说,没有哪个公园能比上它。公园里会举行让人叹为观止的儿童年度盛会,繁华盛开的花卉展览,此外,这里每天都有游人穿梭如织。它还吸引来了附近城镇的居民。在很多方面,这些受托人成功地履行了托管协议,即:

> 把更多"甜蜜和光明"带入邓弗姆林劳动人民的单调生活,给他们,特别是年轻人,一些迷人的东西,一些带给他们幸福的东西,一些其他地方的人得不到的、能够提升他们生活质量的东西。如此一来,家乡长大的孩子们在若干年后回头看时,即便那时已经离家很远,也仍能感觉到他们儿童时代的生活曾因为这个公园而变得更加幸福和美好。如果你们的工作能够产生这样的效果,那么你们就成功了。如果不是这样,那就说明你们失败了。

我和加拿大前总督格雷伯爵的友谊就缘自这段文字。他曾写信给罗斯博士：

"我必须要认识一下今天《泰晤士报》上那份文件的作者。"

我们在伦敦见了面，并且立刻喜欢上了对方。这是一位杰出的人物，一个能立即让人产生好感并且保留好感的人。现在格雷伯爵也担任着英国千万美元基金监管委员会的委员。

就这样，皮藤克利夫公园幽谷成为我最满意的公共捐赠。这真是颇具诗意的顺理成章之事。昔日激进运动领导人托马斯·莫里森的外孙，其子即其继承人贝利·莫里森的外甥，而且最为重要的是我已去世的父亲和我那最勇敢的母亲的儿子，能够在长大后从原来的领主手中买过来这块土地，并且把这个幽谷和公园永远交给邓弗姆林的人民。这是真正的传奇，人们难以想象到或杜撰出来的传奇。这似乎是命运的安排。我听到某种窃窃私语之声："你没有虚度生命，一点也没有。"这是我一生中最大的幸事！它和我所有其他公共捐赠的意义都不同。在人世的变迁中，有时会出现一些奇特的因果报应。

我放弃财富积累，开始财富分配已经有13年了。如果我退休时衣食无忧，但是无事可做的话，我是不可能安享退休生活的。好在我有读书、写作和偶尔做些演讲的习惯和爱好，并且在我放弃经营之前，我交了一些有学识的朋友。在退休后的若干年里，我不愿意去访问我的工厂，因为这会让我想起很多已经去世的人。我早年认识的那些老朋友们大都已经不在了，没有人像以往那样给我掌声了，只有一两个老工人还会称呼我为"安迪"。

不过，请不要以为我忘记了那些年轻的搭档们，不要误以为他们不关心我退休后的生活，完全不是这样。在我退休后，他们立即组建了卡内基企业老员工协会，这是最令我宽慰的一件事。而且只要有一位协会成员在世，协会就会一直办下去。协会的成员们每年在我纽约的家中有一次聚会，这样的聚会带给我很多快乐，让我愿意一年接一年地把这样的聚会办下去。一些老人从很远的地方过来参加聚会，这给我的生活带来无比的快乐。我真心视他们为"我的小伙伴们"，我确信我是如此。没错，就是这样，因为我的心与他们同在一处。在我眼里，这些朋友是我得到的众多恩典中的一部分。我常常这样想："我宁愿财富少一点，也不愿富甲一方却失去这些朋友们。给我哪怕上千倍的财富，我也不同意。"

我和妻子有幸认识了许多伟大的人物，他们有男有女，但是这丝毫不会影响我们对那些"小伙伴们"的爱。和我一样，我妻子也是全心全意地爱着他们，这让我感到无比的喜悦。我们搬家到纽约后，是她邀请我的老友们过来，共同享用在这里的第一顿饭。她常说的一句话是"老朋友优先"。后来，这些老友们选举卡内基夫人为老员工协会的第一位荣誉成员，随后又选举我们的女儿为第二位荣誉成员，他们是出于真情才这样做的。我们之间的情谊牢不可破。虽然我在其中年龄最长，但我们聚会时还像一群"小伙伴"一样。这是一种源于完全信任和共同目标而形成的，不只考虑自己，而是相互关心的情怀，一种由深厚的感情凝成的兄弟之情。我们首先是朋友，然后才是合伙人关系。就这样，45位合伙人中的43人保持着终生的友谊。

此外，我们还每年在家中举行一次文学晚宴，赴宴的人中有许多社会名流。这项活动的组织者为我们亲爱的朋友，《世纪》杂志的主编理查德·沃森·吉尔德先生。他对晚宴精心策划，会将年度贵宾作品中的一处引文印在贵宾卡上。他如此妥当的安排引发了阵阵欢呼。而新客人的发言又让气氛继续升温。1895年，约翰·莫利作为主宾参加了晚宴，引自他作品中的文字成了当年每个盘子内卡片上的内容。

有一年，吉尔德很早来到晚宴现场，打算参与席位安排。当时，座位早已经有人布置好了，但是他说幸亏他又检查了一遍。他发现约翰·巴勒斯和欧内斯特·汤姆森·塞顿被安排坐在一起，而因为对兽类和鸟类习性的看法不同，这两人发生过激烈争吵。他们互相严厉指责对方,甚至到了剑拔弩张的地步。吉尔德说让这样两个人坐在一起不合适,于是他把他们分开了。我什么也没有说,但过后悄悄地又恢复了原来的安排。吉尔德发现两人并肩而坐,大吃一惊。但结果正如我所料,这两个人和解了,并且分手时俨然已经成为好朋友。这件事的启示是:如果你打算做一个和事佬,就让两个敌对的人坐在一起,这样这两个人不得不表现得文明一些。

巴勒斯和塞顿都喜欢我做的安排。的确,仇恨是因为互不了解才产生的。邀请与你不和的人一起共进晚餐,这通常是达成和解的好方法。互不往来,以及相信道听途说的信息,通常会加剧不和。没有沟通,他们就没办法充分理解对方的观点。那些向意见有分歧的朋友主动提出和解的人是聪明的,而那些不愿接受和解的人则会终生不快。没有什么能够弥补失去朋友的损失,即使这个朋友不再像以前那样让你感到那么亲切。不管怎样,他毕竟是曾经与你亲密相处的人,而随着时间的流逝,很多朋友会辞世而去。

一个愿意祝福所有人都幸福、长寿并且成功,不愿意在任何人的道路上设置障碍,不吝惜帮助别人的人,他本人也是幸福的。他会很自然地这样做,不会考虑到他是在挽救一个行为不光彩、完全不配做朋友的人。对于后者,他只是感到惋惜,无尽的惋惜。他也会对自己的损失感到惋惜,因为他明白真正的友谊是建立在美德之上的。

> 你要是看见朋友之间用得着不自然的礼貌的时候,
> 就可以知道他们的感情已经在开始衰落了。①

即便昔日的友情已经逝去不返,但大家还是可以互相祝愿对方幸福。

在我的朋友当中,没有人像马克·吐温那样热烈地祝贺我退休。当报纸大肆报道我的财富数量时,我收到了马克·吐温的一封短信。

---

① 出自莎士比亚戏剧《裘力斯·凯撒》第四幕第二场。

亲爱的先生和朋友：

看起来你现在十分富有了。你能不能借 1.5 美元给一位你的崇拜者，让他买一本赞美诗集？如果你能这样做，上帝会保佑你的。我觉得你会这样做的，我知道。换作是我，我也会的。如果还有其他的申请，那么此条申请作废。

你的马克

又及：请不要给我寄赞美诗集，寄钱就行了。我想自己购书。

马克

当他在纽约因病卧床不起时，我经常去看他。我们在一起时感觉很愉快，因为即使躺在床上，他也像往常一样机敏。在动身前往苏格兰之前，我前去跟他道别。我离开后不久，设立大学教授退休基金的消息就在纽约宣布了。我在苏格兰收到了马克写给"圣人安德鲁"的一封信，信中谈到了这条消息。我摘录如下：

你可以把我头上的光环拿走了。如果你在我床边的时候告诉我这件事，你当时就可以拿走。它是由纯锡做成的，已经完成它的"使命"了。

熟悉克莱门斯先生（马克·吐温）的人都认为他是一个有魅力的人。乔·杰弗逊是唯一和他有相似的风格和语言，能够与他相提并论的人。"雷默斯大叔"（乔尔·钱德勒·哈里斯）也是一个富有魅力的人，另外还有乔治·W.凯布尔以及乔希·比利斯。不论自身境况如何，这些人总是给他们朋友们的生活带来快乐。他们走到哪里，哪里就有阳光。用瑞普·凡·温克尔[①]的话来说："他们大体上是一样的人。"每个人都很无私，都有一颗温暖的心。

公众只知道克莱门斯先生的一方面，即他幽默的一面。人们很

---

① 瑞普·凡·温克尔（Rip Van Winkle）是 19 世纪美国小说家华盛顿·欧文（Washington Irving）的短篇小说《瑞普·凡·温克尔》（"Rip Van Winkle"）中的主人公。

219

少知道,他还是一个有强烈的政治和社会主张的人,一个强力维护社会道德的人。比如,在阿奎那多被诱捕这件事上,他就向美国政府提出了严厉的批评,其措辞非常犀利,和朱尼厄斯①相比都有过之而无不及。

他的七十岁生日聚会场面颇为壮观。文学名流纷纷到场祝贺,不过马克还邀请了一位巨富,也是他的患难之交,H. H. 罗杰斯先生,坐在他身边。这正是他的风格。在致辞中,文学巨擘们无一例外地提到了老寿星的文学成就。轮到我讲话时,我也说到了这一点,然后请大家注意,我们这位朋友在其他方面的表现同样值得人牢记。他和沃尔特·司各特爵士有完全相同的经历。像司各特一样,我们这位朋友因为搭档犯下的错误破产了。他面前有两条路。其中有一条是平坦而且容易走的捷径,即通过法律程序解决。交出所有财富,完成破产程序,然后重新开始。这就尽到了他对债主们的义务。另外一条路则非常漫长,充满荆棘,需要劳碌一生,牺牲自己的一切。面对这两条路,他是这样决定的:

"最要紧的不是我欠别人多少钱,而是我的良心会感到不安。"

在大多数人的一生中,有些事情会说明他们是垃圾还是真金。沧海横流,方显英雄本色。我们的朋友经受了熔炉的冶炼,成为了一位英雄。通过在世界各地巡回演讲,他还清了欠下的所有债务。"马克·吐温,这是一个幽默的家伙。"人们通常会这样说。但是,请不要忘记他在做人方面的非凡之举,在这方面他同样超凡脱俗,就像沃尔特爵士一样。

他的妻子也是个了不起的人。她像天使一样支持他,陪他完成在世界各地的演讲,让他获得像沃尔特爵士那样的成就。马克·吐温从不吝惜向朋友们提起此事。克莱门斯夫人去世后,我第一次拜

---

① 朱尼厄斯(Junius)是 1769 年至 1772 年间在伦敦一家报纸上发表一系列抨击英国内阁信件的不知名作者的笔名。

访他时,他说了一句让我感到无比痛心的话。我去他家时,他碰巧一个人在。他握着我的手,在我开口之前说了一句话:"家没了,家没了。"此后,我们两个都没有说话。多年之后,在我记录这一段经历时,这句话又在我耳边响起,让我感到十分痛心。

今天的我们比祖先们幸运,因为我们找到了从困苦中解脱出来的办法。如果我们的良知认为我们此生无憾,那么我们就不必惧怕任何法官的审判。

> 你必须对你自己忠实;
> 正像有了白昼才有黑夜一样,
> 对自己忠实,才不会对别人欺诈。①

如果在尘世上有几年犯过错误,那就要接受永久的惩罚,这非仁慈的神灵所为。就连撒旦也不会这样做。

---

① 出自莎士比亚戏剧《哈姆莱特》第一幕第三场。

第二十二章　马修·阿诺德和其他人

约翰·莫利和我一致认为,马修·阿诺德是我们认识的人当中最有魅力的一个。有"魅力"——这是能描述他本人和他讲话效果的唯一词语,甚至他的长相和严肃的沉默也魅力十足。

我想那是在1880年,他和我乘车通过南英格兰,同行的还有威廉·布莱克和埃德温·A.艾比。车行至一个美丽的村庄时,他问我是否可以让马车停几分钟。他解释说,这里是他的教父基布尔主教的长眠之地,他希望去他的坟墓前祭奠一下。他接着说道:

"啊,亲爱的,亲爱的基布尔!我的神学观点让他忧伤不已,这也让我很是难过。但是尽管如此,作为我亲爱的朋友,他还亲自到牛津为我竞聘英国诗歌教授投票。"

我们一起走到静静的墓地。马修·阿诺德在基布尔墓前默思的身影给我留下了永久的印象。后来,提及他的神学观点,他说这让他最好的朋友们感到伤心。

"格莱斯顿先生曾深表失望,或者说有些不悦,说我本应该是个主教。毫无疑问,我的作品影响了我的晋升,同时让我的朋友们痛心,但是我没办法。我必须表达我的观点。"

他说最后这些话时表现出的哀伤,以及缓慢的语调让我至今难忘,这是他内心情感的真实流露。关于宗教,他有话要说。随着时间的流逝,人们逐渐接受了他的观点。今天,他几乎可以自由传达他的宗教观点。如果世界上有真正虔诚的人,那这个人就是马修·阿诺德。他从来不说不恭敬的话,在这一点上,他和格莱斯顿一样无可指摘。他还用简短的一句话否定了超自然的存在。"关于是否存在奇迹的案子结束了,根本就没有奇迹存在。"

1883年,他和女儿,也就是现在的惠特里奇夫人,曾经到我们在纽约的家中做客。后来,他们还来过我们在阿勒格尼山上的住处,因此我更多地了解了他,但还不够。他在纽约进行首次公开演讲时,是母亲和我开车把他送到演讲大厅的。听众中名流众多,然而演讲并不成功,只因他的公开演说水平不佳,人们不清楚他说什么。我们回到家后,他的第一句话是:

"哦,你们怎么看?告诉我!我的演讲还行吗?"

我非常期待他的成功,于是我毫不犹豫地说,他必须提高演讲能力,否则他不适合继续演讲。他必须请演讲专家讲课,帮助他解决两三个问题。在我强烈的主张下,他同意了。在我们都发言之后,他转向我母亲,说:

"亲爱的卡内基夫人,他们都给我提了意见,但是我希望知道您怎么看我在美国的首次演讲。"

"太像个牧师了,阿诺德先生,太像了!"我母亲慢慢地、柔声地说。事后,阿诺德先生不时提起我母亲的话,说他觉得她的话一针见血。在结束了美国西部的行程,而后回到纽约时,他的演讲水平提高了很多,他的声音回响在布鲁克林音乐学院的演讲大厅。这是因为在我们的建议下,他在波士顿一位演讲艺术的教授那里上了几节课,此后他所有的演讲都非常不错。

他对我说希望听一下著名牧师比彻先生的演讲,于是在一个星期天的早晨,我们动身前往布鲁克林。我们提前通知比彻先生我们要来,这样布道结束后他会留下来与阿诺德先生会面。当我把阿诺德先生引荐给比彻先生时,他受到了热情的欢迎。比彻先生表示,他早就了解了阿诺德先生的思想,非常高兴见到他本人。他握住阿诺德先生的手说:

"您写的所有东西,我都认真读过至少一次,有的是多次阅读,每次都有收获,每次都有。"

"那么,比彻先生。恐怕您会发现有些提到您的地方应该被删掉。"阿诺德回答。

"噢,没有,没有,它们给我带来非常大的好处。"比彻微笑着说。他们两人都大笑起来。

我没有让比彻先生闲下来。介绍完马修·阿诺德后,我又向他介绍了英格索尔上校的女儿。在做介绍时,我说:

"比彻先生,这是英格索尔小姐第一次来基督教堂。"

他主动与英格索尔小姐两手相握,凝视着她慢慢地说:

"哟,哟,您是我见过的最漂亮的异教徒。"那些记得英格索尔小姐年轻时模样的人不会与比彻先生的看法有大的不同。他接着说:"英格索尔小姐,您父亲怎么样?希望他一切都好。我们好多次一起站在这个讲台上,而我们的立场是一致的,您看我是不是很幸运?"

比彻的确是一个伟大的人,一个心胸宽广、宽宏大量的人,他接纳所有的好东西,不论他们来自何处。斯宾塞的哲学、阿诺德睿智的观点、英格索尔对崇高政治理想的坚定支持都是共和国中向善的力量。比彻先生的伟大之处在于,他能够理解并且视这些人为益友。

1887年,阿诺德来苏格兰拜访我们。一天,我们谈到运动项目,他说他从不打猎,他不会杀死任何有翅膀,能在湛蓝的天空下飞翔的东西。但是,他补充说,他无法放弃钓鱼——"那些同伴是如此令人愉快"。他告诉我们,有一位公爵每年会有两到三次约他垂钓一天,这让他感到幸福。我忘了这位好心的公爵是谁,但是他有些方面令人讨厌,大家曾谈论过这一点。大家问阿诺德,他怎么会和这样一个人关系密切。

"啊!"他说,"对我们来说,公爵总归是个大人物,不论他的思想和品行如何。我们都是势利小人。这是人们经过数百年形成的习惯,所有人都是。没有办法,它就在我们的血液里。"

他微笑着做这样的解释。我认为他有意做了一些保留。他自己不是势利小人,而是一个"提及悠久的家世便会微笑的人",因为一般来说,"家世"是无法质疑的。

然而,他的确对有头衔的人和富人感兴趣。我记得在纽约时,他特别希望见到范德比尔特先生。我告诉他,他会发现范德比尔特与其他人没有什么不同。

"你说得对,但是认识世界上最富有的人是件有意义的事,"他回答道,"通过自己努力获得财富的人肯定好于那些从他人那里继承头衔的人。"

一天,我问他为什么从来不写关于莎士比亚的评论,并把他放在诗人中的王者宝座上。他说,这样的想法有过,但是再三思考后他总是觉得,关于莎士比亚,自己没有这个能力去写什么,更不用说去评判。他认为自己不可能完成这件事。莎士比亚超出了所有人,没有标准去衡量。尽管他非常想论述莎士比亚超凡的天才,但总是临阵退缩。我说我准备好他做这件事了。时至今日,阿诺德对莎翁的颂扬诗仍无人可及。下面便是阿诺德的这首《莎士比亚》十四行诗:

  别人要遭非难,而您大可不必。
  我们不倦追问,而您微笑故我,
  学识无人可及。您像最巍峨的高山
  只向满天星辰一展尊容。

  您知识的根基似在大海深处,
  您思想的居所如在九天之巅。
  求索的人们唯看到白云悠悠,
  那已是他们探知的极限高度。

  您与星辰日月同辉,

自修，自查，自尊，自救。

已是常人无法揣知——这又何妨。

神灵都须忍受所有苦痛，

所有减损人性光辉的弱点和所有令万物屈服的悲伤，

而这一切在您那里却无计可施。

我认识肖先生（乔希·比利斯），希望阿诺德先生这位甜蜜和光明的使者见识一下这块"粗糙的钻石"。粗糙，但依然是颗钻石。幸运的是，一天早晨，乔希到我们下榻的温莎酒店来见我，而且在提到我们的客人时，表达了仰慕之情。我于是说：

您今晚将会和他一起进餐。女士们都出去了，只剩阿诺德和我吃晚饭。您来正好三个人。

他是个谦虚的人，对此有点顾虑。但我不为所动，不允许他提出任何借口推托，他因我之故必须来。他接受了。就餐时，我坐在他们俩中间，享受这巅峰之会。阿诺德先生对肖先生的叙事风格非常感兴趣，并且喜欢他讲的美国西部故事。我从没见他如此开心地笑过。肖先生讲了一个又一个在演讲中发生的事情，因为15年来，他在居民1万或1万以上的每个美国城市都做过演讲。

阿诺德先生渴望听到他是怎样吸引住观众的注意力的。

"哦，"他说，"你不能让他们持续笑太长时间，否则他们会认为你在嘲笑他们。在给观众提供娱乐后，你必须变得认真起来，扮演严肃的角色。比如，'有两件事是世人无法提前准备的，谁能告诉我是什么？'有人会喊出'死亡'。'好，谁告诉我另外一个是什么？'有许多人回答，答案五花八门，有财富、幸福、力量、婚姻、税收。最后乔希郑重其事地说：'你们都没有答对，世上有两件事是无法准备的，那就是双胞胎。'随后，满场大笑。"阿诺德先生也是如此。

"你一直在编新故事吗？"阿诺德问他。

"是,一直在编。除非你找到新故事,否则你没办法年复一年地讲下去。有时候,新的故事不能逗人笑。我曾经有过一个段子,我觉得肯定能爆笑全场,笑声甚至能把房子掀翻,但是不管我怎样努力,就是没有达到预期的效果,原因是我找不到那个关键的词,就一个词。在密歇根,一天晚上,我坐在熊熊燃烧的篝火前,这个词不期而至,我知道它会像鞭子一样响。我在男孩子们身上试验了一下,果然奏效。我是这样说的:'这是一个具有高度批评精神的时代。在充分理解之前,人们不会轻易相信。现在讲一讲约拿和鲸的故事。人们想全面了解这件事情,但是我认为约拿和鲸自己都不能充分理解。于是人们问约拿在鲸那里做什么——在鲸的社会里。'"①

一天,肖先生正沿百老汇大街行走,一位来自西部的美国人上前搭话,他说:

"我想您是乔希·比利斯。"

"哦,有时人们那样称呼我。"

"我有5000美元给你,就在我钱包里。"

"这儿是戴尔莫尼克餐厅,请进来,告诉我这一切是怎么回事。"

等他们都落座后,陌生人说他是加利福尼亚一座金矿的所有者之一。他的合伙人曾经就金矿所有权的问题产生了争议,协商在争吵中中断了。陌生人说他离开了会场,并威胁说他豁出去了,要寻求法律手段来解决。"第二天早晨,我回到会议上,告诉他们我早上看了乔希·比利斯编写的年历,当天的训诫是:'如果你抓住的是牛角,还是改抓牛尾吧,这样你能更好地控制住它,并且想放手时能放手。'我们大笑不止,觉得这句话很有道理。我们接受了您的忠告,解决了分歧,然后友好地分手了。有人提议应该给乔希5000美元,

---

① 约拿(Jonah)是《旧约》中十二小先知之一。他曾背离上帝旨意,并试图通过登船躲避上帝。于是,上帝兴起一场暴雨,其他海员将其扔入海中。后来,他被一头鲸鱼吞入腹中,并在其中待了三天,而后才上岸。此处小故事中的社会(society)即鲸鱼之腹。

正好我要到东边来，他们就委托我完成这件事。我做出保证，一定要把钱转交给您。您拿着。"

晚宴结束时，阿诺德先生说：

"肖先生，我非常希望您到英国演讲，并把您介绍给您的第一批听众。让一个有头衔的人来介绍可能对您更好，哪怕这个人是个傻瓜，但我还是非常愿意亲自做这件事。"

想象一下这个场景：和蔼和光明的使者阿诺德先生，向伦敦听众介绍搞笑大师乔希·比利斯。

在以后的日子里，他从来没忘记问候"我们狮子般的朋友肖先生"。

那次晚餐后的一天早晨，我在温莎酒店与乔希见面。我们在圆形大厅坐下后，他拿出一本备忘录，边拿边说：

"阿诺德在哪里？我想知道他会对此作何评论。《世纪》杂志每周付给我100美元，让我把想到的任何想法都寄给他们。于是，我努力投些东西。对我每周的评论任务，泽基尔老爹如此评论：'当然，评论家比作家更优秀。能指出他人错误的人当然比那个犯错误的人更聪明。'"

我给阿诺德先生讲了一个芝加哥的故事，或者说一个关于芝加哥城的故事。波士顿的一位社交名媛去芝加哥看望一位即将结婚的芝加哥同学，她在当地受到了极大关注。一天晚上，一个有名气的市民问她在芝加哥什么东西最迷人，她优雅地回答说：

"最让我惊奇的不是这里繁忙的商业，或者物质方面的显著发展，或者富丽堂皇的住所，而是这儿的文明程度和温文尔雅。"

对方立即回应："哦，没错，这里对名人很是崇拜。"

阿诺德先生没准备去欣赏芝加哥，他眼中的芝加哥是粗俗者的聚集地。然而，他很惊讶并且高兴见到如此高度的"文明和教养"。在出发前，他想知道那里最有趣的是什么。我大笑着说，也许我们应该首先带他去看看最有意思的景致，据说是屠宰场。那里的新机器是如此完美,以至于猪从一边运进去,在它的嚎叫声还没从人的耳旁消失之前,火腿就从另一边出来了。停顿了片刻,他若有所思地问:

"但是人们为什么要去屠宰场?为什么人们要听公猪的哀嚎?"我找不到理由。这件事便搁置起来。

《旧约全书》中,阿诺德先生最喜欢的人物是先知以赛亚,至少他频繁引用那位大诗人(他那样称呼他)的做法让人得出这样的结论。在环游世界时我发现,其他宗教的圣书都剔除了那些围绕传说积累起来的糟粕。我记得阿诺德先生说过,经书就应该这样处理。那些出自孔子和其他世界伟人的让世人惊叹的经典语录都是经过精选的,门徒们看不到在过去无知的年代里产生的令人讨厌的粗枝烂叶。

一个人对这件事考虑的越多,就会越强烈地认为基督徒应该效仿东方的做法,剔除圣经中的糟粕——有的是比糟粕更糟的有害甚至是有毒的废物——只留下精华。彭斯在《农场工人的星期六之夜》中,描述这个好农场工人捧着大本的《圣经》参加晚上的宗教仪式:

> 他精心选择其中的一部分。

我们应该把这些部分挑选出来,并且只使用这些内容。事实证明,在这点和其他许多事情上,这个我有幸认识并且可以称为朋友的人是一位超越其时代的真正的老师,在"未来和抽象"领域里最伟大的诗歌老师。

从我们在阿勒格尼山中的克雷森夏日居所出发,我带阿诺德去参观烟气弥漫的黑色匹兹堡。从埃德加·汤姆森钢铁工厂到火车站的路上,有两段台阶通往铁路上方的大桥,第二段十分陡峻。当我们上到大概四分之三的时候,他突然停下来,不停地喘息。他斜靠在栏杆上,把手放到心脏上对我说:

"啊,早晚有一天这心脏会要了我的命,就像因为心脏丧命的我父亲那样。"

那时我不知他的心脏很脆弱,但是我从来没有忘记这件事。不久,我得到了一条令人悲痛的消息,他在英国试图绕开一个障碍物时突然死亡。我万分悲痛地意识到,阿诺德早就预言了自己的命运。他的去世是我们的巨大损失。彭斯献给塔姆·萨姆森的墓志铭用在阿诺德身上再合适不过了。

塔姆·萨姆森饱经风霜的肉身安息于此:
你们那些伪善的宗教狂热者,放过他吧!
如果天堂里诚实的价值不菲,
你们会因此弥补你们的过失,
甚至可能距他不远。

就在这时,我想到了一个令我们感到亲切的人,波士顿的奥利弗·温德尔·霍姆斯医生。他给大家都看过病,他走到生命尽头时的唯一疾病是八十岁的高龄。他终生未婚。马修·阿诺德逝世后,几个朋友认为应该为他举行一场纪念仪式。大家悄悄凑够了所需要的资金,因为谁也没有想到公开募捐。并不是所有的人都有资格出资,这是一种荣耀。如果开放捐赠,可以很容易收到两倍到三倍的资金。我非常高兴成为这少数几个捐赠人中的一个,并且让这件事在大西洋这边引起关注。当然,我从没想过向亲爱的霍姆斯医生提起这件事——不是因为他不在被选之列,而是因为不应要求作家或专业人士出资,因为除了极少数情况之外,这些钱用在他们自己身上更有价值。然而,一天早晨,我收到了这位医生的一封信,说他听说了这件事,而且知道我也参与其中。他表示如果有幸能够加入这个荣誉名单,他将非常高兴。他还说听说了这件事后,感觉如果不写这封信,自己将寝食难安。他希望得到回复。毋庸置疑,大家认为他是有资格的。

这是一个任何人都会认可的纪念仪式。我敢说,任何一个捐赠者都会为获得这个机会而心存感激。

第二十三章　英国的政治领导人

罗斯伯里勋爵在格莱斯顿的内阁中任职，是一位崛起的政治明星。在伦敦，他邀请我一起进餐并与格莱斯顿先生会面，这让我有幸见到了这位世界第一公民。我想这件事应该是在 1885 年，因为我的《民主的胜利》是 1886 年出版的。我记得见到格莱斯顿先生时，我向他列举了为这本书收集的一些触目惊心的数字。

第一次接到与格莱斯顿先生共进晚餐的邀请后，我经历了一生中最艰难的一次选择。在此之前，我已经接受了另一个宴会邀请。我竭力劝说自己，作为这个国家的真正领导者，格莱斯顿先生的邀请应该像皇帝的邀请一样具有强制力。但是我信守约定，没有去见这个我最想见的人。幸运的是，后来我有机会多次到黑瓦登拜访他。

罗斯伯里勋爵为我捐建的第一所图书馆揭幕，即邓弗姆林的那所图书馆。最近（1905 年），他又在斯托诺韦为我刚刚捐建的图书馆揭幕。在他上一次访问纽约时，我驾车带他在河滨大道上观光。兴奋之余，他宣称世界上没有其他任何城市拥有这样的景致。他是一个各方面都很出色的人，但他的决心

> 被审慎的思维盖上了一层灰色。①

如果他出生在劳动家庭，青年时候进入下议院，而不是毫不费力地直接进入由有钱人组成的上议院，他也许已经在摸爬滚打中练就

---

① 出自莎士比亚《哈姆莱特》第三幕第一场。

了更强健的体魄,而现在的他是一个高度敏感的人,缺乏政治领袖所需要的不屈不挠的精神。不过,他是一个有魅力的演说家。与同时代的其他演说家相比,他这位时代的赞颂者提及某些话题时更为轻柔,处理的方式也更为优雅。(鉴于我上面写下的文字,他很可能是本民族最杰出的歌颂者。他成就极高,愿荣耀归于他。)

一天早上,我按照预约的时间去拜访他,进门时我注意到桌子上放着一个信封。寒暄过后,他拿起信封,把它交给我说:

"我希望你解雇你的秘书。"

"这个要求有点高,大人。我们不能没有他,而且他是一个苏格兰人,"我回答,"他出了什么问题?"

"这不是你的笔迹,是他的。它竟然把我的名字写错了,你怎么看这个人?"

我说,如果我对这样的事情都敏感的话,生活将难以忍受。"我在家时,每天会收到许多信件,我相信其中有百分之二十到百分之三十的信会把我的名字拼错,竟然离谱地写成'Karnaghie'和'Carnagay'。"

但他是认真的,像这样的小问题都会带给他很大烦恼。实干的男人应该学会笑对这些小事情,否则他们自己可能会变得"渺小"。他有迷人的个性,但是害羞、敏感、任性、寡言,这些特征很可能可以通过在下议院待上几年得到修正。

作为一名自由党,他曾震惊了上议院,并引起了一些轰动。当时,我冒昧地向他提出了一些建议。

"去参加国会议员竞选吧。扔掉你的世袭地位,向人们显示你不屑于享受并非人人都有的特权吧。这样,你会让自己成为真正的民众领袖,一种作为贵族的你不可能成为的身份。你还年轻,才华横溢,风采迷人,而且还有演讲的天赋。如果你果断采取行动,当选首相应该没有问题。"

出乎我的意料,虽然看起来他很感兴趣,但回答却非常冷静:

"但是,下议院不会接受我这样一位贵族。"

"我希望他们会。如果我是你的话,虽然被拒绝,我还是会再次参选,并说明自己的情况。你要强调一点,那就是在放弃了世袭的特权后,你已经晋升成一位公民,有资格当选任何职位。你一定会成功的,你走的是克伦威尔的道路。民主力量崇拜那些破除先例或创造先例的人。"

我们此后就没有再讨论这个话题。当我后来向莫利谈到这件事情时,他的点评让我终生难忘。

"我的朋友,克伦威尔不住在伯克利广场①38号。"他说得慢条斯理,郑重其事,但是令人信服。

罗斯伯里是一个好人,只是受到了出身贵族之家的拖累。相比较而言,从底层奋斗起来的莫利仍然保持纯朴的本色,丝毫不受获得的所谓爵位和军团荣誉的影响,而这两项荣誉都是由于他的不凡表现而授予他的。他父亲是位外科医生,曾经为了供孩子上大学而特别辛苦地工作。与莫利情况相似的还有国会议员鲍勃·瑞德(即罗伯特·瑞德,后来的洛尔本伯爵、大法官)、霍尔丹勋爵(瑞德大法官的继任者)、首相阿斯奎斯(1908—1916)、首相劳合·乔治(1916—1922)等人。即使是当今的美国领导人也不是人民最彻底的民主党人。

在世界上最重要的公民去世后,大家都在问:谁将接替格莱斯顿?年轻的内阁成员们同意让莫利来决定。是哈考特还是坎贝尔-班纳曼?对于前者来说,通向首相官邸之路只有一个障碍,但是一个非常致命的障碍——他无法控制自己的脾气。他发怒时的表现让大家觉得,他不能胜任这一要职。大家普遍认为这个职位需要一个冷静、清醒、思路清晰的人。

---

① 伯克利广场(Berkeley Square),位于伦敦西区。此处的住宅价格昂贵,并且不易购得。

我非常喜欢哈考特,而他也是我们共和国的忠实崇拜者,是莫特利女儿的丈夫。我曾经让人把我们的人口普查情况和出版的相关报告交给他看,他对这些材料非常感兴趣。当然,来自我家乡邓弗姆林的议员(坎贝尔-班纳曼)如能荣升高位,我也真心感到高兴,尤其是考虑到他在回故乡向集会的人群表达感谢时的发言:

  这次当选,我要感谢我的主席,贝利·莫里森。

贝利,邓弗姆林最重要的自由党激进分子,是我的舅舅。在那些日子里,我们卡内基和莫里森家族都很激进,现在也是。他们都是伟大的美利坚合众国的热烈崇拜者。曾有人称赞华盛顿和他的搭档们是"了解并且敢于主张人的尊严"的人,这样的宣言非常有意义。我们两家人也是这么认为的。可以确信的是,经过有序、合法的发展,英语民族将很快通过演变,而非革命,建立起重要的公民守则:

  地位一文不值,
  人的品质超越一切。①

在英国所有的殖民地内,这样的观念已经深入人心。亲爱的祖国像只老母鸡,看到鸭子们挺胸破浪往前游,误以为那些是小鸡,于是焦急地站在岸上大声惊呼。但是,她自己以后也能逐渐学会游泳。

1905年秋天,卡内基夫人和我出席了授予我们的朋友——卡内基邓弗姆林信托基金会主席约翰·罗斯博士荣誉市民权的仪式。约翰·罗斯博士是最首要的、最热心于为邓弗姆林谋福利的人。麦克白市长在讲话中告诉观众,该市很少授予这样的荣誉,目前只有三个在世的人拥有这项荣誉,即来自该镇的议员 H. 坎贝尔-班纳曼,也就是当时的首相;邓弗姆林的埃尔金伯爵,前印度总督,此后的殖民地事务秘书;第三个人是我本人。看起来我的两个伙伴都很了不起,而我则是完全没有任何官职的人。

---

 ① 出自罗伯特·彭斯的诗歌《无论何时都要保持尊严》("A Man's a Man for A' That")。

埃尔金伯爵是布鲁斯国王的后裔。他们家族的墓地位于邓弗姆林修道院，修道院的大钟下面就是他那伟大祖先的长眠之地。大家注意到，作战部长斯坦顿曾说，格兰特将军是最不适合担任指挥官的人。人们对伯爵也会很容易做类似的错误判断。苏格兰进行大学改革时，埃尔金伯爵是改革委员会的第二号人物。保守党政府成立布尔战争委员会时，身为自由党人的埃尔金伯爵被任命为委员会主席。上议院关于苏格兰联合自由长老会的决议引起轩然大波时，埃尔金伯爵受命担任解决这一问题的委员会主席。议会根据他的报告通过了一项法案，而他又被指定负责这项法案的实施。当人们为苏格兰大学基金会挑选理事会成员时，我对贝尔福首相说，埃尔金伯爵是邓弗姆林的名人，可以请他担任主席。贝尔福首相说，他是全英国最好的人选。事情就这么定了下来。后来的某一天，约翰·莫利对我说，作为邓弗姆林基金会的理事，他和这位主席有过来往。

"我曾经以为他会是我见过的最糟糕的政府高官，但现在我知道他是最能干的官员之一。他重实干，不空谈；有自己的判断，不夸夸其谈。"

这就是布鲁斯国王的后代，一个谦虚、能干、充满智慧的人。

获得第一个荣誉市民称号后，我又接连获得这样的荣誉。1906年在伦敦居住期间，我连续六天每天收到一项荣誉市民称号，在此后的一个星期里我又收到了两项。我早晨乘火车前去领奖，傍晚返回。有人可能认为，这样连续参加授予仪式会感觉比较单调，但事实并非如此，因为每次仪式都有所不同。我见到的市长和其他市政事务官员中有许多杰出人物，每个地方都有自己的特色和问题，有成功的故事，也有失败的教训。每个地方通常有一个大家最期待解决的问题。每个城市都是一个小世界。市议会是小型的内阁，市长就是首相。大家喜欢谈论国内事务，而外交事务也不少，比如城市间相邻社区的关系问题，联合建设重大的水、燃气或者电力项目，为讨论结盟或者关系破裂而召开会议等。

新旧世界的对比在市政府这个层面最为明显。在欧洲大陆,大部分家族世代居住在他们的出生地,对当地城市和周边环境的忠诚度与日俱增。如果父亲曾经担任市长,那么儿子也会产生同样的抱负。由此,他们产生了一种宝贵的城市自豪感以及对家乡的依恋。每个人都有机会担任市议会议员,从而为所在城市做出贡献。优秀公民为这一目标而努力,是一件值得称道的事情。不过,很少有人有更高的期望,因为国家议会中的职位通常是留给有钱人的,他们需要居住在伦敦,而且没有住房补贴。然而,这一情况不久之后得到改善,英国也效仿通行的做法,为议员的工作支付报酬。(1908年之后开始实施;目前每人400英镑。)

此后,也许英国还会仿照世界其他地方,在白天召开议会会议,以便国会议员们可以精力充沛地投入一天的工作,而不是在白天完成本职工作之后,还要晚餐后在疲惫的状态下从事治理国家的工作。有人问惠斯特牌专家卡文迪什,是否可能在第二圈出第三张牌时打出一张J,他思考了一下说:"'晚饭后'有可能。"

英国的城镇议会中汇集了一批优秀的人物,一批廉洁、有公益心、热爱并且乐于奉献家乡的人。在美国,我们也在朝这一方向发展,但是距离英国的水平还相差甚远。不过,在国家人口变得稠密之后,人们会乐于长期定居在一个地方,从而对出生地产生热爱,并且愿意促进当地的发展。过去,苏格兰城镇的市长或镇长通常由当地上流阶级的地主担任,不过,这种局面30年后得以改变。"英国人真心爱他们的领主",这样的说法仍然没错,但这种爱正迅速消失。

在伊斯特本、金斯本、索尔兹伯里以及伊尔克斯顿等许多古老的城镇,我发现市长和镇长都是平民出身,并且通常是劳动者。议会议员也多数是这种类型。他们不计报酬地奉献自己的时间。我很高兴能够认识苏格兰和英格兰许多城镇的市长以及议会领导人,当然我在爱尔兰领取荣誉市民称号的旅行也同样很有意思。我在科克、沃特福德和利默里克受到的接待最为不同,当地旗帜上的欢迎词"热烈欢迎"是用盖尔语写成的,这也是斯奇伯居民使用的语言。

　　为领取荣誉市民称号,我多次前往各地旅行。这为我提供了绝好地深入了解英国各地的公众生活以及爱国情怀的机会,否则这样的旅行会让人感觉厌烦。我和这些城镇首脑们的相处很愉快,因此沿途的欢迎旗帜,还有从窗户中探出身来表示欢迎的当地居民都没有让我觉得窘迫,我把这些看成当日职责的一部分。此外,聆听首席地方行政官的致辞也相当于增添我的生活体验。女市长们都非常自信,着装漂亮,与她们相处让我感觉愉快。

　　我的结论是,英国的城镇是由民选的领导人管理的,他们的管理水平很高,超过其他任何国家。作为政府体系的一个重要组成部分,城镇议会整体运行良好。国家议会可以直接由城镇议会的议员代表组成,并丝毫不会损害其效率。或许,在建立起向议员们支付足够报酬的制度后,很多城镇议员会出现在威斯敏斯特,这对英国是有利的。

第二十四章　格莱斯顿和莫利

1892年4月,我和夫人去格莱斯顿先生在黑瓦登的家中做客时,他对我的《美国人在英国的四驾游》给予了高度评价。有一天,他建议我上午和他一起待在他的新图书馆里,这样在他整理书籍时(他从未让其他人碰过那些书)我们可以交谈。在参观他的藏书时,我发现了一本特别的书。这时格莱斯顿先生正站在远处的梯子上挪动厚厚的书籍,于是我大声对我的主人说:

"格莱斯顿先生,我在这儿看到了《邓弗姆林名人录》这本书,作者是我父亲的一个朋友。当我还是个孩子的时候,我就知道其中的一些人了。"

"是的,"他回答道,"如果您的手往左越过三或四本书,您会发现另外一个邓弗姆林人著的书。"

我照他说的去做,结果看到了我写的《美国人在英国的四驾游》这本书。在此之前,我听到站在梯子上的格莱斯顿用洪钟般的声音对我说:

"我对邓弗姆林的感情,就像伊斯兰教徒对麦加、印度教徒对贝拿勒斯、基督徒对耶路撒冷的感情一样。"

过了片刻,我忽然意识到这是我说过的话。这是我们从南方去邓弗姆林第一眼看到它时我的感受。

"天哪,您是怎么得到这本书的?"我问道,"写这本书时我们还未有幸结识,所以不可能是我寄给您的。"

"是的!"他回答,"那时我还不认识您,但是有人,我想是罗斯伯里告诉了我这本书,于是我让人买来这本书,并且带着愉悦的心情读了它。书中对邓弗姆林的赞美如此特别,让我久久不能忘记。我永远不会忘记。"

这件事发生在《美国人在英国的四驾游》完成后的第八年,这进一步证实了格莱斯顿先生超凡的记忆力。作为一个爱虚荣的作者,人们也许可以原谅我对格莱斯顿先生非常出色的评判表示感激。

那些礼拜日在公共场合朗读圣经选段的政客们容易让人起疑。我承认,在我了解格莱斯顿先生之前,我不时会想,那个谨慎的老先生可能觉得至少这样的公开亮相不会减少他的选票。但我了解了格莱斯顿先生的为人以后,这个想法就彻底消失了。格莱斯顿先生是一位极其虔诚而且真诚的人。他在日记中写到(莫利在他的《格莱斯顿的一生》中提到的),他就预算问题在下议院做了几个小时的发言,而观众一直很认真地听他讲,他意识到"这是神圣的上苍的力量在支持他"。不管怎样,坚信有神支持一定让虔诚的他倍感鼓舞,尽管其他人会对凡夫俗子胆敢想象造物主会关心地球某个角落有关预算的发言感到震惊,这听起来几乎是一种亵渎神灵的行为。然而我们知道格莱斯顿恰恰不这样看,他秉持的是一种不需要经过代理人直接和上帝交流的宗教信仰。

1887年6月,维多利亚女王执政50周年纪念日的当晚,布莱恩先生和我将要去沃尔弗顿勋爵在皮卡迪利的家里吃晚饭,并且会见格莱斯顿先生夫妇——这是布莱恩先生第一次被介绍给格莱斯顿先生。我们很早就从米特罗普酒店乘车出发,但是街道上拥挤不堪,车行到圣詹姆斯街道中段时我们不得不下车。布莱恩跟着我走到人行道那儿,我找到一个警察,告诉他我的同伴是谁,我们要去哪儿,然后问他是否可以把我们送出去。他同意了,利用他的警察身份在人群中开出一条路来,我们紧随其后。可是,到达沃尔弗顿勋爵家时已经9点多了,我们待到11点后离开。

格莱斯顿先生说,他和夫人是穿过海德公园,沿着后面的一条路来到沃尔弗顿勋爵家的。他们打算顺原路回到在卡尔顿大街的家。布莱恩先生和我认为应该欣赏一下大街上的场景,于是我们决定从人群中挤回旅馆。一路很顺利,我们随着人群慢慢移动。当我们路过改革俱乐部时,从我右边的建筑物附近传来一两句话。我对布莱恩先生说:

"是格莱斯顿先生的声音。"

"不可能,我们刚和他分开,他回家了。"他说。

"这没关系,我辨认声音比辨别长相更在行,我肯定这是格莱斯顿先生。"

我最终说服他往回走几步,我们来到那所房子附近。我走到一个浑身包裹得严严实实的人跟前,小声说:

"这位贵人在半夜下床干什么?"

格莱斯顿先生被发现了。我告诉他我听出了他与同伴耳语的声音。

"应该怎么说呢,这是真正的统治者出来观看为名义上的统治者准备的景象。"我说。

他回答道:"年轻人,我想现在应该是你睡觉的时间。"

我们又跟他待了一会儿,他很小心,一直没有移开包裹他头和脸的外套。那时已过半夜,这位八十岁的老人像孩子一样,在把夫人安全送回家后,决定出来观看庆祝活动。

晚餐时,格莱斯顿先生和布莱恩先生谈到了英国和美国议会程序的差别。晚上,格莱斯顿先生向曾担任众议院议长的布莱恩先生详细询问众议院的运行模式。我看出限制不必要辩论的规定给格莱斯顿先生留下了深刻印象。他们之间的谈话还涉及更广泛的领域。

格莱斯顿先生有可能是英国人中兴趣点最多的人。我上次在苏格兰阿米斯特德先生的家里见到他时,他依然像以前一样头脑清晰、思路严谨,对各种事情的兴趣不减。他当时最感兴趣的是美国的钢筋大楼。他一直在阅读有关资料，并向我提了一大堆问题。最令他不解的是，第五层或第六层的石工工程会早于第三层或第四层完工。我作了解释，他听后很满意。他总是喜欢对事情刨根问底。

《双周评论》的主编莫利先生（虽然他身为勋爵，但依然是保持着朴实的作家本色的约翰·莫利）是我们在英国较早结识的好友之一。《双周评论》是英国最早刊登我的稿件的期刊。我们的友谊在晚年不断扩展、加深，最后我们认定彼此是非常亲密的朋友。星期天的下午，兴之所至时，我们经常交换短篇幅的随笔（有时也很长）。我们的性格并不相像，远非如此。我们被吸引在一起是因为相反的性格对彼此有益。我是个乐观主义者，对我来说，我所有的鸭子都是天鹅。他是个悲观主义者，冷静甚至忧郁地看待前面真正的危险，有时则会想象一些子虚乌有的事情。他有点草木皆兵的倾向。世界对我而言是光明的，地球大多数情况下是真实的天堂。我感觉幸福，庆幸自己有这好的运气。莫利很少，如果有的话，对任何事情疯狂，他对事情的判断总是十分谨慎的，他的眼睛总会注意到太阳上的黑点。

我曾给他讲过悲观主义者和乐观主义者的故事，悲观主义者从来没有开心的事情，乐观主义者从来没有不开心的事情。二人被获准进入天堂，天使去祝贺他们。悲观主义者说道：

"天堂是个非常好的地方，但是在某种程度上我头顶上的光环并不十分适合我。"

乐观主义者讲了个故事作为回复。一个人被带到炼狱后，魔鬼把他放在河堤上，而魔鬼自己到温泉边喝水，因为气温非常高。一个老朋友过来和他说话：

"喂，吉姆，怎么会这样？没救了，你死定了。"

"嘘，也许会更糟。"吉姆回答道。

"还能怎样？你都被带到无底坑了。"

"嘘，"他指指撒旦，"他也许会有让我背他的想法。"

像我一样,莫利非常喜欢音乐,会在斯奇伯的早晨时光陶醉在风琴的演奏声中。他还和亚瑟·贝尔福一样喜欢清唱剧。我记得他们曾买了票一起去水晶宫殿欣赏清唱剧演出。我认为两人都是明智的人,不过经常会做一些哲学思考,在哲学思想上他们两人也相差不多。然而,贝尔福最近一些文章的思想走得太远了,这样的领域莫利是从来不会涉足的。他一直是脚踏实地,只走开辟好的道路,不存在迷失在森林中的风险。

莫利近来最令人震惊的言论是他在伦敦世界编辑大会上的演讲。他称,在形成和维持当前已改善的政治和社会条件方面,彭斯的几行诗比以前发表的所有社论的作用都大。此前有人说,有一些文章或演讲具有重要意义,它们推动了事件的发展。托马斯·潘恩的《论人权》是其中之一。

他做完演讲来到斯奇伯时,我们讨论了上述内容。我提到他对彭斯的称赞和他的六行诗。他说他不必告诉我那六行诗是什么。

"不用,"我说,"我心里知道。"

此后,在蒙特罗斯公园彭斯雕像的揭幕式上,我重复了我认为他提到的那六行诗,他认可了。说起来奇怪,几年前他和我一起获得了蒙特罗斯荣誉市民权,因此我们同是荣誉公民。

我最终说服莫利到美国来看我们。1904年,他来到美国,游历了美国大部分地方。我们尽量安排像他那样优秀的人物与他见面。一天,参议员伊莱休·鲁特应邀来我家,莫利对他进行了长时间的采访。参议员离开后,莫利说他非常喜欢他的谈伴,认为这是他迄今遇到的最令人满意的美国政治家。他说得没错。就对公共事务的合理评判和广泛的知识而言,没有人可以超过伊莱休·鲁特。

离开我们后,莫利去白宫拜访罗斯福总统,与那位伟人相处了几天,收获颇多。莫利此后评价说:

"我在美国见到了两大奇迹——罗斯福和尼亚加拉瀑布。"

这个评判巧妙而准确。这是伟大的一对,他们咆哮着、奔腾着,猛烈冲击、浪花四溅,他们从来不知休息,尽心做好被赋予的工作。

莫利是拥有阿克顿图书馆的最佳人选。我把它作为礼物送给莫利的经过是这样的:当格莱斯顿先生告诉我阿克顿勋爵的状况时,我听从了他的建议,买下了阿克顿图书馆,并允许阿克顿勋爵在有生之年继续使用。不幸的是,他没有活多少年来继续享用它(只有几年),这样图书馆就到了我的手上。我认定莫利最能让它发挥作用,并且最终把它转给合适的机构。当我开口说我拥有这图书馆时,他打断我说:

"我得告诉你,从你买的那天起我就知道了。格莱斯顿先生没有保守住秘密,他为阿克顿勋爵能够永远守住这个图书馆感到大喜过望。"

我和莫利关系密切,但彼此都没有提起过此事。因此,莫利的平静态度让我感到意外。这件事证明了格莱斯顿和莫利之间的亲密关系——莫利是他唯一忍不住要与之分享世俗幸福的人。然而,在神学领域,他们的观念迥然不同,而阿克顿和格莱斯顿却更为相似。

在我捐资给苏格兰多所大学后的第二年,莫利以大臣的身份陪同国王去巴莫拉尔宫,之后他打电报说必须在我走之前见我一面。我们见面时莫利说,我对大学的资助以及对家乡的种种善举深深打动了国王,他托莫利问一下有什么事情是他作为国王可以帮忙的。

我问莫利:"你是怎么说的?"

他回答:"我认为没有什么事情。"

"你说的很对。不过,我希望国王给我写一封信,表示他对我所做的事情感到满意,就像他对你说的那样。我会对此非常感激,并且把这封信传给子孙后代,让他们都引以为豪。"

事情按我说的办了。国王的亲笔信我已经抄写在这本书的其他地方。①

---

① 见197页爱德华国王写给卡内基先生的信。

让我们感到幸运的是,斯奇伯是莫利最好的休养胜地,这样一来他每年夏天都会来我们这里几次,仿佛已经成为我们家庭的一员。莫利夫人陪同他一块儿来。他和我一样酷爱游艇,而且幸运的是,这项运动对我们俩的健康都特别有好处。莫利是一个诚实的人,而且会永远这样。他从不搪塞或乱说话,在所有问题和任何情况下都态度明确。同时,他又是一个谨慎的人,一个胸怀宽广的人。因为性格温和,他的胸怀宽广并非时时显现。但在某些场合,这一特征显露无遗。此后,一切又恢复如常。

张伯伦和莫利是挚友,同为开明的激进分子。我在伦敦时,常常和他们见面交流。自治问题提出来之后,英国人中对美国联邦体系感兴趣的人多起来。我有求必应,在几个城市发表公开演讲,解释和赞扬我们的联合体,一个由不同州组成的最自由的政府,一个为各州服务的最强大的政府。在张伯伦先生索要相关信息时,我给他寄了一本安娜·L.道斯小姐的《我们的政府》,并与莫利、格莱斯顿和其他许多人就这个问题交流看法。

我写信给莫利先生,告诉他我不赞同第一部地方自治法案,并且给出我的理由。我见到格莱斯顿先生时,他对此表示遗憾,随后我们进行了全面探讨。我反对议会把爱尔兰人排除在议会之外,因为这实际上是分裂。我说我们本不应该允许南方各州停止向华盛顿派出代表。

"如果他们拒绝,你会怎么办?"他问。

"动用所有的文明资源——首先,停止邮件往来。"我回答。

他停了片刻重复道:

"停止邮件往来。"他感觉到了这会带来的瘫痪状态,便不再说话了。随后,他换了话题。

在回答我会怎样做的问题上,我总是指出美国有许多立法机关,但是只有一个国会。英国应该仿效美国,设立一个国家级议会,在爱尔兰、苏格兰和威尔士设立地方立法机关(不是议会)。这三个地方应该像纽约州和弗吉尼亚州那样成为国家的一个州。美国有最高法院来决定是否通过国会和州立法机关制定的法律，是司法部门而不是政治机关拥有最终的决定权力。但英国没有最高法院，因此应该让议会成为国家决定爱尔兰立法的最终权威。由此，爱尔兰地方立法机关制定的法律需要先提交下议院，经过连续3个月的会议期，等待下议院提出反对意见。如果下议院没有否决则法律生效。在没有出现不合适的立法前，这个条款形同虚设，但如果出现了不合适的立法，它就可以发挥作用。我说需要这样的条款，用以确保胆小的民众不会允许爱尔兰脱离英国的情况发生。

当我向莫利先生灌输这个观点时，他说有人向巴涅尔提了这项建议，但被拒绝了。格莱斯顿先生那时可能说过这样的话："非常好，这个条款对我和与我想法相同的人没有必要，但是我们需要这样的条款让全英国都形成这样的意识。我现在还不能处理这个问题。你们处理吧。"

在黑瓦登的一天早晨，格莱斯顿夫人说：

"威廉对我说你们之间的诸多谈话很不寻常。"

毫无疑问，是这样的。他不常听到一个真正的共和党人愉快的谈话，他不理解我无法想象存在不同的世袭等级。人们竟然有意放弃父母给他们的名字，在我看来这非常奇怪。尤其让我感到有趣的是，在问候新加入他们行列里的贵族时，老的世袭贵族们听到那些新头衔后，要费很大的劲才能忍住不笑。新贵们可能花了1万左右英镑购买了这些头衔，而这些钱给了贵族基金。

布莱恩先生在伦敦的时候和我们在一起。我对格莱斯顿先生说，布莱恩先生有次看到年老的他在一个花园派对上，在寒风中脱帽向那些徒有头衔却无足轻重的人致敬。布莱恩对此感到惊奇而又痛心。我们谈到了教会和国家统一的问题，还谈到我的《前瞻》。《前瞻》预言了我们的种族重新统一的问题，原因是大不列颠岛无法再扩张。我认为英国国教会的解体是不可避免的，因为它是个特例。

英语民族的其他部分没有这样的体制,他们鼓励多种宗教,不特别支持某一种宗教。格莱斯顿先生问我:

"你认为英国国教还能存在多久?"

我的回答是我无法确定一个日期,在解散教会方面他比我更有经验。他点头笑了。

当我谈到与其他拥有更大面积的国家相比,英国人口必然会相对减少时,他问:

"你预测下英国的未来会怎样?"

我提到了文明古国中的希腊,说乔叟、莎士比亚、埃德蒙·斯宾塞、弥尔顿、彭斯、司各特、史蒂文森、培根、克伦威尔、华莱士、国王布鲁斯、休姆、瓦特、赫伯特·斯宾塞、达尔文和其他名人在英国出现也许不是偶然。天才的产生和物质条件无关。当英国长时间不能显著地以一个工业国自居时,不是因为她的衰败,而是其他国家发展得更快,我认为她可能变成现代的希腊,在各民族中获得道德上的优势。

"道德上的优势"这个字眼引起了他的关注。他若有所思地重复着:

"道德上的优势,道德上的优势,我喜欢这样的说法,我喜欢这样的说法。"

在此之前,我从未如此尽兴地享受与人的交谈。我去黑瓦登再次拜访过他。而我最后一次看望他是在1897年冬天位于戛纳的兰德尔勋爵家里,当时他已经病得很厉害了。他魅力依旧,对我的弟媳露西表现得尤其彬彬有礼。这是我弟媳第一次见到他,她被他深深打动了。我们开车离开时,她喃喃地说"一只生病的雄鹰!一只生病的雄鹰!"没有比这更好的语言来描述那天我见到的这个面无血色、憔悴不堪的人类领袖。他不只是一个伟人,而且是个真正的好人,做事动机纯粹,一个永远积极向上的高贵、高傲的灵魂。"世界第一公民"的称号他当之无愧。

1881年，我在英国与塞缪尔·斯托里议员建立了业务关系。他是一个非常能干的人，一个执着的激进派，一个真正的共和党人。我们收购了几家英国的报纸，开始了推进激进政治路线的活动。帕斯莫尔·爱德华兹以及其他一些人也加入到我们的行列，但是结果令人沮丧。我的英国朋友们之间的关系不太和谐，于是我最终决定从中撤出，并且幸运地没有遭受经济损失。

我创作第三部著作《民主的胜利》源于我的一个发现，即消息最灵通的外国人，甚至大不列颠人，都对美国知之甚少，而且知道的内容很多是不正确的。那些著名的英国人对美利坚共和国的了解程度之低令人吃惊。我永远不能忘记1882年我同格莱斯顿先生的第一次谈话。当我提出目前说英语的种族中有多数人都拥护共和政体，只有少数是君主制的拥护者时，他说道：

"为什么？怎么会那样？"

"是这样，格莱斯顿先生，"我说，"共和国说英语的人口比大不列颠及其所有殖民地加在一起还要多，即使说英语的殖民地数量翻倍。"

"啊，是么？你们的人口是多少？"

"6600万，你们的人口不过是我们的一半多点儿。"

"哦，是的，这太让人吃惊了！"

说到国家财富问题，他同样感到吃惊。1880年的统计数据表明，成立100年的美利坚合众国现在能够买下英国、爱尔兰和它们所有的资本和投资，并付清英国的债务，却仍不会耗尽其财富。更让他震惊的是谈到自由贸易问题时我对他说的话。我指出，现在美国是世界上制造业的老大。（我后来想起大法官霍尔丹勋爵在这方面犯过错误，他声称英国是世界上最大的制造业国家，他感谢我纠正了他的错误。）我引用马尔霍尔的数字：1880年，英国制造业的产值为8.16亿英镑，而美国制造业的产值为11.26亿英镑。他的反应只有一个词：

"难以置信!"

在我讲了其他让他震惊的数据后,他问:

"为什么没有人研究这一课题,把这些事实以简单直接的方式呈现给世人呢?"

事实上,那时我正在为《民主的胜利》收集资料,意欲完成他提到的这项工作。我对他讲了这个情况。

《环游世界》和《美国人在英国的四驾游》没有花费我多少精力,但是我从1882年开始准备的《民主的胜利》完全是另一回事。它需付出长期、辛苦的努力,需要检查和整理大量数据。但是随着工作的推进,这项研究工作充满了吸引力。有好几个月,我的脑袋里好像填满了统计数据,时间悄无声息地流逝。时间到了晚上时,我还以为只是中午。我生命中的第二次重病源于这项工作带给我的压力,因为我还要同时照顾我的经营活动。如果再涉及与数字打交道这样吸引人的工作,我需要好好考虑才能做出决定。

第二十五章　赫伯特·斯宾塞和他的追随者

1882年,赫伯特·斯宾塞、他的朋友洛特先生还有我一同乘"塞尔维亚"号客船从利物浦到纽约。莫利先生给我写了一封介绍信,将我引荐给斯宾塞先生。不过在此之前,我曾经在伦敦见过这位哲学家,我是他的追随者之一。作为年龄较长的一位,我在这次旅行中担任领头人。一路上,我们总是围坐在同一张桌子旁交谈。

一天,我们谈论第一次见到伟人时留下的印象。他们是否与我们想象中的一样呢?我们分别讲述了自己的感受。我的感受是,想象中的形象与真正看到的人有天壤之别。

"哦!"斯宾塞先生说,"比如说我呢?我也是这样吗?"

"是的,"我回答说,"您与我想象中的老师形象都不一样。在我的想象中,您这位伟大的哲学家举止淡定,沉思万物时神情安详像佛陀,丝毫不为外界纷扰所动。让我没有想到的是,我竟然看到他在选择柴郡奶酪还是切达奶酪的问题上情绪激动。"前一天,他曾生气地推开服务员递过来的柴郡奶酪,喊着"切达,切达,不要柴郡;我说要切达"。这位哲人比任何人都更加投入到这场争吵之中。他在自传中提到了旅途中的这段插曲。

斯宾塞喜欢听故事,并且在听的过程中经常哈哈大笑。他似乎更偏爱听美国故事,而这样的故事我能讲很多。听完这些故事,他常常会放声大笑。他急于了解我们的西部领土,这也是当时欧洲人关注的一个焦点。我给他讲了一个与德克萨斯州有关的故事,他觉得很有趣。故事是这样的:一个移民失望地从德克萨斯州返回故乡,有人于是问那块贫瘠土地上的情况到底如何。他说:

"陌生人,关于德克萨斯州,我只想说一句话,那就是如果我拥有德克萨斯州,我一定会卖掉它。"

现在的情形已经大为不同。德克萨斯州的人口已超过400万,而且据说在1882年,那里的棉花产量超过世界其他地方产量的总合。

在匹兹堡,当我和哲学家步行往我家走时,我想到了另一个美国故事。内容如下:一位来访者沿着花园中的道路向前走,当他打开花园的门时,一条大狗从房间里冲出来,直向他扑过来。他赶紧撤退,并及时地关上花园的门。这时主人叫道:

"它不会碰你的,你知道咆哮的狗不咬人。"

"没错,"来客大声喊道,声音颤抖。"我知道,你也知道,但是狗知道吗?"

有一天,有人看到我的大侄子悄悄打开门,窥视着正在房间里交谈的斯宾塞和我。事后,他母亲问他为什么这样做,这个十一岁的男孩回答:

"妈妈,我想看看那个在书里写学习语法没有用的人。"

斯宾塞听到这个故事后非常高兴,并且以后经常提起这个故事。他相信这个孩子说的是真话。

有一天,我在与他交谈中提到,他在反对修建加来-多佛尔港隧道的抗议书上签字让我感到惊讶。他解释说,他和大家一样希望尽快建成这条隧道,他不相信反对修建这条隧道的各种理由,但他还是签署了抗议,因为他知道他的同胞们都太单纯,英国的陆军和海军会驱赶、惊吓他们,并刺激产生军国主义,然后有人会要求增加陆军和海军力量。他提到曾经出现过类似的惊吓事件,此后军队投资了数百万英镑建造后来证明无用的防御工事。

一天,我们坐在大酒店的房间里俯瞰特拉法加广场。看到英国皇家近卫骑兵团从广场上走过去,我们之间有这么一段对话:

"斯宾塞先生,每当我看到穿着像小丑一样的那些人时,我就禁不住感到悲哀和愤怒。已经到了19世纪了,我们这个自视为最文明的种族中仍然有人愿意从事杀人技术的研究。"

斯宾塞先生说:"我也这么觉得,但我会告诉你我是如何控制愤怒的。每当我觉得自己要发怒时,我就会想一下爱默生的故事,然后心情就平静了。故事是这样的:因为胆敢发言反对奴隶制度,他被人从法纳尔大厅的讲台上轰了下来。他说自己带着满腔愤怒步行回家,直到他打开花园的门,透过花园门和寒舍之间的高大榆树的树枝,他看到了满天闪耀的星星。星星对他说:'发生了什么事?你怎么这么生气,我亲爱的先生?'"我笑了,他也笑了。我感谢他给我讲了这个故事。我经常对自己这样说:"发生了什么事?你怎么这么生气,我亲爱的先生?"这就足够了。

斯宾塞先生访问美国期间,在戴尔摩尼克家中人们为他举行了一次宴会,这也是这次访问的高潮。我开车送他去宴会,看到到达宴会现场后,这位伟人有些惊慌。他满脑子都在想他即将发表的致辞。我想他以前很少在公开场合发言。他最担心的是他的讲话不能让美国人民满意,而美国人是最先欣赏他作品的人。他可能参加过很多宴会,但从来没有一场宴会有这么多杰出人士参加。这是一次不平凡的聚会,现场名流都大力称赞斯宾塞的作品。宴会的高潮在亨利·沃德·比彻总结其讲话时到来了。亨利·沃德·比彻转身对斯宾塞先生说:

"我的身体来自我的父亲和母亲;而我的知识来自您,先生。在一个关键时刻,您向我指明了通过沼泽和困境的安全路径。您是我的老师。"

这些话是用缓慢、郑重的语调说出来的。在我印象中,我还从没有听到过如此深情的讲话;显然,它来自一个心存感激的人。斯宾塞先生被这些话感动了。现场反响强烈。此后不久，比彻先生开始了布道，陈述了自己对进化论的看法。大家焦急地盼望比彻先生的布道赶快结束，因为他认斯宾塞为老师的那番讲话让宗教圈人士很震惊。如果我没记错的话，在结束讲话时，比彻先生说虽然他在某种程度上相信进化论（达尔文学说），但当人达到了人类的最高境界后，造物主就会赐予他圣灵（在所有生物中，只有人有这样的待遇），然后他就会被提升到神圣的圈子。他就这样回答了对他的批评。

斯宾塞先生对机械设备有浓厚的兴趣。在我陪同他参观我们的工厂时，那些新设备让他印象深刻。数年后，他有时还提到这些设备，并且说他认为美国人已经达到了发明和奋斗的顶峰。他自然对他在美国受到的尊重和重视很满意。

我几乎每次到英国时都去看他，即使在他搬家到布莱顿之后。这次搬家到布莱顿是因为在那里，他在房间里就可以看到大海。他喜欢大海，大海能够抚慰他的心灵。我从来没有见过像他这样的人，他似乎如此仔细地权衡每一个动作，每一个词，哪怕是最不起眼的词，直到它们能够表达自己的真实意图。他从不嘲笑宗教事务。然而，在神学领域，他很少顾及礼节。在他看来，这是一个非常有问题的体系，它阻碍了真正的发展。他认为，神学中的奖惩概念只能够产生低层次的影响。尽管如此，他从来没有在讨论旧的思想观念时，表现得像丁尼生那样。诺尔斯告诉我，在这样的场合，丁尼生会情绪失控。诺尔斯说，他对儿子的诗人生活感到失望，因为他对严厉神学的反叛没能真实地描绘出他父亲的形象。

斯宾塞则一直是个冷静的哲学家。我相信，从童年到老年，他从来没有对任何人做过不道德或者不公正的事情。不论做任何事情，他肯定是有人类以来做事最认真的人之一。很少有人像我急切地想了解赫伯特·斯宾塞那样想了解另一个人，因为很少有人比我更深刻地感激他和达尔文。

对过去神学的反抗发生在许多人身上。他们年轻时周围有许多虔诚的信教人士,这些人深信决定未来幸福的真理和信仰只能从严格的加尔文教义中获得。有思想的青年人自然会受到影响,并且倾向于同意这样的想法。在一定的发展时期,他禁不住会想,周围那些出色的、受过最高等教育的人,那些他视为榜样和导师的人所信仰的一定是正确的。他拒绝怀疑这样的信仰,认为怀疑是企图得到他灵魂的魔鬼制造的,只有依赖信仰才能赶走魔鬼。不幸的是,他很快发现,信仰不是那么容易获得的。他认为,自己无法看到他想看到的,不能相信他愿意相信的,其根源在于原罪。他似乎很清楚,自己比已经堕落的人好不到哪儿去。他肯定不属于蒙上帝挑选而得救的人,因为只有牧师、长老和严格的正统人士方能获此殊荣。

不久,年轻人开始慢慢反抗,希望与其他人一样获得体面的地位。他表面上默认这些信条和教义,但在内心完全无法排除怀疑的想法。如果他是一个具备智力和美德的人,那么这场内心的挣扎只会产生一个结果,这就像卡莱尔一样,在经过数周的痛苦思考后,他提出:"如果以上帝之名,它是不可信的,那么就不要再相信它了。"至此,他永远摆脱了怀疑和恐惧的负担。

我和三四个好友也经历过对神学有疑问的阶段,我们怀疑的对象包括超自然元素,通过替代赎罪获得拯救的整套体系以及相关学说。我幸运地读到了达尔文和斯宾塞的作品——《伦理学数据》、《第一原理》、《社会静力学》、《人类的由来》。当我读到解释人如何吸收有益的精神食粮,留住有益的、剔出有害的内容时,我突然感觉茅塞顿开,豁然开朗。我不仅摆脱了神学和超自然学说,而且发现了进化的真理。"既然万物都在发展,就一切都好"成为我的座右铭,我真正感到安慰的源泉。人不是生来就要堕落的,而是能够从低层次向高层次发展的。至于人类追求完美的进程,没有人能够预测到其终点。人类的脸转向光明;站在阳光里,抬头向上看。

人是一个有机体,天生会拒绝一切有害的,也就是错误的东西,并且在经过尝试之后吸收有益的,也就是正确的东西。如果宇宙的建筑师这样处理的话,这个世界和人类都会摆脱邪恶和痛苦,变得完美,就像想象中的天堂里的天使一样;尽管没有这么安排,人类还是被给予了前进而不是倒退的力量。旧约和新约像其他地方神圣的著作一样,因为对过去人类生活的记录以及灌输的好思想,而拥有永恒的价值。像《圣经》的古代作者一样,我们的思想应该关注现世的生活和职责。做好今世的事情,不要忧虑来世会怎么样,这才是智慧之道,伟大的至圣先师孔子如是说。我们应该进入下一世时再考虑我们那一世的职责。

我只是阳光下的一粒尘土,而在这个庄严、神秘、不可知晓的宇宙中,我甚至更加渺小。我对这个世界心存畏惧。我发现了一条真理。富兰克林是正确的。"崇敬上帝的最佳方式就是服务人类。"然而,所有这一切都不能阻止人们不懈追求不朽的愿望。降生到来世与降生到当世都不是什么大的奇迹。既然已经有今生,为什么就不会有来世呢?因此,我们有理由希望永生。让我们期待吧。

第二十六章　布莱恩和哈里森

从一个人交什么朋友可以了解他的为人。同样,从一个人讲的故事也可以了解他的为人。布莱恩先生是我见过的最会讲故事的人之一。他性格阳光,讲出的故事蕴含智慧,语言简洁,适合每个场合。

布莱恩先生在约克镇(我曾陪同他去那里)的演讲备受推崇。他的初稿中特别提到,在以英语为母语的两个国家之间产生了真诚友谊,并在结尾时表示,希望目前这两个国家之间的和平与善意能够存在很多世纪。当他向我读到这一段时,我记得当时感觉"很多世纪"的说法不协调。于是我说:

"国务卿先生,我是否可以建议改一个地方?我不喜欢'存在很多世纪',为什么不说'永世长存'呢?"

"好,这样就完美了!"

因此,最终的演讲中是这样说的:"希望目前这两个国家之间的和平与善意能够永世长存。"

从约克镇返回的途中,我们一起度过了一个美妙的夜晚。在月光下,我们坐在船尾,听着军乐队的演奏,谈论起了音乐的效果。布莱恩先生说,他当时最喜欢的曲子是《越来越甜美》,他最近一次听到这首曲子是在加菲尔德总统的葬礼上,是由同一支乐队演奏的。他当时觉得,甜美的声音比以往任何时候都更能感动他。他要求这是当晚演奏的最后一曲。他和格莱斯顿都喜欢简单的音乐。他们可以欣赏贝多芬和古典大师的音乐,而瓦格纳的音乐对他们来说就像一本没有打开的书。

当我问他在国会听到的最成功的演讲是哪个时,他回答说是宾夕法尼亚州前州长里特这位德国人的演讲。当时众议院正在审议为内陆淡水水域拨款的第一项法案。众议院中出现了意见分歧。严格解释宪法的人称这是违宪的;他们认为只有沿海的港口是归联邦政府管理的。争论很激烈,结果难预测。此时,让众议员们吃惊的是,里特州长第一次慢慢站起来。会场立刻静了下来。这位年长的、曾任州长的德国人要说什么?他过去从未发过言。他只说了这些话:

"议长先生,关于宪法我知道的不多,但是我知道这些:我他妈的不会支持只管海水、不管淡水的宪法。"会场顿时爆发出一阵大笑。该法案在众议院获得通过。

就这样,众议院通过了这项打破常规的法案,让政府把钱花在最有益于民生的方面,并允许动用陆军和海军工程师的力量。政府的支出很少能产生如此巨大的回报。我们也因此增强了宪法的灵活性,以满足不断增长的人口提出的新要求。制定宪法的人应该允许以后的人根据当时的需要解释宪法。

布莱恩先生讲述的精彩故事很多,如果可以从其中选择一个最好的话,我认为应该是下面的这个故事:

在使用奴隶修建地下铁路的日子,在加利斯波利斯附近的俄亥俄河沿岸居住着一位著名的民主党人士,人称法国法官。他对一些反奴役的朋友们说,他希望他们把第一个越过俄亥俄河、顺着地下铁路向北逃走的黑人带到他的办公室。他不明白他们为什么想逃走。他的朋友们这样做了,于是法官和被抓回的奴隶有这样一段谈话:

法官:"你从肯塔基州逃跑了。是因为主人虐待你吗?"

奴隶:"哦,不,法官。他非常好,是一个善良的主人。"

法官:"他让你工作太辛苦了吗?"

奴隶:"不,先生。我一生中从未让自己过度劳累。"

法官犹豫了一下,然后说:"他没有给你足够的吃的吗?"

257

奴隶："在肯塔基没有足够的吃的？才不是呢，大人，我们的食物很充足。"

法官："他没有让你穿得暖和？"

奴隶："对我来说，穿得已经足够好了，法官。"

法官："你没有一个舒适的家？"

奴隶："哦，大人，想到我在肯塔基那个漂亮的小屋，我就想哭。"

法官停顿了一下，说："你有一个心肠好、心地善良的主人，没有过度劳累，衣食不愁，居住条件很好，我不明白你究竟为什么想逃跑。"

奴隶："是这样，法官，那个地方在地下，不像外面开阔。你可以自己下去看一看，然后你就明白了。"

法官豁然开朗。

> 自由魅力无穷，
> 奴隶们虽然知足，
> 但永远不会知晓。①

过去，有那么多有色人种冒着生命危险去争取自由。这可能最好地印证了这样一个事实：黑人们将一步一步地靠近，并最终获得完全的合众国公民身份。

和我们一起在克鲁尼时，布莱恩先生表现得非常高兴。他好像回到了一个大男孩的状态，和我们一起嬉戏、玩闹。他过去从来没有用苍蝇作诱饵钓过鱼，于是我把他带到拉根湖上，教给他方法。他开始很笨拙，所有人都会这样，但他很快就掌握了要领。我永远不会忘记他钓到第一条鱼时的情形：

"我的朋友，你教给了我一种新的人生乐趣。在缅因州有上百个可以钓鱼的湖泊，以后我会在度假时到湖上钓鳟鱼。"

6月的克鲁尼正处于极昼时期，虽然看不见太阳，但是光线依然

---

① 出自英国诗人威廉·古柏（William Cowper）的诗作《桌边谈话》（"Table Talk"）。

明亮。我们一起在草坪上跳舞,一直到很晚。布莱恩夫人、道奇小姐、布莱恩先生,还有其他嘉宾尝试着跳苏格兰里尔舞,像高地人那样大声喊叫。我们在这两个星期纵情狂欢。此后的一天晚上,我们在纽约的家中举行了一次晚餐,来宾主要是曾在克鲁尼一起度假的朋友。布莱恩先生向在场的人说,他在克鲁尼发现了真正的假期是什么样的:"那时,最不起眼的小事成为最重要的事情。"

1888年,布莱恩先生与我们一同乘车旅行时,得到了哈里森获得总统提名的消息。当时,布莱恩先生和夫人、玛格丽特·布莱恩小姐、黑尔参议员和夫人、道奇小姐以及沃尔特·达姆罗施与我们一同乘车从伦敦前往克鲁尼城堡。从爱丁堡驶往林利思戈时,我们发现市长和地方行政官身着华丽礼服正在酒店迎接我们。我与他们在房间里交谈时,布莱恩先生走了进来,手中拿着一封电报问我是什么意思。电报上面写着:"使用密码"。这是埃尔金参议员从芝加哥大会①上发来的电报。布莱恩先生曾在前一天发电报说,拒绝接受总统的提名,除非俄亥俄州担任财政部长的谢尔曼也同意。埃尔金参议员无疑希望直接与布莱恩先生通信,不让其他人插手。

我对布莱恩先生说,埃尔金参议员曾经在我们乘船离开前找过我,建议我们为主要候选人设置密码。我给他提供了几个密码,并且将它们记录在一张纸条上,放到我的笔记本里。我在笔记本里翻找,幸运的是纸条还在。布莱恩是"维克托";哈里森是"王牌";新泽西州的菲尔普斯是"明星"等等。因为选举陷入僵局,我于是给一位杰出的共和党领导人发了电报,提出"维克托"劝说不动,选择"王牌"或者"明星"。电报是在晚上发出的。

我们于是就去休息了。第二天,在身着礼服的市政官员们的簇拥下,我们一行人走向城市的大街,沿途彩旗飘飘,场面蔚为壮

---

① 芝加哥大会(Chicago Convention),指1888年在芝加哥召开的共和党全国代表大会(Republican National Convention),文中提到的布莱恩、哈里森、谢尔曼、菲尔普斯和莫顿都是共和党人。

观。有人致欢迎辞，我们这一方做了回应。在大家的请求下，布莱恩先生做了简短的致辞。这时，一封电报递给了他："哈里森和莫顿获得提名。"①菲尔普斯拒绝参选。就这样，布莱恩先生永远失去了担任最高政界职位的机会，一个由大多数说英语公民选举才能获得的职位。但是如果一切都公正的话，他原本有机会可以当选总统。事后大家都清楚了，纽约州有人耍了花招。肇事者在此后的一次选举中打算故技重施，被人们发现并受到了惩罚。

布莱恩先生在哈里森的内阁中担任国务卿，他在这一职位上做得非常成功。促成泛美会议的召开是他最辉煌的业绩。我唯一的政治任命就是在这个时候获得的，职务是泛美会议美国代表。这次任职让我有机会了解到南美各共和国有趣的一些方面以及他们面临的各种问题。除了巴西，美洲所有共和国的代表们一起坐了下来。一天早晨，有人宣布新宪章获得批准，巴西成为新成员，成员总数达到17个——现在已经到了21个。现场掌声一片，对巴西代表亲切的问候不绝于耳。我发现，南美的代表们对美国这个大哥哥的意图存有怀疑。南美各国表现出了明显的独立精神，我们必须认识到这一问题的敏感性。在这一方面，我认为我们这一批人做得很成功，但以后的政府也应该认真尊重我们南部邻国的民族感情。我们不应该企图控制他们，而是应该寻求完全平等的友好合作。

我座位旁边的曼努埃尔·金塔纳后来成为阿根廷总统，他特别关注会议公报的内容。有一天，他对一个小问题很有意见，并和会议主席布莱恩发生了激烈的争论。我认为问题的根源在于翻译过程中出现了错误。我站起来，悄悄走到站在主席台上的布莱恩后面，低声说如果暂时休会的话，我确信他们两个之间的分歧可以得到解决。他点头同意。我回到我的座位，并提出休会动议。休会期间，所有问题都得到了令人满意的解决。写到这儿，我回忆起此次会议中发生

---

① 指哈里森和莫顿分别成为共和党内唯一的总统候选人和副总统候选人。

的另外一件事。当我们准备离开会议厅,经过代表们身边时,一位代表一手搂着我,一手拍着我的胸脯惊呼:"卡内基先生,您口袋里的钱比我的多。"他边说,边指着自己的口袋。我们的南部兄弟如此亲切热情。温暖的气候造就温暖的内心。

我前面曾经提到,1891年,哈里森总统和我一起从华盛顿去匹兹堡,为我向阿勒格尼市捐赠的卡内基音乐厅和图书馆揭幕。我们白天乘坐巴尔的摩和俄亥俄铁路,我们的旅途很愉快。而沿途风光优美,总统特别高兴。到达匹兹堡时夜幕已经降临,燃烧的焦炉、浓厚的烟柱还有火焰让他感觉很惊奇。总统认为,从山顶往下看,将匹兹堡描述为"打开了盖子的地狱"颇为恰当。他是访问匹兹堡的第一位总统。不过,在赢得总统选举后,前往华盛顿的赴任途中,哈里森总统的祖父、美国第九任总统哈里森曾经由轮船换乘运河船只时经过匹兹堡。

由于总统的到来,参加开幕仪式的人很多,一切进展顺利。第二天早晨,总统希望看一看我们的钢铁厂。他在我们的陪同下来到工厂,并受到了工人们的热烈欢迎。在我们从员工面前走过时,我依次向他介绍每个部门的经理。最后,当我介绍施瓦布先生时,总统转向我说:

"这是怎么回事,卡内基先生?你怎么只介绍男孩给我。"

"是的,总统先生,但你注意到他们是什么样的男孩了吗?"

"是的。'小骗子',他们每个人都是。"他评论道。

他说的没错。在这个世界上的其他地方,很难在钢铁厂找到像他们这样的年轻人。在没有付出任何成本,并且不用承担任何风险的情况下,他们就被提升为合伙人。给"合伙人"回报与公司向"打工仔"支付工资是非常不同的概念。

总统访问的不是匹兹堡,而是沿河而建的阿勒格尼市,这带来了一个好的结果。匹兹堡市议会议员提醒我,我最先向匹兹堡提出捐资建造图书馆和礼堂的,但是被拒绝了,然后阿勒格尼市提出是否可以捐给他们,我同意了。总统访问了阿勒格尼,并为图书馆和礼堂揭幕,却忽略了匹兹堡,这对匹兹堡当局来说真是太丢面子了。揭幕仪式后的第二天,匹兹堡当局再次来找我,问我是否愿意再次提出捐资意向。如果是的话,这座城市将接受提议,并承担比我过去要求的比例更高的维护费用。我非常愿意这样做,而且提出这次捐赠100万美元,而不是原来提出的25万美元。此外,我又有了新的想法。于是开始了卡内基研究院的建设。

匹兹堡的名流们热衷于投资艺术品。作为一个制造业中心,它拥有自己的交响乐团已经多年了,另外两个拥有交响乐团的城市是波士顿和芝加哥。此外,这里还成立了一家博物学家俱乐部和一所美术学校。成功建造一座融图书馆、美术馆、博物馆和音乐厅为一体的大楼是我一生最满意的事情之一。这是我的纪念碑,因为我在这里度过了青少年时光,我的事业也是从这里起步的。时至今天,我视亲切、古老、排放着黑烟的匹兹堡为母亲,而我是她忠实的孩子。

与我们在匹兹堡期间,赫伯特·斯宾塞听到了我第一次向匹兹堡捐赠图书馆遭拒的故事。当我第二次提出捐赠时,他写信给我,说他不明白我为何还这样做。他决不会这样做,因为他们不值得。我在写给这位哲学家的回信中说,如果我第一次向匹兹堡提出捐赠时,期待着得到她的感谢和感激,当然会有人指责我只是为了美化和颂扬自己才这样做。那时我可能像他那样愤怒。然而,我考虑的是为匹兹堡的人们做点好事情,因为我的致富之路是从那里开始的,一些无根据的怀疑只会更加促使我这样做,让人们能够接受更高层次的事物影响。谢谢命运的眷顾,研究院帮我圆了这个心愿。匹兹堡在提升人们素养方面,发挥着作用。

第二十七章　美国外交

哈里森总统曾经在军队服役,因此这位总统有些喜欢打仗,这让他的一些朋友们有点担心。受加拿大委托,索尔兹伯里勋爵表示不能接受解决白令海争端的布莱恩协议。得知此消息,哈里森总统反对通过仲裁解决白令海问题,而是倾向于采取极端措施。不过,当时冷静处理的想法大行其道。他还决意维持针对南方的《军力动员法》。

在与智利的争端中,人们曾经一度认为几乎无法阻止总统采取导致战争的行动。由于智利当局在表述他的行为时措辞极为不当,他被深深地激怒了。我于是动身前往华盛顿,试图让双方实现和解,因为作为首届泛美会议的成员,我认识许多南方国家的代表,并且与他们关系很好。

幸运的是,我刚刚进入肖雷汉姆酒店,就看到密苏里州的亨德森参议员。我们同为参加泛美会议的代表。他停下来和我打招呼,望着街对面对我说:

"总统在招呼你呢。"

我于是穿过街道。

"你好,卡内基,什么时候到的?"

"刚到,总统先生。我刚刚进酒店。"

"你来这里做什么?"

"想和您谈谈。"

"那好,咱们边走边谈。"

总统拉着我的胳膊,我们一起在黄昏时候的华盛顿大街上走了一个多小时。在这期间,我们的讨论很热烈。我告诉他,他任命我为泛美会议的代表,并且在南美代表们离开时向他们保证,为他们举行的阅兵式不是为了显示我们有军队,而是说我们没有,也不需要军队;我们是共和国家庭中的大哥,不论出现任何争议,我们将通过和平仲裁解决。因此,我很惊讶,很痛心,因为他现在显然采取了不同的做法,在与智利这个小国家发生一点微不足道的争端时威胁诉诸战争。

"你是纽约人,只关心商业和美元。纽约人就是这么行事的。他们一点也不关心共和国的尊严和荣誉。"总统说。

"总统先生,我是有可能在战争中获利最多的美国人之一。作为最大的钢铁制造商,战争会让数百万美元流进我的口袋。"

"哦,对你来说很可能是这样,我忘了。"

"总统先生,如果我去战斗,我会选择那些和我同样个头的人。"

"那么,你会因为一些国家是小国,就允许他们侮辱并损毁你的荣誉吗?"

"总统先生,没有人可以损毁我的荣誉,除了我自己。荣誉只跟自己的感觉有关。"

"你知道我们的水手在岸上受到攻击,其中两个被杀。你会容忍这些吗?"他问。

"总统先生,我并不认为美国的荣誉会因为喝醉的水手之间发生的争吵而受损。此外,这些水手不是美国人,他们是外国人,您从他们的名字可以判断出来。我倾向于革除船长的职务,因为在当地发生骚乱,治安得不到保证的情况下,他还放水手到岸上去。"

我们就这样边走边谈,一直走到白宫门前。这时天已经黑了。总统告诉我,他当晚要外出赴宴,但邀请我第二天与他共进晚餐。那时只有家人在,我们可以谈谈。

"我感到非常荣幸,明天晚上见。"我说。我们就这样分手了。

第二天早晨,我去找国务卿布莱恩先生。他从座位上站起身,伸出双手欢迎我。

"哦,为什么昨晚你不与我们一同进餐?当总统告诉布莱恩夫人你在城里时,她说:'想一想,卡内基先生在城里,而我家有空位置,他可以坐在这里和我的家人共进晚餐。'"

"是这样,布莱恩先生,昨天晚上我没有见你,我认为这是相当幸运的。"我回答。然后我告诉他我与总统会面交谈的经历。

"是的,"他说,"真是幸运。要不然,总统可能以为你和我串通好了。"

西弗吉尼亚州的参议员埃尔金先生是布莱恩先生的挚友,也是总统很要好的朋友。他恰巧这时走了进来,说他刚刚见到总统。总统告诉他,昨天晚上他和我关于智利事件有一段谈话,我对智利事件不主张诉请武力。

"总统先生,"埃尔金参议员说,"卡内基先生对您说话不会像对我说话那样坦率。虽然他的情绪非常强烈,但在跟您说话时,他肯定会有所克制。"

总统回答说:"我没有看到丝毫克制的迹象,我向你保证。"

这件事情的处理方式后来得到了调整,这要感谢布莱恩先生一贯的和平外交政策。据我所知,他不止一次避免美国卷入涉外冲突。人们认为他是一个咄咄逼人的美国人,而这恰恰可以让这位伟人促使谈判达成妥协。如果换作他人,对方可能不会那么欣然接受。

在那天的晚宴上,我和总统友好交谈了很长时间,不过他看起来身体状况欠佳。我冒昧地对他说,他需要休息。不论怎样,他应该从事务中抽身一段时间。他说他打算乘缉私船出去几天,但最高法院的法官布拉德利去世了,他必须找到一位优秀的继任。我说有一个人我无法推荐,因为我们曾一起钓鱼,是亲密无间的朋友。我们无法公正地判断对方,但是总统可以打听一下他——匹兹堡的西莱斯。他这样做了,并且任命他为最高法院法官。西莱斯先生获得任命是天时地利人和的结果。如果哈里森总统认为西莱斯先生不是他需要的人,那么我以及其他任何人的推荐都没有多少意义。

在白令海争端中,总统被索尔兹伯里勋爵出尔反尔的表现激怒了,因为后者先是同意,后来又拒绝接受解决这一问题的约定。总统已决定拒绝接受将这一争端提交仲裁的新提议。在这一问题上,布莱恩先生与总统的态度是一致的。对于他的计划,索尔兹伯里曾通过他的大使表达了赞美,现在竟然要将其丢弃一边,布莱恩自然愤怒。我发现总统和布莱恩无心妥协。而总统的情绪更为激动。我与布莱恩先生单独讨论了这件事,我向他解释,索尔兹伯里对此事无能为力。面对抗议,他不能强迫加拿大接受他贸然同意的协定。另外,他正在处理英国与纽芬兰的争端,后者坚持解决方案必须对其有利。任何英国政府都不可能在让纽芬兰不满之外,让加拿大也不满。索尔兹伯里已经尽力了。交谈了一段时间之后,布莱恩相信了我的说法,并成功地说服了总统。

白令海争端引发了一些相当有趣的情况。有一天,加拿大总理约翰·麦克唐纳德爵士及其一行抵达华盛顿,请求布莱恩先生就白令海问题安排其与总统见面。布莱恩先生回答说,他第二天早上将要会见总统,会将结果通知约翰爵士。

"当然,我很清楚,总统不能在正式场合与约翰爵士和他的朋友们见面。他们来访时,我就告诉他们了。"这事刚刚过去,布莱恩先生就在华盛顿向我讲述了事情的经过。约翰爵士说,加拿大是独立的,"拥有纽约州在联邦中那样的主权"。布莱恩先生回答说,他害怕如果安排加拿大总理与纽约州当局见面,他很快就会听到来自华盛顿的声音;如果安排加拿大总理与华盛顿当局会见,纽约州当局也会有所反应。

这是因为总统和布莱恩先生都认为,在英国政府不能履行先前达成的约定后,他们才接受了索尔兹伯里仲裁的建议,因为他们觉得他已经尽力了。这是一个让布莱恩先生非常痛心的结果。他曾建议,英国和美国各自向白令海派出两艘轮船,双方都拥有登上或者制止任何渔船的平等权利,不论渔船悬挂的是哪一方面的旗帜。事实上,这等于是建立一支联合警察队伍。索尔兹伯里的反应是,他打电报给英国大使朱利安·庞塞福特爵士,祝贺布莱恩先生提出了"出色的建议"。它将授予各方平等的权利,并且建立史上第一支联合警察队伍。这是一个公正、友好的协议。朱利安爵士向布莱恩先生展示了这封电报。我讲这些的意思是,有时候能干、愿意而且急于合作的政治家并不总能随心所愿。

布莱恩先生确实是一位伟大的政治家,开明、睿智,而且始终支持和平。在与智利的战争、《军力动员法》、白令海等问题上,他表现得冷静、睿智而且追求和平。他尤其支持将我们说英语种族的关系不断拉近的做法。对于法国,他无比感谢她在我们的革命战争中发挥的作用,但这并没有让他失去头脑。

在伦敦的一次晚宴上,布莱恩先生与英国官员发生了激烈的争论。当有人提到克莱顿-布尔沃条约时,现场一位要员说,他们的印象是布莱恩先生对祖国不友好。布莱恩先生否认这一点,并且有理由这么做,至少以我对他的了解来说是这样的。有人将他在克莱顿-布尔沃条约问题上的书信作为实例,布莱恩先生回答说:

"我成为国务卿后,我不得不处理这件事务。我惊讶地发现,你们的外交大臣总是告诉我们女王陛下'期待什么',而我们之前的国务卿则说我们的总统'冒昧希望什么'。当我收到一封告知我们女王陛下'期待什么'的电报时,我也在回电中说我们的总统'期待什么'。"

"那么,你承认你改变了信件的措辞喽?"有人逼问道。

布莱恩迅速做出回应:"我们只是根据条件变化而变化。美国只能'冒昧希望'任何一个大国做什么的阶段已经过去了。我只是遵循你们的做法。如果女王陛下说'冒昧希望',我们的总统也将永远这样做。我想只要你们还是'期望'做什么,美国也将这样'期望'。"

在一次晚宴上,到场的嘉宾包括约瑟夫·张伯伦先生和苏格兰钢铁公司总裁查尔斯·坦南特爵士。进餐时,约瑟夫·张伯伦先生说他的朋友卡内基是一个好人,他们都很高兴看到他成功,但他不知道为什么美国每年要给他价值100万英镑或者更多的保护费,来让他生产钢轨。

布莱恩先生说:"可我们不从这个角度看它。我对铁路很感兴趣,我们以前花钱购买你们的钢轨,价格是每吨90美元,没有优惠。现在,就在我动身离开美国之前,我们的人民与我们的朋友卡内基以每吨30美元的价格签订了一份大合同。我的感觉是,如果卡内基和其他人没有冒险在大西洋的这边投资开发制造钢轨,我们仍然要接受你们每吨90美元的价格。"

这时查尔斯爵士插了进来:"肯定是这样的。90美元是我们商定好给你们外国人的价格。"

布莱恩先生笑着说:"张伯伦先生,我认为你诋毁我们的朋友卡内基时,举了一个不恰当的例子。"

"你说的对,"他回答说,"查尔斯爵士这样出卖我,我怎么可能成功?"大家都笑了。

布莱恩是一个极其善于讲奇闻轶事的人。他的讲述有如下显著优点:我从来没有听到他讲的任何一个故事,或任何一个词让听众,哪怕是最挑剔的听众感到过分的。他反应迅速,如同捕兽夹一般,他是一个愉快的同伴,他本可以成为一位卓越的总统,处理事务不含冒险激进。我发现他十分保守,强烈呼吁所有国际问题以和平方式解决。

第二十八章　国务卿约翰·海和总统麦金莱[①]

我们在英格兰和苏格兰时,约翰·海是我们的常客。1898年,他正准备到斯奇伯来看我们时,突然被麦金莱总统任命为国务卿,并且召唤其回国。很少有人在这个位置上取得像他那样的成就。他为人真诚,自信满满,让人颇受鼓舞,他志向高远。他憎恶战争,称它是"人类最凶残,同时也是最徒劳无益的愚蠢行为"。而他内心也的确是这么认为的。

在我返回美国的途中,我在伦敦遇到他和亨利·怀特。当时热议的话题是兼并菲律宾。让我高兴的是,我们对于一项严重背离美国传统政策的提议看法相同。此政策为:避免兼并距离遥远、没有利益关联的地区,把国家的领土范围控制在美洲大陆,尤其要避免国家卷入穷兵黩武的漩涡。在伦敦海先生的办公室里,海、怀特和我的手紧握在一起,就这一话题达成了一致意见。在此之前,他曾经给我写过这么一封信:

我亲爱的卡内基先生:

感谢您在斯奇伯表达的不满,以及您充满善意的来信。上一周,读到和听到那么多溢美之词,令我非常感动,倍感庄严。我似乎觉得他们说道的是别人,因为我只是做了自己应该做的。

[①] 麦金莱(Mckinley),即威廉·麦金莱(William Mckinley),美国第二十五任总统。

我希望在我最终离任时大家还存有一些这样好的评价。

我饶有兴趣地阅读了您在《北美洲评论》上的一篇文章。在目前的位置上,我不方便说明我多么赞同您的观点。我思考的唯一问题是,我们"可能"在多大程度上从菲律宾抽身而退。谢天谢地,没有让我来解决这个重大问题。

1898 年 8 月 22 日
于伦敦

很奇怪的是,命运恰恰安排他来承担他曾庆幸不会轮到他的任务。

在义和团事件中,他是早期唯一对中国友好的人,并且在休战谈判中帮助中国得到了较为公平的待遇。他对属于同一种族的英国有深厚的感情,在这一点上美国总统与他的态度完全一致。他们对英国反对其他欧洲列强在古巴战争中偏袒西班牙的立场深为感激。

在我们很多人看来,有关巴拿马运河的《海－庞塞福特条约》并不令人满意。埃尔金参议员告诉我,在他即将针对这件事情发表谈话的当天,他在《纽约论坛报》上看到了我提出的反对意见,这对他帮助很大。这篇文章发表之后不久,我去了华盛顿。一大早,我和汉纳参议员前往白宫,发现总统对参议院通过的条约修正案不知如何处理。我确信英国将迅速默许参议院的要求,并把这个想法告诉了总统。英国会同意任何合理的要求,因为是我们出资建造运河,而她是仅次于我们的第二大受益者。

汉纳参议员问我是否见过"约翰",正如他和麦金莱总统一直称呼海先生的那样。我说没有。于是,他委托我去看望并且安慰一下他,因为他正为条约修正案的事情闷闷不乐。我依他说的做了。我告诉海先生,《克莱顿－布尔沃条约》被参议院做了修改,这件事情现在几乎没有人知道,而且没有人在意。同样,《海－庞塞福特条约》将按照修改本实施,没有人会注意到条约内容的变化。他对此表示怀疑,认为英国会不愿意撤军。此后不久,在与他共进晚餐时,他说事实证明我的预测是对的,一切平安无事。

当然会平安无事。英国方面事实上已经告诉我们,她希望建造巴拿马运河,并且愿意为此做任何事情。如今运河如愿建成了,它完全归美国所有,没有任何复杂的国际因素。也许在当时看来,建造这条运河是不值得的,不过与其把三四亿美元用来制造针对假想敌人的海上武器,还不如把它们用来建造运河。也许建运河会有损失,但是这种损失是有底线的;而造武器则可能成为战争的根源,因为:

> 看见了罪恶的工具,
> 多么容易使人造成罪恶。①

海先生讨厌参议院。他唯一不拘礼节的时候就是我们在谈论有关参议院的话题时。在 1905 年提交的《仲裁条约》草案中,参议院擅自将"协议"一词换成"条约",这让他变得异常激动。我想这主要是由于他身体欠佳,那时周围的好友们已经清楚地看到,他的健康已经严重受损。

我最后一次看到他是在他家的午餐桌上,那时《仲裁条约》草案已经经过参议院修改,正在等待罗斯福总统审议。由前国务卿福斯特领导的条约支持者们敦促总统批准条约。我们也觉得总统是打算批准的,但是从我后来与国务卿海的交谈中我感觉到,总统如果批准条约会让海不悦。如果罗斯福总统仅仅为了安慰病中的密友约翰·海就否决这项条约,我不会感到意外。我明确地感觉到,人们会竭力委托我劝说一下这位伟人,尽管这肯定会让他颇为恼怒。但是这时的国务卿海很执拗,坚决不向参议院屈服。离开他家的时候,我对夫人说我担心我们再也见不到我们这位朋友了。情况果然如此。

从建立华盛顿卡内基学院之初,海就担任学院的董事长和信托人,学院得到了他的支持和密切关注。对于他睿智的建议,我们都非常感激。作为一名政治家,他成名比较迅速,比我知道的任何其他人

---

① 出自莎士比亚戏剧《约翰王》第四幕第二场。

手腕都更为成熟。很难想象在公共人物中,还有人比他有更多的好友。我长期保存着他的一封短信。倘若我不了解他可爱的性格和对朋友们无比的热情,这封信就可能成为对我的文学虚荣心程度最深的恭维。在我今天记录这段经历时,世界变得更糟糕了,因为海离开了我们。

关于古巴革命中残暴场景的报道引发了美国民众的愤怒,而这导致美国和西班牙的战争。麦金莱总统试图竭力避免这场战争。西班牙公使离开华盛顿后,法国驻美大使作为西班牙的代理人,与美国方面继续进行和平谈判。西班牙提出让古巴自治。总统的答复是,他不知道"自治"的确切含义。他希望古巴得到与加拿大同样的权利。他知道这些权利有哪些。法国公使呈给总统的一封电报上称,西班牙同意这样的条件,我们的总统于是认为一切都解决了。至少看起来是这样。

我在纽约的时候,众议院议长里德经常周日上午来看我。那年我们刚刚从欧洲回来,他就过来了,说过去他从未让众议院在自己手里失控。曾经有那么一刻,他甚至考虑离开坐席,到议员们中间去发表讲话,让场面安静下来。他对议员们说,总统已经得到西班牙允许古巴自治的保证,但是议员们听不进去。唉,太迟了,太迟了!

"说到底,西班牙跑到这里来干什么?"国会盛气凌人地质询道。国会中已经有足够数量的共和党人答应与民主党人一起投票支持开战。国会议员们情绪激昂,而"缅因"号战舰在哈瓦那港口不幸遭遇爆炸,据猜测是西班牙人所为,这更加剧了他们的愤怒。这一猜测过于高估西班牙的手段和行动能力了。

我们宣战了。在参议院,普罗克特参议员对他所目睹的古巴集中营的描述让人震惊。最能煽动人心的说法是:"说到底,西班牙跑到这里来干什么?"麦金莱总统的和平政策被束之高阁,他只能顺从于民众的选择。政府当时宣布,发动这场战争不是为了扩张领土,并承诺支持古巴独立(政府忠实地履行了这一诺言)。我们不应该忘记这一点,因为它是这场战争中唯一值得称道的地方。

占领菲律宾是美国政治的一个污点。这不只是领土吞并的问题,因为这是从西班牙手中夺取的土地,而且美国为此支付了2000万美元。在美西战争中,菲律宾曾是我们的盟友。起初,在总统领导下的内阁同意只要求得到一个装煤站,据说这也是发给巴黎的和平事务专员的电报中提出的要求。后来,麦金莱总统对西部领土进行了一次视察,期间当他提到国旗和杜威①的胜利时,得到了群众的热烈欢呼。返回华盛顿后,总统意识到撤军不为大多数人所支持,于是改变了原来的政策。他的一位内阁成员告诉我,所有内阁成员都反对政策更改。一位参议员对我说,一位名为贾奇·戴的和平事务专员从巴黎发来了一封抗议信。这封信写得极好,如果它能够发表,其轰动效应可与华盛顿的告别致辞相媲美。

这时,一位重要的内阁成员、我的朋友科尼利厄斯·N.布利斯打电话邀请我前往华盛顿,就此事谒见总统。他说:

"你对他有影响力。自他从西部回来后,没有人能够劝说得了他。"

我前往华盛顿与他会面。但是总统很执拗。他说,撤军会在国内引发革命。最后,我告诉他的秘书们,总统需要对大家的批评做出一些让步,并且说对菲律宾的占领只是暂时的,一定会找到解决办法的,内阁这才罢休。

总统召见了反对兼并菲律宾的康奈尔大学校长舒尔曼,并任命他为访问菲律宾委员会的主席。此后,他又召见了强烈反对更改政策的塔夫脱法官,并任命他为菲律宾总督。塔夫脱法官提出,任命一个公开谴责兼并菲律宾的人有些奇怪。总统的回答是,这正是要任命他为菲律宾总督的原因。这样的安排很好,但是不进行兼并与放弃已经购买的领土是两码事。大家不久就认识到了两者的区别。

---

① 指乔治·杜威(George Dewey,1837—1917),是美国海军特级上将。

布赖恩先生①曾经有能力阻止与西班牙的这一和平条约在参议院获得通过。我前往华盛顿,希望他能这样做。在参议院投票前,我一直待在华盛顿。有人对我讲,布赖恩先生在华盛顿期间对朋友们说,让条约通过对民主党有利。这会让共和党在人民面前失信,"花费2000万美元去推动一场革命"会让任何一个政党名声扫地。而在当时,布赖恩先生的7个坚定追随者正准备投票反对兼并菲律宾。

因为我反对购买菲律宾的态度比较引人注目,布赖恩先生曾经在纽约与我见面,专门讨论这一话题。我于是发电报给正在奥马哈的布赖恩,向他解释了目前的局势,并且恳求他发电报向我保证,允许他的朋友们自己做出判断。他的答复正如我前面提到的——最好是让共和党人的条约草案通过,让人民知道共和党在做什么。我认为,为了政党争斗这样做是十分不光彩的,因为这件事情会酿成很严重的后果。条约是否能够通过,作为众议院议长的布赖恩先生拥有决定性的一票。他只需要说句话就可以让国家避免灾难。自那以后的很多年里,我对他不再那么友好了。在我眼里,他是一个为了党派利益可以牺牲国家和个人信仰的人。

投票结束后,我立即拜访了麦金莱总统。我对他竟然需要依赖劲敌的支持深表同情。我向他解释了这次胜利是如何得来的,建议他向布赖恩先生表示感谢。对于麦金莱总统以及所有美国的政治家们来说,如何管理数千英里之外的殖民地是个新的问题。他们不知道其中的艰难和风险。就这样,美利坚合众国在国际问题上犯下了第一个严重的错误,这一错误让他陷入国际军国主义的漩涡,迫使它建立一支庞大的海军力量。自那时起,政治家们开始面对一个不同以往的局面。

几周前(1907年),在与罗斯福总统共进晚餐时,他说:

---

① 布赖恩(Bryan)的全名为威廉·詹宁斯·布赖恩(William Jennings Bryan),他是美国政治家,民主党和平民党领袖。

"如果你想见到最希望从菲律宾脱身的两个美国人,他们现在就在你面前。"他指着国务卿塔夫脱和他自己说。

"那么您为什么不做呢?"我问道,"美国人会非常高兴您那样做。"

但是总统和塔夫脱法官都认为,我们的职责要求我们应该首先让菲律宾为自治做好准备。正像俗语所说,"学会游泳前,请不要下水"。不过,水是必须要下的,只不过是早晚的问题。

曾有人辩称,即使我们不占领菲律宾,德国也会的。这些人没有意识到,这就意味着英国同意德国在澳门建立一个军事基地,而它与英国在东方的军事基地很靠近。同样,英国也会痛快地答应德国在距离利物浦80英里远的爱尔兰金斯敦建立一个基地。我很惊讶像塔夫脱法官这样起初反对兼并的人,竟然在这一严重的错误出现后给出这样一个理由。但是我们在对外关系方面所知甚少。到目前为止,我们一直是一个统一的国家。如果我们要变成别的样子,那将是一个可悲的日子。

第二十九章　会见德国皇帝

　　我作为名誉校长向圣安德鲁斯大学学生做的第一次演讲吸引了德国皇帝的注意，他委托在纽约的巴林先生带话给我，说他从头至尾看完了我的演讲稿。他还把自己在大儿子的献祭仪式上演讲的内容发给了我。此后，我多次收到见面邀请，但是由于其他事务耽搁了，直到1907年6月才成行。我和妻子一起到了基尔，在那里受到了美国驻德国大使托尔先生及其夫人的热情接待。我们在那里逗留了三天。在此期间，通过他们的引见，我们结识了许多杰出的公众人物。

　　第一天上午，托尔先生带我们去皇帝的游艇上报到。我没有料到会在那里见到他，但是恰巧他正在甲板上，看到托尔先生之后询问为何来得这么早。托尔先生解释说他把我带过来报到，卡内基先生已经到了船上。皇帝问：

　　"为什么现在不带他来见我？我想见他。"

　　我正在和前来参加会议的海军将领们交谈，没有注意到从后面走来的托尔先生和皇帝。有人拍了一下我的肩膀，我转过身来。

　　"卡内基先生，皇帝陛下来了。"

　　我愣了一下，然后意识到皇帝正站在我面前。我举起双手大声说道："正像我希望的那样，皇帝静悄悄地从云端一下子来到我面前。"

　　我接着说道："皇帝陛下，为了您的盛情邀请，我星夜兼程赶了两天两夜的路，我还从来没有为见一个皇帝这么匆忙赶路。"

皇帝脸上带着非常迷人的微笑,他说:

"啊,是的,是的。我读过你的书。你不喜欢国王。"

"您说的对,皇帝陛下,我不喜欢国王,但是我喜欢去掉国王称号以后,仍然是令人尊敬的男子汉的人。"

"啊,我知道了,有一个国王是你喜欢的,苏格兰国王布鲁斯。他是我年轻时候的偶像。我就是在他的激励下长大的。"

"没错,皇帝陛下,我也是。他死后安葬在邓弗姆林修道院,就在我的家乡。小时候,我经常在修道院高耸的方形遗址平台周围散步。每踏上一块石头,我就会说出石刻上'罗伯特·布鲁斯国王'中的一个单词,那种热情就像天主教徒数念珠那样。不过,布鲁斯不仅是一位国王,陛下,他还是人民的领袖。而他还不是最受人民爱戴的领袖,第一位的应该是华莱士。陛下,我现在拥有邓弗姆林的马尔科姆国王塔,您珍贵的苏格兰血液就是来自他那里的。或许您知道那首优美的古老民谣《帕特里克·思朋斯爵士》。

  国王坐在邓弗姆林塔中,
    喝着血红的红酒。

我愿意某一天陪同您去苏格兰祖先塔,您可以追思、祭拜先人。"皇帝大声说道:"那非常好。苏格兰人比德国人反应更迅捷,更聪明。德国人太迟钝了。"

"皇帝陛下,在说到苏格兰人时,我不认为您是一位公正的评判者。"

他大笑着挥手向我告别,并且对我喊道:

"今天晚上和我一起吃饭吧。"说完之后,他便道抱歉去问候陆续到来的海军将领们了。

大约有60人参加晚宴。我们共同度过了一段愉快的时光。皇帝坐在我对面,他很善意地举杯邀我同饮。皇帝在与坐在他右手边的美国大使托尔先生共同饮酒后,他用近旁人听得到的声音问我是否向我身边的冯·布罗王子说过他(皇帝)的英雄布鲁斯安息在我的家乡邓弗姆林,而且他祖先在皮藤克利夫幽谷的塔现在归我所有。

"还没有呢,"我回答,"陛下带我参加的这次宴会是那么轻松愉快,不过我向您保证,我与你们大法官的交谈一定是非常有意义的。"

一天晚上,我们在戈莱特夫人的游艇上和她共进晚餐,皇帝陛下也出席了。我对皇帝说,罗斯福总统最近告诉我,他希望制度能够允许他离开美国,这样他就可以过来和皇帝见面了。他相信一次充分的交流能够带来好的结果。我也是这么认为。皇帝表示同意这种说法,并且说他非常期望见到罗斯福总统,希望他有朝一日到德国访问。我提出皇帝没有宪法的约束,可以乘船去见总统。

"啊,但是我的国家需要我留在这里。我怎么能离开呢?"

我回答说:

"有一年我准备离开休假。当我到工厂里和管理人员告别时,我表示很抱歉让他们努力工作,在太阳下流汗。但现在我发现我每年都有时间休息。不论我多么劳累,只要让我在大西洋上迎风破浪的轮船船头待上半小时,我就会感到无比放松。我那聪明的经理琼斯上尉反驳说:'哦,老板,我都能想到您走后我们会多么放松。'您的人民也是一样的,皇帝陛下。"

听完这段故事,皇帝大笑不止。这件事让我们从新的角度思考问题。皇帝重申了会见罗斯福总统的愿望,我说:

"皇帝陛下,在你们俩见面的时候,我想我应该也在场。我担心你们俩在一起会搞恶作剧。"

他笑着说:

"啊,我明白了,你打算同时驾驭我们两匹马。如果你让罗斯福作头马,我愿意在后面跟着。"

"不是的,皇帝陛下。我了解马的习性,决不会让两匹活跃的雄驹一前一后拉车的。要控制好头马是很困难的。我必须把你们并排套在辕杆里,这样我才能控制住你们两个。"

从没有见到像皇帝这样喜欢听故事的人。我认为他不仅是一个好的伙伴,还是一个真诚的人,一个热心推动世界和平与进步的人。简单来说,他认为自己一直是支持和平的。他为自己在位24年间从没有发生过流血事件而感到骄傲。他认为德国的海军规模太小,不足以撼动英国,而且德国也从未打算与英国争雄。尽管如此,在我看来,扩充德国海军力量的做法是不明智的,因为没有这个必要。冯·布罗王子也有这样的想法,这让我觉得人们不必担心德国会威胁世界和平。德国追求的都是有利于和平的事业,她的目标是促进工业发展,而在这一领域她无疑正在取得重大进步。

我委托德国驻美大使冯·斯顿伯格男爵向皇帝送了一本书——《罗斯福的政策》。这本书是我做的序,这篇文章让罗斯福总统非常满意。皇帝送给我一件漂亮的他本人的青铜雕像,并附有一封珍贵的信件,这让我十分高兴。他不是一个普通的皇帝,远不止如此。这是一个热心改变现状的人,一个不懈地倡导节制、预防决斗的人,一个在我看来为争取国际和平而努力的人。

有一段时间,我一直觉得德国皇帝的确是一个应运而生的人,我们之间的交谈更加深了我这一感觉。我强烈地希望,他将来可以做一些真正伟大的善事。或许未来有一些事情等待他做,这些事情会让他成为一位不朽的人物。他已经和平统治德国27年了,但是对于一个有能力通过积极行动,在文明国家实现和平的人来说,需要他做的事情还有很多。一个能够号召主要文明国家联合起来、建立国际争端仲裁机制的人单单维持好国内和平是不够的。他将仅仅作为一个国内和平的维护者被载入历史,还是承担命运委任给他的主要文明国家之间的和平倡导者的使命,我们将拭目以待。

前年(1912年),我站在柏林气势恢宏的皇宫里,向皇帝递交来自美国的、祝贺他和平统治德国25周年的贺词,因为他的手上还没有沾染人类的鲜血。当我手捧装有贺词的盒子走近他时,他认出了

我,他立即张开双臂大声说:

"卡内基,25周年的和平时期喽,我们希望和平永驻。"

我情不自禁地回应说:

"在这项最为伟大的使命中,您是我们最重要的伙伴。"

他一直是静坐着,从一名官员手中接过一份又一份的贺词,然后转给另一名官员让其放到桌子上。当时大家议论的主要话题是世界和平,而在我看来,如果身边没有军队阶层的包围(这是君主不可避免的,他们是与君主制度相伴而生的),他是能够促成世界和平的。目前看来,出现战争问题时,德国的军队阶层总是有很强的控制力。除非军国主义得到控制,否则就没有世界和平。

…………

在我今天(1914年)重读这段记载时,世界已经发生巨变了。这个世界正在经受前所未有的战争摧残!人类就像野兽一样在屠杀他们的同类!我不敢放弃所有希望。近来,我注意到另一位统治者正登上世界舞台,他有可能成为一个不朽的人。这个在巴拿马运河收费纠纷中捍卫了国家利益的人现在成了总统。他拥有不可战胜的天分,怀有真诚的愿望,正如人们耳闻的那样:

(有了希望,)君主可以成神明,平民可以为君主。①

对于一位天才来说,没有什么是不可能的。看看威尔逊总统就知道了!他的血管里流淌着苏格兰人的血液。

(原稿突然在此终结。)

① 出自莎士比亚戏剧《理查三世》第五幕第二场。